电网企业资产管理系列书

资产管理
知识题库

国网浙江省电力有限公司培训中心
国网浙江省电力有限公司丽水供电公司　组编

中国电力出版社
CHINA ELECTRIC POWER PRESS

内 容 提 要

为规范资产管理工作开展，加深对资产管理理论的理解，指导资产管理实践应用，促进各层级资产管理人员熟练运用资产管理通用技术方法、专业技术方法与管理方法，进一步提升资产管理水平，我们选编了《电网企业资产管理系列书 资产管理知识题库》。参照电力企业资产系列教材的内容，基本涵盖了资产全寿命周期管理定义、内涵、常态化工作以及方法实践的相关内容，由单选题、多选题、填空题、判断题、简答题组成。

本题库对于深入理解资产全寿命周期管理理念，掌握资产全寿命周期管理方法，指导国家电网公司企业内部各级资产管理人员和从事资产管理的企业员工从事资产全寿命周期管理、提升资产管理水平有积极作用，也可为国内同行业企业进行资产全寿命周期管理培训的借鉴和参考。

图书在版编目（CIP）数据

资产管理知识题库 / 国网浙江省电力有限公司组编 . —北京： 中国电力出版社，2019.1
（电网企业资产管理系列书）
ISBN 978-7-5198-2636-9

Ⅰ．①资… Ⅱ．①国… Ⅲ．①电力工业—工业企业—资产管理—中国—习题集 Ⅳ．① F426.61-44

中国版本图书馆 CIP 数据核字（2018）第 259718 号

出版发行：中国电力出版社
地　　址：北京市东城区北京站西街 19 号（邮政编码 100005）
网　　址：http://www.cepp.sgcc.com.cn
责任编辑：孙　芳（010-63412381）
责任校对：黄　蓓　李　楠
装帧设计：赵姗姗　王英磊
责任印制：吴　迪

印　　刷：北京天宇星印刷厂
版　　次：2019 年 1 月第一版
印　　次：2019 年 1 月北京第一次印刷
开　　本：787 毫米 × 1092 毫米　16 开本
印　　张：11.5
字　　数：275 千字
印　　数：0001—1500 册
定　　价：88.00 元

编委会

主　编

杨成钢

副主编

夏之罡　吴宏坚　陈　曦

编　委

王武军　王灿灿　张林裕　吴守松　唐继兵

郭志峰　陈晨艳　郑学勤　陈　泉　郑飞平

吴彬锋　叶巨伟　金华芳　陈小飞

编写单位

国网浙江省电力有限公司培训中心

国网浙江省电力有限公司丽水供电公司

前 言 >>>

　　为规范资产管理工作开展，加深对资产管理理论的理解，指导资产管理实践应用，促进各层级资产管理人员熟练运用资产管理通用技术方法、专业技术方法与管理方法，进一步提升资产管理水平，我们选编了《电网企业资产管理系列书　资产管理知识题库》。参照电力企业资产系列教材的内容，基本涵盖了资产全寿命周期管理定义、内涵、常态化工作以及方法实践的相关内容，由单选题、多选题、填空题、判断题、简答题组成。

　　本题库对于深入理解资产全寿命周期管理理念，掌握资产全寿命周期管理方法，指导国家电网公司企业内部各级资产管理人员和从事资产管理的企业员工从事资产全寿命周期管理、提升资产管理水平有积极作用，也可为国内同行业企业进行资产全寿命周期管理培训的借鉴和参考。

　　由于时间仓促，加之水平有限，难免有不妥之处，恳请广大读者指正。此外，写作中我们参考了大量的文献，未能一一列出，在此也向原作者表示歉意。

编者

2019 年 1 月

目 录 》》

一、
单选题

1. 在会计学中,( )是会计最基本的要素之一,与负债、所有者权益共同构成的会计等式,成为财务会计的基础。　　　　　　　　　　　　　　　　　　　　答案：A

A. 资产　　　　　　　　B. 设备　　　　　　　　C. 网络　　　　　　　　D. 财产

2. 在法学中,资产通常表述为财产权利,一般指权利人对有形物的所有权、对他人的债权以及对无形资产拥有的( )等,是特定主体所享有的代表一定经济利益的现时权利,该权利包含着可直接或间接转化为货币的能力。　　　　　　　　　　　　　　答案：B

A. 所有权　　　　　　　B. 知识产权　　　　　　C. 债权　　　　　　　　D. 归属权

3. 在管理学中,对资产的一般性定义为"对组织有实际或潜在价值的项目、事物或实体"。此定义泛指( ),包括货币金融资产、实物资产、人力资源、数据资产等。　　答案：D

A. 特殊资产　　　　　　B. 固定资产　　　　　　C. 流动资产　　　　　　D. 任何类型的资产

4. 人力资产是指对实物资产的性能有影响的( )。　　　　　　　　　　　答案：A

A. 劳动力的行为、知识和能力　　　　　　　B. 劳动者

C. 人力资源　　　　　　　　　　　　　　　D. 劳动力的能力

5. 信息资产是指在编制、优化和实施资产管理计划时必不可少的( )。　　　答案：D

A. 知识　　　　　　　　B. 数据　　　　　　　　C. 信息　　　　　　　　D. 数据和信息

6. 无形资产是指对于基础设施投资、运营策略,以及相关费用有影响的( )等。

答案：B

A. 组织的行动力　　　　　　　　　　　　　B. 组织的声誉和形象

C. 组织的设备　　　　　　　　　　　　　　D. 组织的金融资源

7. 资产管理的定位为是组织有系统和有协调的活动与实践,对组织的资产及资产系统进行( )的管理,在资产的整个生命周期里管理它们的性能、风险和支出,达到组织战略规划的目标。　　　　　　　　　　　　　　　　　　　　　　　　　　　　　　答案：D

A. 有机统一　　　　　　B. 最小化　　　　　　　C. 最大化　　　　　　　D. 最优化和可持续

8. 良好的资产管理能够很好地平衡包括( )。　　　　　　　　　　　　　答案：D

①资产利用和资产维护　②短期的性能发挥和长期的可持续性　③前期的资本投入

④后续的运营成本以及风险

A. ①②③　　　　　　　B. ②③④　　　　　　　C. ①②④　　　　　　　D. ①②③④

9. 对企业资产进行安全高效管理,延长资产使用寿命,使资产投资收益最大化,具有十分重要的意义,( )就是实现该目标的一种管理体系。　　　　　　　　　　答案：D

A. 项目管理　　　　　　　　　　　　　　　B. 资产管理

C. 企业组织管理　　　　　　　　　　　　　D. 资产全寿命周期管理

10. 资产全寿命周期管理从资产长期经济效益出发,全面考虑资产的规划计划、采购建设、运维检修、退役处置的全过程,在满足安全、效益、效能的前提下追求资产( )。　答案：A

A. 全周期成本最优　　　　　　　　　　　　B. 使用时间最长

C. 使用效益最高　　　　　　　　　　　　　D. 满足生产需求

11. 20 世纪 70 年代以来首先在( )提出"设备综合管理"的理念,认为设备管理要以设备的一生作为研究对象,以全寿命周期成本作为评价设备管理的重要经济指标,追求全寿命周期成本的最优化。　　　　　　　　　　　　　　　　　　　　　　　答案：C

A. 日本　　　　　　　　B. 美国　　　　　　　　C. 英国　　　　　　　　D. 德国

12. 传统设备管理是从设备可靠性出发，对在役期间的设备进行的运行维护管理，传统设备管理体现了设备的物质运动状态，包含设备的（　　）等内容。　　　　　　　答案：D

①购买过程　②安装过程　③使用过程　④维护过程和拆换

A. ①②③　　　　　B. ②③④　　　　　C. ①③④　　　　　D. ①②④

13. 资产管理从企业整个运营的经济性出发，对资产寿命的整个周期各项活动进行管理，资产管理体现了资产的价值运动状态，包含了设备（　　）等一系列的内容。　　答案：A

A. 购置、投资、维修、报废　　　　　　B. 购置、投资、使用和拆换

C. 投资、维护和拆换、报废　　　　　　D. 安装、使用和拆换

14. 现代的设备全寿命周期管理既包含（　　），又包含（　　）。　　　　　答案：A

A. 设备管理的概念；资产管理的概念　　B. 设备管理的概念；资产价值变动的管理

C. 设备报废的概念；资产管理的概念　　D. 设备购买的概念；资产购买的概念

15. 现代的设备全寿命周期管理既有（　　）的管理，也有（　　）的管理。　答案：B

A. 设备；资产　　　　　　　　　　　　B. 设备物质运动状态；资产价值变动

C. 设备运行状态；资产使用　　　　　　D. 设备购买；资产购买

16. 加拿大 Hydro One 公司依据核心业绩指标重要度与风险容忍度计算得出风险值大小，从而对资产重要性进行排序，并建立了基于（　　）的核心业绩指标评估体系，从财务、可靠性与客户影响、竞争力、声誉、法律和健康与安全六个方面对资产进行风险评估。　答案：D

A. 收益水平　　　　　　　　　　　　　B. 资产效益

C. 成本控制　　　　　　　　　　　　　D. 风险管理

17. 英国 NG 公司资产管理的全寿命周期管理以全过程、全系统为原则，将计划管理、项目管理和数据管理进行有机整合，并贯穿于资产管理各个环节。资产管理包括 22 个环节，以（　　）为起点，以（　　）为终点，使整个管理流程形成闭环，使每个项目得到科学有效的运营。　　　　　　　　　　　　　　　　　　　　　　　　　　　答案：B

A. 资产购买；资产报废　　　　　　　　B. 资产状态信息；项目关闭

C. 资产规划计划；资产退役报废　　　　D. 资产状态信息；资产信息反馈

18. 英国 NG 公司认为计划投资管理对资产全寿命周期的影响最大，因此对计划投资管理非常重视，其比较成熟的经验包括分析确定投资战略，（　　）；通过投资优先顺序排列，提高投资效益，（　　）；统筹考虑各类计划的协同性，科学分配资源。　　　答案：D

A. 制订资产投资计划；控制投资成本　　B. 提供未来业务计划的框架；控制投资成本

C. 制订资产投资计划；控制投资风险　　D. 提供未来业务计划的框架；控制投资风险

19. 河南省电力公司在 110kV 金谷园变电站整站改造项目中应用了（　　）的创新功能。　　　　　　　　　　　　　　　　　　　　　　　　　　　　　　　　　答案：A

A. 数字化变电站　　　　　　　　　　　B. 智能化变电站

C. 数字化调度　　　　　　　　　　　　D. 智能化改造

20. 江苏省电力公司开展了资产全寿命周期"双维模型分析法"研究，从（　　）和（　　）两个维度出发，着手构建资产管理数据模型和资产信息收集管理平台，在全口径、全过程和全家之三个方面推进精益化管理。　　　　　　　　　　　　　　　　　　答案：D

A. 全过程项目管理；全口径管理　　　　B. 全方位项目管理；全过程管理

C. 全过程项目管理；全方位管理　　　　D. 全口径项目管理；全过程管理

21. 国家电网公司从 2003 年开始对国内外资产全寿命周期管理的理念和方法进行跟踪研究，华东电网内的有关单位进行了设备的全寿命周期成本管理的研究和实践，从（　　）入手，开始资产全寿命周期管理的探索。　　　　　　　　　　　　　　　　　　　答案：B

　　A. 资产全寿命周期管理的理念和方法　　　　B. 控制设备的全寿命周期成本

　　C. 资产全寿命周期管理先进实践　　　　　　D. 资产全寿命周期的理论框架

22. 2008 年，国家电网公司提出在资产管理方面梳理全寿命周期管理的理念，将资产全寿命周期管理作为一项（　　）的管理创新工程，列为公司当时一段时期的重点工作任务。　答案：A

　　A. 全局性、系统性　　　　　　　　　　　　B. 全面性、广泛性

　　C. 领先性、先进性　　　　　　　　　　　　D. 全面性、系统性

23. 从 2009 年开始，国家电网公司充分考虑中国国情和企业属性，紧密结合公司发展战略和工作重点，经过深入研究和不断的修改完善，完成了（　　）的编制工作。　　　答案：D

　　A.《投资绩效考核办法》　　　　　　　　　　B.《中华人民共和国电力法》

　　C.《电力设施保护条例实施细则》　　　　　　D.《资产全寿命周期管理框架体系》

24. 近年来，国家电网公司引进、吸收（　　）国际先进标准和管理理念，并将其与公司资产管理的特点和优秀实践有机结合。　　　　　　　　　　　　　　　　　　　　　　答案：D

　　A. PAS55　　　　　B. ISO 55000　　　　　C. SEC　　　　　　D. PAS55 和 ISO 55000

25. 资产全寿命周期管理作为一项复杂的系统工程，必须明确梳理资产管理与其他业务管理的关系，从而促进（　　）之间的协同性与有效性。　　　　　　　　　　　　　　　答案：B

　　A. 管理制度、方法　　　　　　　　　　　　B. 管理制度、方法、职责

　　C. 管理方法、职责　　　　　　　　　　　　D. 管理制度、职责

26. 资产全寿命周期管理体系的所有资产管理活动必须遵循包括目标策略、计划、（　　）、
（　　）、（　　）、组织等 12 项基本要求。　　　　　　　　　　　　　　　　　答案：C

　　①过程管控　②监控评价　③改进　④反馈

　　A.①②④　　　　　B.①③④　　　　　C.①②③　　　　　D.②③④

27. 资产全寿命周期管理体系还应符合（　　）原则，确保资产管理目标、策略、计划与公司发展战略一致，各级目标和计划相互承接，各项资产管理活动符合计划和制度规定的质量、进度要求。　　　　　　　　　　　　　　　　　　　　　　　　　　　　　　　　　答案：A

　　A. 一致性　　　　B. 全局性　　　　　C. 系统性　　　　D. 先进性

28.（　　）指的是在创建一个新的或改变一个现存的系统或产品时，确定新系统的目的、范围、定义和功能时所要做的所有工作。　　　　　　　　　　　　　　　　　　　　答案：C

　　A. 项目评价　　　　B. 项目预测　　　　C. 需求分析　　　　D. 问卷调查

29. 资产全寿命周期管理的（　　）与（　　）的有机结合，对于下阶段的目标、策略、计划、资源统筹的制定及动态调整有重要的意义，他们决定了下阶段企业资产全寿命周期管理的工作方向是否科学、合理以及可持续。　　　　　　　　　　　　　　　　　　　　　答案：C

　　A. 现状规划；未来需求分析预测　　　　　　B. 现状评价；未来项目评估

　　C. 现状评价；未来需求分析预测　　　　　　D. 现状规划；当前需求分析预测

30. 现状评价按照评价对象可以分为（　　）和（　　）。　　　　　　　　　　答案：A

　　A. 资产现状评价；资产管理现状评价　　　　B. 项目现状评价；项目管理现状评价

　　C. 资产现状评价；项目管理现状评价　　　　D. 项目现状评价；资产管理现状评价

31. 资产现状评价是指对公司各类型、各层级的资产集现状进行综合评估，全面分析掌握公司资产的绩效、价值规模、寿命分布、状态及风险等现状信息，对关键影响因素和主要原因进行追溯分析。 答案：D

    A. 绩效、价值规模、状态及风险   B. 绩效、价值规模、寿命分布

    C. 价值规模、寿命分布、状态及风险   D. 绩效、价值规模、寿命分布、状态及风险

32. 资产管理现状评价是在（   ）的基础上，对资产各项业务、职能工作进行评估，全面了解其管理现状、工作绩效、存在问题，并对关键影响因素和主要原因进行追溯分析。 答案：C

    A. 资产状态评价   B. 资产价值评价

    C. 资产现状评价   D. 资产性能评价

33. 资产全寿命周期活动的绩效评估不同于一般意义的绩效评估，它不再局限于对（   ）的评估，而是关注资产和资产集的状态，以及为企业资产保值、增值的各种活动的效果。 答案：C

    A. 人员和组织的工作绩效

    B. 人员和组织的工作能力

    C. 人员和组织的工作绩效、工作能力和工作态度

    D. 人员和组织的工作态度

34. 企业的核心资源包括人力资源、财务资源、技术资源、品牌资源、物资资源等，在现状分析中必须考虑核心资源的（   ），使其能够充分发挥核心资源的优势。 答案：A

    A. 匹配性与支持作用   B. 匹配性与保值作用

    C. 合理性与保值作用   D. 合理性与支持作用

35. 资产和资产管理现状分析必须考虑通过技术、管理等领域的创新，打造资源节约型、环境友好型资产，努力与周边环境（   ）。 答案：D

    A. 友好共存   B. 完全一致   C. 完全适应   D. 协调一致

36. 为了更全面地考虑现状评价的要求，现状评价要求可分为（   ）和（   ）。 答案：D

    A. 前评价要求；后评价要求   B. 整体评价要求；部分评价要求

    C. 总评价要求；具体评价要求   D. 输入评价要求；输出评价要求

37. 资产现状评价（   ）主要包含法律法规及政策监管要求、资产及资产集状态及绩效结果、资产管理绩效结果、状态监测结果、公司资源水平、已识别的风险、绿色环保、低碳及可持续发展要求等信息。 答案：A

    A. 输入信息   B. 输出信息

    C. 整体信息   D. 具体信息

38. 资产现状评价的（   ）是对所有实物资产结构、资源、质量、寿命、内外部环境影响、运行设备存在的问题等多方面展开分析，得到全面、充分、准确并具有时效性的数据。 答案：B

    A. 输入信息   B. 输出要求

    C. 整体信息   D. 具体信息

39. 目标的特性包括（   ）。 答案：A

    A. 目标的多样性；目标的可考核性；目标的可接受性；目标的挑战性

    B. 目标的可考核性；目标的可接受性；目标的挑战性

    C. 目标的多样性；目标的可接受性；目标的挑战性

    D. 目标的多样性；目标的可考核性；目标的可接受性

40. 资产管理总体目标与企业其他管理体系的方针（   ），包括质量方针、环境和职业健康安全方针等。   答案：B

A. 完全一致   B. 保持一致

C. 保持同步   D. 相互补充

41. 资产管理绩效目标注重对执行过程的（   ），旨在为资产管理水平的持续改进、提升提供支撑。   答案：C

A. 预测及评价   B. 实施及评价

C. 监测及评价   D. 预测及实施

42. 资产管理绩效目标具体以（   ）体系为基础，选取出与资产管理密切相关的指标组成资产管理目标体系，用以指导整个资产管理活动的规划、计划、执行、监督考核等。   答案：D

A. ISO 55000   B. LCC 指标

C. KPI   D. SEC 指标

43. 基于（   ），各部门根据实际管理需求，综合考虑资源配置、时间节点、风险、资产重要度、实际执行情况等具体要求，制定资产管理执行目标，满足可执行、可衡量、可监测、可管控的要求。   答案：D

A. 资产管理总体目标、资产管理分级目标   B. 资产管理长期目标、资产管理短期目标

C. 资产管理长期目标、资产管理分级目标   D. 资产管理总体目标、资产管理绩效目标

44. 资产全寿命周期管理目标管理的具体做法可以分三个阶段，分别是（   ）。   答案：A

A. 目标的设置、实现目标过程的管理、测定与评价所取得的成果

B. 策略的制定、实现目标过程的管理、测定与评价所取得的成果

C. 流程的设计、实现目标过程的管理、测定与改进所取得的成果

D. 流程的设计、实现目标过程的管理、测定与评价所取得的成果

45. 资产全寿命周期管理目标管理的第一阶段目标的设置可以细分为四个步骤，下列关于四个步骤说法错误的是（   ）。   答案：C

A. 高层管理预定目标是一个暂时的、可以改变的目标预案

B. 重新审议组织结构和职责分工

C. 确立上级和下级的目标

D. 上级和下级就实现各项目标所需的条件以及实现目标后的奖惩事宜达成协议

46. 资产管理全寿命周期管理目标承接公司战略目标及利益相关方需求，依据现状分析评价、资产管理特性及运作特点、资源水平、内外部环境、风险等，构建公司资产管理（   ），以指导资产管理各层级目标的构建。   答案：D

A. 总体目标、执行目标   B. 总体目标、绩效目标

C. 绩效目标、执行目标   D. 总体目标、绩效目标和执行目标

47. 通过将资产管理总体目标、绩效目标、执行目标逐级分解，落实到部门、岗位；与利益相关方进行充分沟通、发布，并确保与业务活动及内外部需求相适应，保障其合规性和持续改进，实现资产管理（   ）、流程、要求、绩效评价、岗位职责的七统一。   答案：D

A. 理念、思想、方法   B. 目标、策略、计划

C. 目标、策略、理论   D. 目标、策略、方法

48. 下图为（   ）的框架。   答案：C

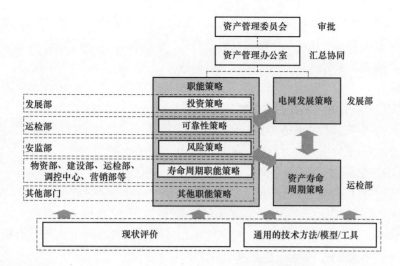

A. 项目管理策略   B. 项目管理工作

C. 资产管理策略   D. 资产管理工作

49. 电网发展策略主要是通过分析电网现状、电源及用电现状、主要在建工程及进度、电力需求预测、电力电量平衡等，明确（ ），根据电网发展目标明确未来五年的电网发展策略，指导基建项目计划及投资计划。   答案：C

A. 电力供需现状   B. 电网运行状态及相关风险因素

C. 电网存在的风险及相关制约因素 D. 电网运行状态及存在的风险

50. 资产风险管理策略，主要分析各专业存在的重大风险和管理现状，根据国网全面风险管理与内部控制工作要求、资产风险管理目标，结合资产管理各业务活动，制定（ ）。 答案：D

A. 资产风险管理总体策略   B. 资产风险管理策略

C. 资产内部控制长期策略   D. 资产风险管理中长期策略

51. 可靠性管理策略，通过分析电网发展规划和监管机构考核要求、可靠性指标现状、管理现状，明确策略制定周期内的可靠性目标，包括（ ）。   答案：C

A. 电网可用系数、输变电设备可用率、供电可靠性

B. 电网可用系数、供电可靠性、不停电作业率等指标

C. 电网可用系数、输变电设备可用率、供电可靠性、不停电作业率等指标

D. 电网可用系数、输变电设备可用率、不停电作业率等指标

52. 投资策略，是综合平衡电网结构、外来电接入、电网设备安全可靠运行、客户需求、新能源接入、能力及资源现状等需求，结合财务投资能力测算明确投资总盘，并确定项目的（ ）标准，综合优化投资重点及方向，指导投资计划。   答案：A

A. 优先级排序   B. 时间排序   C. 数量排序   D. 价值排序

53. 资产管理策略包括（ ）。   答案：D

A. 总体策略、虚拟资产策略、实物资产策略 B. 总体策略、分阶段策略

C. 总体策略、短期策略、中长期策略   D. 总体策略、分阶段策略、实物资产策略

54. 资产管理（ ）应承接资产管理总体目标，结合资产管理各环节管理要求，明确策略的编制方法，关键目标，通用技术方法，运作流程，策略与通用制度的关系，策略评估与持续改进等内容，指导资产管理各层级目标的制定及各项资产管理活动的开展。 答案：A

A. 总体策略   B. 分阶段策略   C. 实物资产策略   D. 虚拟资产策略

55. (   ) 主要包括变压器、断路器及组合电器、输电线路、配网设备、电缆、自动化装置、继电保护装置和电能计量装置等电网一次、二次设备。   答案：C

A. 电网资产   B. 总体资产   C. 实物资产   D. 虚拟资产

56. 策略制定的体系可以包含四个层面，分别是 (   )。   答案：D

A. 基础分析、企业分析、业务分析、职能战略

B. 基础分析、企业分析、业务战略、职能战略

C. 基础战略、企业战略、业务战略、职能战略

D. 基础分析、企业战略、业务战略、职能战略

57. 策略制定的过程中，(   ) 是战略制定的基石。   答案：B

A. 企业分析   B. 基础分析   C. 业务分析   D. 职能分析

58. 策略制定的过程中，基础分析是战略制定的 (   )。   答案：D

A. 结果   B. 前提   C. 过程   D. 基石

59. 随着电力市场改革对设备精益化管理要求不断提高，国家电网公司提出了建设 (   ) 电网的重大决策。   答案：C

A. "一强一优"   B. "三集五大"   C. "五个更"   D. "一标三制"

60. 为加快推进电网发展方式和公司发展方式的改变，国家电网公司提出将资产全寿命周期管理作为全面提升精益管理和科学决策的水平，实现国家电网公司建设 (   ) 的目标的重要环节，成为带动工业企业领域资产管理理念的一次革新。   答案：C

A. "建设国家一流电网、建设国家一流企业"

B. "建设世界一流电网、建设世界一流企业"

C. "建设世界一流电网、建设国家一流企业"

D. "建设国家一流电网、建设世界一流企业"

61. 资产管理计划可分为 (   ) 等。   答案：D

A. 中长期资产管理计划、年度资产管理计划、实施计划

B. 年度资产管理计划、资产管理体系改进计划、实施计划

C. 中长期资产管理计划、资产管理体系改进计划、实施计划

D. 中长期资产管理计划、年度资产管理计划、资产管理体系改进计划、实施计划

62. 资产管理计划的中长期计划原则上以 (   ) 为一个编制周期。   答案：B

A. 三年   B. 五年   C. 七年   D. 十年

63. 公司本部、市公司直属单位发展部组织，依据 (   )，在中长期计划的指导下，每年2月份，编制完成本单位各专业年度资产管理计划。   答案：B

A. 资产管理目标   B. 总体目标及相关策略

C. 资产管理体系评价标准   D. 国网公司计划

64. 下列不属于评估可供选择的方案需考虑的因素的是 (   )。   答案：B

A. 认真考察每一个计划的制约因素和隐患

B. 要用局部的效益观点来衡量计划

C. 既要考虑到每个计划的有形的、可以数量表示的因素，又要考虑无形的、不能用数量表示出来的因素

D.动态地考察计划效果，计划执行带来的利益，以及计划执行导致的损失，特别注意一些潜在的、间接的损失

65.明确电网企业资产全寿命周期管理的总体目标，即统筹协调（　　）三者的关系，在确保电网安全可靠的同时，提高电网资产质量和使用效率，降低全寿命周期成本。　　答案：A

A.安全、效能和周期成本　　　　　　　　B.质量、效能和周期成本

C.安全、质量和周期成本　　　　　　　　D.安全、效能和质量

66.公司各类资产管理计划的编制、审核、发布和实施等管理活动要充分考虑（　　）。

答案：C

A.成本、效益、风险最优　　　　　　　　B.内外部环境

C.约束条件和管理要求　　　　　　　　　D.法律法规要求

67.下列不属于计划编制的内部约束条件的是（　　）。　　答案：D

A.企业愿景　　　　B.社会责任　　　　C.核心资源　　　　D.市场环境

68.企业愿景是对企业前景和发展方向的一个高度概括的描述。由企业核心理念、（　　）和对未来的展望构成。　　答案：C

A.核心价值观、核心目标　　　　　　　　B.核心目的、核心目标

C.核心价值观、核心目的　　　　　　　　D.核心价值观、核心目标、核心目的

69.在技术环境不断变化的情况下，企业资产全寿命周期管理的决策目标就是在（　　）三者之间取得动态的平衡。　　答案：A

A.安全、效能和成本　　　　　　　　　　B.质量、效能和成本

C.安全、质量和成本　　　　　　　　　　D.安全、效能和质量

70.一个组织应以一种有利于社会的方式进行经营和管理，（　　）通常是指组织承担的高于组织自己目标的社会义务。　　答案：B

A.企业愿景　　　　B.社会责任　　　　C.核心资源　　　　D.市场环境

71.企业的核心资源包括（　　）等。　　答案：D

A.人力资源、财务资源、技术资源、品牌资源、社会资源

B.财务资源、技术资源、品牌资源、物质资源、生产资源

C.人力资源、技术资源、品牌资源、物质资源、生产资源

D.人力资源、财务资源、技术资源、品牌资源、物质资源

72.按照资产管理目标、策略和计划的要求，对资产管理活动进行过程管控，保证资产全寿命周期所有阶段成本、风险和资产集的绩效得以监控，下列过程管控应满足的要求错误的是（　　）。　　答案：D

A.按照计划开展资产管理活动

B.依据资产管理相关的制度标准对资产管理活动的执行过程进行管控

C.综合考虑人、财、物等资源配置，并根据内外部环境、资源等因素变化进行调整，与目标、策略和计划尽量保持一致

D.对活动过程的信息及时记录，活动结束后及时删除记录

73.从具体内容来看，业务实施与管控包括（　　）等内容。　　答案：D

A.设计业务模型、业务流程和实施过程管控

B.过程策划、过程实施、过程检测和过程改进

C. 构建业务流程体系和协同管控方法、建立关键技术方法

D. 设计业务模型、业务流程和协同管控方法、建立关键技术方法

74. 根据企业资产规划到报废的一般过程，可以将资产全寿命周期管理业务活动细分为（   ）四个阶段。   答案：C

    A. 规划计划、采购建设、运维检修、改造升级

    B. 规划计划、采购建设、质量检测、退役处理

    C. 规划计划、采购建设、运维检修、退役处理

    D. 规划计划、采购建设、质量检测、改造升级

75.（   ）共同构成企业资产全寿命周期管理业务模型，企业的具体业务情况可能与之存在差异，但主要思路原则基本一致。   答案：B

    A. 业务流程和业务职能   B. 业务架构和业务职能

    C. 业务架构和业务流程   D. 业务流程和业务绩效

76. 资产全寿命周期管理需构建业务流程体系并层层分解，使得独立的业务之间建立独立关联，保证企业内部运作的（   ）。   答案：D

    A. 先进性性与统一性   B. 一致性与同步性

    C. 同步性与统一性   D. 一致性与统一性

77. 基于（   ），把资产全寿命周期各个阶段纳入统一管理，以实现对全过程的控制和整体优化。   答案：A

    A. "三流一体"   B. "五位一体"   C. "一标三制"   D. "一强三优"

78. 根据国家电网公司资产管理一级业务模型，过程管控业务范围涵盖规划计划、采购建设、运维检修、退役处置四大阶段，按照（   ）原则，对资产管理业务实施过程管控。   答案：B

    A. 具体化管理   B. 分层分级管理

    C. 逐级化管理   D. 全寿命周期管理

79. 按照国家电网公司资产管理规范要求、公司资产管理业务流程、标准制度，开展资产管理业务活动，保障（   ）的协同一致，确保业务流程执行的横向协同、纵向闭环。   答案：D

    A. 实物流、信息流、现金流   B. 信息流、价值流、资产流

    C. 实物流、价值流、现金流   D. 实物流、信息流、价值流

80. 按照国网资产管理规范要求、公司资产管理业务流程、标准制度，开展资产管理业务活动，保障实物流、信息流、价值流的协同一致，确保业务流程执行的（   ）。   答案：B

    A. 横向闭环、纵向协同   B. 横向协同、纵向闭环

    C. 横向、纵向闭环   D. 横向、纵向协同

81. 依据各项资产管理计划开展资产管理业务活动，落实（   ）、技术、风险以及相关信息的管理要求。   答案：D

    ①安全 ②质量 ③进度 ④成本

    A. ①②③   B. ②③④   C. ①③④   D. ①②③④

82. 各级发展部以（   ）为指引，基于电网发展目标、资产管理策略和状态评估结果制定电网规划方案。   答案：B

    A. 公司规划和发展战略   B. 公司战略和发展规划

    C. 发展规划和发展战略   D. 公司战略和长期规划

83. 立项方面，各级发展部、经研院强化可研深度，在评价项目经济性成本投入时，引入（　　），综合考虑项目建设成本及投运转资后的资产运维、检修、抢修及报废成本。　　答案：B

A. 综合最优理念　　　　　　　　　　B. 全寿命周期理念

C. 成本最优理念　　　　　　　　　　D. 效益优先理念

84. 后评估方面，委托有资质的独立咨询机构从电网基建项目全过程回顾、过程后评价、收益后评价、影响后评价、（　　）方面开展后评估工作。　　答案：A

A. 持续性后评价　　B. 成本后评价　　C. 风险后评价　　D. 安全后评价

85. 在采购建设过程管控中，实施计划统筹方面，根据（　　）进行编制。　　答案：C

A. 网项目投资计划、综合资源计划、公司财务预算

B. 物资采购计划、综合资源计划、项目进度计划

C. 网项目投资计划、综合资源计划、项目进度计划

D. 网项目投资计划、风险管控计划、项目进度计划

86. 建立招标模型，在设备建设、安装、调试、投产、运行、成本核算等环节，对作为招标采购参考依据的评价因素进行细化，这是（　　）招投标方法。　　答案：A

A. LCC　　　　　　B. SEC　　　　　　C. ISO　　　　　　D. PDCA

87. 运维检修管理方面，主要包括（　　）等业务以及工器具、仪器仪表的管理。　　答案：C

A. 设备运行维护、检修、抢修　　　　B. 设备运行维护、检修、技术改造

C. 设备运行维护、检修、技术改造、抢修　　D. 检修、技术改造、抢修

88. 运维检修阶段需要采用（　　），即以设备状态评价结果为基础，综合利用状态评价、需求评价和技术经济评价等技术手段。　　答案：D

A. LCC 决策方法　　　　　　　　　　B. 全寿命周期管理决策方法

C. 综合最优决策方法　　　　　　　　D. 综合辅助决策方法

89. 公司各级调度部门遵循电力行业安全标准和运行标准，坚持（　　）原则，开展电网安全稳定分析，编制运行方式，安排电网停电计划，依据年度运行方式，实施电网调度控制，管控过程风险。　　答案：B

A. 上级服从下级、局部服从整体　　　B. 下级服从上级、局部服从整体

C. 下级服从上级、整体服从局部　　　D. 上级服从下级、局部服从整体

90. 设备停电计划管理按照（　　）的原则优化停电工作方案，切实做好停电计划综合协调管理，尽可能减少设备停电次数、缩短停电时间、避免重复停电。　　答案：D

A. 配电结合输电、一次结合二次、局部结合整体

B. 变电结合线路、二次结合一次、配电结合输电

C. 变电结合线路、一次结合二次、生产结合基建

D. 变电结合线路、二次结合一次、生产结合基建

91. 在运行检测中，以全面监视、正常监视和特殊监视三种方式进行设备集中监控；以（　　）为原则，分成信息收集、实时处置、分析处理三个阶段进行监控信息处置。　　答案：A

A. 分类处置、闭环管理　　　　　　　B. 统一处置、闭环管理

C. 分类处置、循环管理　　　　　　　D. 统一处置、循环管理

92. 下列不属于维护检测主要包括的内容是（　　）。　　答案：C

A. 设备运维管理、状态检修管理　　　B. 设备检修管理、抢修管理

C. 设备价值评估 　　　　　　　　　　　D. 工具、设施和装配的配置管理

93. 公司需不定期对各单位设备使用、维护进行检查评价，必要时下达整改通知，严格落实（　　）要求，保障设备状态良好。　　　　　　　　　　　　答案：A

A.《国家电网公司电网备品备件管理规定》　B.《省电网备品备件管理规定》

C.《市电网备品备件管理规定》　　　　D.《县电网备品备件管理规定》

94. 根据设备退役、废旧物资处置等管理办法，对电网一次和二次设备、电力通信设备、电能计量装置、生产性车辆、生产性房屋资产进行（　　）。　　　　答案：D

A. 备品备件管理　　　　　　　　　　　B. 再利用管理

C. 运行检测　　　　　　　　　　　　　D. 退役处置过程管控

95. 纠正预防管理活动通过识别不符合项和潜在不符合项、制定措施、分析原因、实施和评估措施等过程对资产管理活动开展纠正和预防，以确保资产管理体系运转的（　　）。　答案：C

A. 安全性　　　　　B. 时效性　　　　　C. 有效性　　　　　D. 规范化

96. 公司应对监测评价环节的（　　）、审核、事件等业务发现的不符合项、不合规性项和安全质量事件采取纠正措施。　　　　　　　　　　　　　　　答案：D

A. 状态监测、成本控制、合规性评价　　B. 状态评价、绩效监测、合规性评价

C. 状态评价、绩效评价、合规性评价　　D. 状态监测、绩效监测、合规性评价

97. 监测评价归口单位对发现的不符合项建立相应纠正预防实施管控跟踪表，对识别出的不符合项进行（　　）。　　　　　　　　　　　　　　　　　答案：B

A. 及时整改　　　　B. 闭环跟踪管控　　　C. 及时上报　　　　D. 问题溯源

98. 资产的状态监测是（　　）的一个重要方面。资产状态监测可获得的关于资产数量、状况、性能等的信息，对生产运营、检修维护、退役处置、规划计划、采购招标等资产全寿命周期的各个环节都有支撑和参考作用。　　　　　　　　　　　　　答案：D

A. 安全监控　　　　B. 风险管控　　　　C. 资产管理　　　　D. 运营监测

99. 资产管理状态监测是资产全寿命周期管理中（　　）的一个汇合。　　答案：C

A. 实物流、质量流和信息流　　　　　　B. 资产流、质量流和信息流

C. 实物流、价值流和信息流　　　　　　D. 资产流、价值流和信息流

100. 在资产全寿命周期管理中，状态检测与分析是密不可分的，状态数据是资产本身和其功能正常、异常或者故障等信息的载体。状态监测包括（　　）三个过程。　答案：D

A. 电能质量收集、报废及评价、分析及改进　B. 电能质量收集、监测及评价、分析及改进

C. 设备信息收集、报废及评价、分析及改进　D. 设备信息收集、监测及评价、分析及改进

101. 按照管理要求，各资产管理部门对本部门负责的资产状态开展监测评价工作，形成资产状态评价报告上报给（　　），由其在公司范围内发布，具体评价周期依据相关规定及设备实际状态情况而定。　　　　　　　　　　　　　　　　　　　　　答案：A

A. 资产管理委员会　B. 设备管理委员会　C. 公司发展部　　D. 公司运检部

102. 状态监测的要求可分为三类（　　）。　　　　　　　　　　　答案：D

A. 特殊要求，全寿命要求和项目管理要求

B. 特殊要求，全寿命要求和状态信息管理要求

C. 通用要求，全寿命要求和项目管理要求

D. 通用要求，全寿命要求和状态信息管理要求

103. 状态监测的通用要求也称为数据评价要求，包括四个方面，下列错误的是（　　）。

答案：A

A. 应确定监测指标及周期，采用排除法的形式，大致了解数据来源、采集方法要求

B. 应与资产绩效评估相衔接、协调一致，为后者提供重要指标和分析结果

C. 状态检测信息的发布应限制在合适范围内，兼顾上级管理机构、利益相关方等的需求

D. 应对状态监测的指标、流程、分析方法等进行评估改进，不断提升监测效果

104. 状态监测应涵盖资产全寿命周期，包括但不限于（　　）等过程。　　　答案：B

A. 采购时的信息比对、资产台账信息监测、运行状况监测、缺陷和故障信息监测

B. 投运前信息监测、资产台账信息监测、运行状况监测、缺陷和故障信息监测

C. 投运前信息监测、资产台账信息监测、运行状况监测、退役退出信息保留

D. 投运前信息监测、资产卡片建立、运行状况监测、缺陷和故障信息监测

105. 状态信息收集应按照（　　）的原则开展，并应与运行环境信息、风险评估信息等相结合。

答案：A

A. 谁主管、谁负责　　　　　　　　　　　　B. 谁负责、谁管理

C. 谁主管、谁指导　　　　　　　　　　　　D. 谁负责、谁承担

106. 状态信息管理要求落实各级设备信息管理责任，健全设备全过程状态信息管理工作机制，确保（　　）状态信息的规范、完整和准确。　　　答案：B

A. 设备运行期间　　　　　　　　　　　　　B. 设备全寿命周期内

C. 设备短期内　　　　　　　　　　　　　　D. 设备长期内

107. 早在 20 世纪 60 年代末，美国政府开始阿波罗计划后，就由执行过程中的经验教训深刻认识到了（　　）的重要性。　　　答案：A

A. 状态监测技术　　　　　　　　　　　　　B. 运维监测

C. 资产全寿命周期管理　　　　　　　　　　D. 风险管控

108. （　　）有许多种实施形式，有灵活的人工检测、记录和报送方式，也有可以依托信息化技术的在线监测方式。　　　答案：A

A. 全资产状态监测　　　　　　　　　　　　B. 全资产质量检测

C. 全资产评价　　　　　　　　　　　　　　D. 资产管理体系

109. 从监测的连续性可以将状态监测分为（　　）三种模式。　　　答案：B

A. 短期监测、中期监测、长期监测　　　　　B. 故障监测、定期监测、连续监测

C. 故障监测、中期监测、连续监测　　　　　D. 故障监测、定期监测、长期监测

110. 按照监测信息获取的方式，状态监测可分为（　　）三种方式。　　　答案：A

A. 人工巡视、仪器监测、在线监测　　　　　B. 故障监测、定期监测、连续监测

C. 故障监测、中期监测、连续监测　　　　　D. 故障监测、定期监测、长期监测

111. 为了更好地完成监测任务，国家电网公司还使用了许多种在线监测系统，不包括（　　）。

答案：D

A. 输变电设备状态在线监测系统　　　　　　B. 输电线路在线监测系统

C. 电网系统运行状态实时监测和控制系统　　D. ERP 和 PMS 系统

112. 绩效监测，不同于字面意义上的进行单纯的监测，它不仅包括了绩效指标体系的建立，对绩效指标体系内指标的监测，还包括对（　　）的评价。　　　答案：D

A. 资产状态　　　　　　　　　　　　B. 资产和资产集效益

C. 资产运行成本　　　　　　　　　　D. 资产和资产集状态

113. 绩效监测有三种分类，下列错误的是（　　　）。　　　　　　　答案：C

A. 按照监控阶段来分可分为过程监测和结果监测

B. 按照监控方式的主被动性可分为主动监测和被动监控

C. 按照监控时间的长短可分为短期监测和长期监控

D. 按照监控层面可分为公司级资产管理绩效监测，部门级资产管理绩效监测和岗位级资产管理绩效监测

114. 公司级资产管理绩效监测是对公司资产管理整体绩效开展（　　　）监测，评价公司资产管理整体绩效及资产管理体系的有效性。　　　　　　　答案：C

A. 全过程　　　　B. 全方位　　　　C. 全过程、全方位　　　D. 系统性的

115. 实行绩效监测主要有三个目的，下列错误的是（　　　）。　　　　答案：B

A. 实现资产高效管理的迫切需要　　　B. 实现资产无限扩大的迫切需要

C. 提升资产运营效率的迫切需要　　　D. 提升资产管理评价体系的迫切需要

116. 目前国内电网资产虽增速较快，但（　　　）距离国际先进水平仍有较大差距。答案：A

A. 资产运营效率及质量　　　　　　　B. 电网投资回报率

C. 电网风险管控　　　　　　　　　　D. 电网运行安全

117. 在资产管理中，通过（　　　）两种方式对各层级进行全过程、全方位的监测。答案：A

A. 主动监测和被动监测　　　　　　　B. 短期监测和长期监测

C. 自动监测和人工监测　　　　　　　D. 初级监测和高级监测

118. 关键绩效指标必须符合（　　　）原则,反映最能有效影响企业价值创造的关键驱动因素，并逐步扩展到相关影响因素。　　　　　　　答案：A

A. SMART　　　　B. LCC　　　　C. SEC　　　　D. ISO 55000

119. 公司依据国网（　　　）指标体系，通过"关键成功因素"定位支撑资产管理目标实现、风险管控的举措选取指标，形成部门级资产管理指标，并通过正式文件发布予以明确。答案：C

A. SMART　　　　B. LCC　　　　C. SEC　　　　D. 资产管理

120.（　　　）的建立需考虑指标的设置、数据和信息的预处理、数据的统一规范化、不同量纲指标的折算，通过历史数据的验证，尽量使计算结果具备一定的物理意义及趋势指挥作用。

答案：A

A. 评估模型　　　　B. 参数模型　　　　C. 实体模型　　　　D. 资产模型

121. 层次分析法分三步，下列错误的是（　　　）。　　　　　　　答案：D

A. 建立有序的指标体系，将指标两两比较构造判断矩阵

B. 对判断矩阵进行一致性及数字处理

C. 计算判断矩阵的特征根，得到各个指标的权重值

D. 对判断矩阵直接进行求值

122. 在资产全寿命周期管理中，还有一些阶段性评估方法也具有绩效评估的作用，可以将其纳入绩效评估的范畴，但不包括下列中的（　　　）。　　　　　　答案：D

A. 工程施工评价方法　　　　　　　B. 同业对标方法

C. 项目后评估方法　　　　　　　　D. 电能质量检测法

123.在应用系统里，事件管理实现的功能有几类模式，不包括（　　）。　　　答案：B

A. 推断　　　　　　B. 管理　　　　　　C. 决策　　　　　　D. 预测

124.（　　）是指为获得资产全寿命周期管理体系活动和其有关结果的证据，对其进行客观评价，以确定其满足资产全寿命周期管理体系审核准则的程度，进行系统地、独立地研判并形成文件的过程。　　　答案：A

A. 审核　　　　　　B. 预测　　　　　　C. 决策　　　　　　D. 推断

125.资产全寿命周期管理体系审核的对象是企业的资产全寿命周期管理体系，审核的目的是确定企业建立的资产全寿命周期管理体系与标准的符合性及实施保持的有效性，以实现资产全寿命周期管理体系的（　　）。　　　答案：A

A. 持续改进　　　　B. 终极最优　　　　C. 有效实施　　　　D. 国际领先

126.企业初步建立资产全寿命周期管理体系并试运行一段时间后，为了验证体系是否符合标准，需要（　　）工作。　　　答案：A

A. 审核　　　　　　B. 预测　　　　　　C. 决策　　　　　　D. 推断

127.审核范围可理解为确定所审核的资产全寿命周期管理体系覆盖的（　　）。　　　答案：C

A. 时间和空间　　　　　　　　　　B. 业务、流程和人员

C. 业务、流程和场所　　　　　　　D. 部门、流程和场所

128.当出现一些情况时，可追加审核，不包括（　　）。　　　答案：D

A. 发生严重的资产管理问题或用户有重大投诉

B. 企业的领导层、隶属关系、内部机构、产品、资产管理方针和目标、生产技术及装备以及生产场所等有较大改变或变动

C. 即将进行第二、三方审核或法律、法规规定的审核

D. 出现重大的自然灾害

129.审核员要以公平、公正、客观的方式开展审核活动，以真诚的态度和规范的做法对待审核对象，通过（　　）、优质的服务和可靠的结果取得各方的信任。　　　答案：C

A. 强硬的手段、严肃的作风、规范的程序、专业的能力

B. 科学的手段、严谨的作风、简单的程序、专业的能力

C. 科学的手段、严谨的作风、规范的程序、专业的能力

D. 强硬的手段、严谨的作风、简单的程序、专业的能力

130.下列做好审核工作的条件不包括（　　）。　　　答案：A

A. 领导重视不是做好审核工作的关键

B. 管理者代表要亲自抓审核工作

C. 审核的具体工作需要有一个职能部门来管理

D. 组建一支合格的审核员队伍

131.资产全寿命周期管理体系的合规性评价是指包含与环境因素有关法律法规要求外的"其他应遵守的要求"，即涵盖法律法规、外部监管规定及公司内部管理制度对于企业（　　）等各方面要求的评价活动。　　　答案：D

A. 基础条件、产品和服务、文件规定、人员状态及行为

B. 基础条件、产品和服务、文件规定、控制过程及效果

C. 基础条件、产品和服务、人员状态及行为、控制过程及效果

D. 基础条件、产品和服务、文件规定、人员状态及行为、控制过程及效果

132. 在市场经济条件下，企业面临着诸多风险，其中包括（　　），而其他风险最终也可能转化为这种风险。　　　　　　　　　　　　　　　　　　　　　答案：A

　　A. 法律风险　　　　　　B. 财务风险　　　　　C. 管理风险　　　　　D. 自然风险

133. 合规性评价的管理特性不包括（　　）。　　　　　　　　　　　　　答案：D

　　A. 具有规范性　　　B. 具有系统性　　　　C. 具有协同性　　　　D. 具有差异性

134. 下列关于全面开展合规性评价工作的基本要求错误的是（　　）。　　答案：A

　　A. 建立部分开展合规性评价的工作规范　　　B. 规定适当的评价的时间、时机和频次

　　C. 灵活选择评价方式　　　　　　　　　　D. 注重评价方法的有效性

135. 下列不是合规性评价常见的问题的是（　　）。　　　　　　　　　答案：C

　　A. 有关人员不了解应如何进行"合规性评价"，组织的领导不清楚评价结果

　　B. 合规性评价记录收集、保存不够全面，甚至有些还不能提供

　　C. 重视对组织提供的产品、服务造成的环境影响方面的评价和员工精神损害方面的评价

　　D. 缺少对"其他要求"遵循情况的评价

136. 下列不是合规性评价常见问题的解决对策的是（　　）。　　　　　答案：C

　　A. 应建立一个或多个相关评价程序，确保持续按建立的程序进行定期评价，并保存相关记录

　　B. 根据要求的不同，可确定不同的定期评价的频次

　　C. 偶尔可以保存评价的记录，以提供遵守法律法规和其他要求的证据

　　D. 可根据自身特点（规模、类型和复杂程度）、以往的合规性情况及所涉及的具体要求，确定适用的评价方式和频次

137. 通过提高认识，深入领会合规性评价要求，周密策划及有关各方协调合作，才能够有效开展（　　）活动，确保实现遵守法律法规和其他要求的承诺。　　答案：A

　　A. 合规性评价　　　B. 合理性评价　　　C. 有效性评价　　　D. 常规性评价

138. 在资产全寿命周期管理体系中，（　　）是指各部门针对业务范围内不同的管理活动，通过资产管理体系内部审核、专项合规性评价、日常管理活动、资产绩效监测和数据分析的结果和趋势判断结果等，以确保资产管理体系运转的有效性。　　　　　　答案：D

　　A. 纠正　　　　　　B. 预防　　　　　C. 修改和改进　　　D. 纠正和预防

139.（　　）是指对已存在的不符合事件所采取补救措施；（　　）是指在不符合事件发生后，为防止其再次发生而采取的行动。（　　）是在可能不符合事件发生之前，预先采取的根除手段防止其发生。　　　　　　　　　　　　　　　　　　　　　　　　　答案：B

　　A. 纠正；预防措施；纠正措施　　　　　　B. 纠正；纠正措施；预防措施

　　C. 纠正措施；纠正；预防措施　　　　　　D. 纠正措施；预防措施；纠正

140. 采取（　　）的依据主要是检验和试验报告、产品不合格报告、内审或外审不符合项报告等。　　　　　　　　　　　　　　　　　　　　　　　　　　　　答案：A

　　A. 纠正　　　　　B. 纠正措施　　　　C. 预防措施　　　　D. 预防

141. 采取（　　）的依据可能是顾客的反馈意见、产品不合格品报告、过程或活动中反复发生的问题、内审或外审中不符合项报告，服务部门报告的重大缺陷或现场发生的质量事故以及分承包方交付的不合格品等。　　　　　　　　　　　　　　　　　　答案：B

　　A. 纠正　　　　　　B. 纠正措施　　　　C. 预防措施　　　　D. 预防

142. 采取（　　）的主要依据是利用适当的信息来源，如不符合品评审记录、内部审核结果、让步的记录、质量成本分析报告、统计图表、服务报告、顾客的申诉意见、分承包方的业绩评价、设计评审记录和检验和试验报告等。　　　　　　　　　　　　　　　　答案：C

A. 纠正　　　　　　　B. 纠正措施　　　　　C. 预防措施　　　　　D. 预防

143. 纠正和预防的特性不包括（　　）。　　　　　　　　　　　　　　　　　答案：D

A. 针对性　　　　　　B. 可操作性　　　　　C. 可验证　　　　　　D. 无记录

144. 纠正和预防措施的六种技术途径可单独或组合使用，应根据我们对事物的认识程度、不符合影响评价以及经济性考虑，来选择适宜的手段。下列（　　）不属于六种技术途径之一。　　　　　　　　　　　　　　　　　　　　　　　　　　　答案：D

A. 消除、预防　　　　B. 减弱、隔离　　　　C. 连锁、警告　　　　D. 维修、报废

145. 审核的目的之一就是在于发现资产全寿命周期管理体系的问题或潜在的问题，查出原因，采取纠正和预防措施加以消除，以免类似不符合事件的再次发生或新的不符合事件发生，使资产全寿命周期管理体系得到（　　）。　　　　　　　　　　　　　　　答案：A

A. 不断改进　　　　　B. 完美无缺　　　　　C. 零误差保障　　　　D. 稍微改进

146. 审核组在现场审核中发现不符合项时，除要求受审核部门负责人确认不符合事实外，还应要求他们调查分析造成不符合的原因，如果受审核部门坚持不同意对不符合的判定，也不肯提出纠正措施建议，则应提交（　　）仲裁。　　　　　　　　　　　　答案：D

A. 执行代表　　　　　B. 审核代表　　　　　C. 法律代表　　　　　D. 管理者代表

147. 为避免类似问题再次发生，纠正和预防措施应针对不符合事件的原因具体制定，其制定过程可按如下程序进行，错误的是（　　）。　　　　　　　　　　　　　答案：D

A. 审核人员提出不符合，受审核部门确认

B. 受审核部门分析不符合产生的原因（需要时可在审核员的帮助下进行）

C. 受审核部门针对原因制订纠正和预防措施计划（需要时可在审核员的帮助下进行）

D. 只有最高管理者可以审批计划的适宜性及可行性和风险等

148. 对企业来说，只有不断地寻求改进的机会，将问题和矛盾消灭在萌芽状态，才能避免突然爆发所造成的损失，下列错误的是（　　）。　　　　　　　　　　　　答案：C

A. 从状态监测和绩效监测中去寻求改进机会　B. 从审核和合规性评价中去寻求改进机会

C. 从最高管理者中去寻求改进机会　　　　　D. 从广泛的信息来源头中寻求改进机会

149. PDCA 循环中 P 阶段指计划阶段，其内容可包括四个步骤，下列（　　）是错误的。

答案：B

A. 分析现状，找出存在的质量问题

B. 分析产生质量问题的原因并迅速解决

C. 找出影响质量问题的主要原因

D. 针对找出的影响质量的主要原因，制定措施计划

150. PDCA 循环中 D 阶段只有一个步骤，是（　　）。　　　　　　　　　　　答案：A

A. 实施计划　　　　　B. 分析现状　　　　　C. 找出原因　　　　　D. 开展工作

151. PDCA 循环中 C 阶段只有一个步骤，是（　　）。　　　　　　　　　　　答案：D

A. 实施计划　　　　　B. 分析现状　　　　　C. 找出原因　　　　　D. 检查效果

152. PDCA 循环中 A 阶段有两个步骤，是（　　）。　　　　　　　　　　　　答案：C

A. 找出原因；检查效果

B. 分析现状；找出原因

C. 总结经验，巩固成绩；遗留问题，转入下一个循环

D. 开展工作；检查效果

153.（　　）是一种提高职员对工作的热诚和参与的管理方法。利用小组活动，职员可以增加本身对工作的认识，对事物有更广阔的看法，对问题有可遵循系统的方法去处理。　　答案：A

A. 工作改善小组　　　B. 工作管理小组　　　C. 工作实施小组　　　D. 工作检查小组

154. 管理评审是（　　）为评价管理体系的适宜性、充分性和有效性所进行的活动。答案：C

A. 项目管理者　　　　B. 资产管理者　　　　C. 高层管理者　　　　D. 中层管理者

155. 按照评审实施的主体不同，可将管理体系评审分为（　　）两大类。　　　答案：A

A. 内部评审和外部评审　　　　　　　　B. 上级评审和基层评审

C. 公司评审和部门评审　　　　　　　　D. 早期评审和后期评审

156. 管理体系的内部评审是企业根据内审的计划安排而开展的评审活动，故一般没有以下三项内容，其中不包括（　　）。　　　　　　　　　　　　　　　　　　答案：D

A. "提出评审"　　　B. "文件评审"　　　C. "监督评审"　　　D. "内部评审"

157. 通常资产管理体系管理评审机制可分为（　　）。　　　　　　　　　答案：D

A. 评审策划、评审准备

B. 评审策划、评审准备、评审实施

C. 评审策划、评审准备、评审实施、评审报告

D. 评审策划、评审准备、评审实施、评审报告和评审跟踪

158. 在评审过程中，资产管理办公室应做好评审会议记录，并根据评审会议记录，在管理评审会议后规定时间内起草（　　），经资产管理办公室主任或相应管理者代表审核后，提交资产管理委员会批准。　　　　　　　　　　　　　　　　　　　　　　　　答案：C

A. 公司资产评审报告

B. 资产全寿命周期管理框架体系

C. 公司资产全寿命周期管理体系管理评审报告

D. 公司资产全寿命周期管理体系改进措施实施计划

159. 资产管理办公室根据公司资产全寿命周期管理体系管理评审报告，编写（　　），并提出相关要求，经资产管理办公室主任或相应管理者代表批准后发至有关责任部门。　　　答案：D

A. 公司改进措施实施计划

B. 公司资管理体系改进措施实施计划

C. 全寿命周期管理体系改进措施实施计划

D. 公司资产全寿命周期管理体系改进措施实施计划

160. 关于组织架构的特点有错误的是（　　）。　　　　　　　　　　　答案：C

A. 扁平化程度越来越高　　　　　　　　B. 专业化分工程度越来越强

C. 标准化程度越来越低　　　　　　　　D. 更加强调专业间横向协同

161. 资产全寿命周期管理体系贯彻整体资产观念，（　　）推进管理体系的构建，并进行相应的组织机构设置与职权匹配。　　　　　　　　　　　　　　　　　　　　答案：B

A. 自下而上　　　　B. 自上而下　　　　C. 由内而外　　　　D. 从大到小

162. 通常公司可以组建（　　）来作为资产管理的决策层。　　　　　　答案：C

A. 资产管理委员会和资产管理宣传室　　　　B. 资产管理办公室和资产管理监督组

C. 资产管理委员会和资产管理办公室　　　　D. 资产管理宣传室和资产管理监督组

163. 资产管理委员会一般是由公司的（　　）组成。　　　　　　　　答案：C

A. 总经理和董事会　　　　　　　　　　　B. 副总经理和董事会

C. 总经理和相关副总经理　　　　　　　　D. 总经理和董事长

164. 公司资产管理办公室一般由主管副总经理、副总工程师以及各部门主要负责人组成，办公室主任由（　　）担任，日常工作由资产管理专业部门归口负责。　　答案：A

A. 副总经理　　　B. 总经理　　　C. 副总工程师　　　D. 各部门主要负责人

165. 下列不是资产管理委员会职责的是（　　）。　　　　　　　　　答案：D

A. 负责公司资产全寿命周期管理体系的建立、保持以及改进

B. 审批并发布公司资产全寿命周期管理总体目标及策略

C. 审定公司资产全寿命周期管理体系改进计划

D. 设立公司各部门领导班子

166. 下列不是安全监察质量部职责的是（　　）。　　　　　　　　　答案：C

A. 归口管理公司资产全寿命周期管理工作

B. 归口管理事件管理、应急两个管理子要求

C. 审批并发布公司资产全寿命周期管理总体目标及策略

D. 负责按照公司资产全寿命周期管理要求完成本专业工作

167. 根据企业管理人员能力模型的理论，结合企业实际情况，企业资产全寿命周期管理的人员能力评价流程大致可以分为以下几个部分，不包括（　　）。　　答案：A

A. 对人员进行培训　　　　　　　　　　B. 建立人员能力评价体系

C. 定期评价　　　　　　　　　　　　　D. 确定对象，划分类别

168. 企业资产全寿命周期管理的培训要求不包括（　　）。　　　　　答案：D

A. 根据资产管理业务职能、岗位职责以及其他专业的要求，识别员工培训需求

B. 记录培训过程及考评结果，并建立员工个人培训档案

C. 通过收集各部门、员工对培训效果的反馈意见等方式评估培训效果，以促进培训课程、培训效果的持续改进

D. 建立人员能力评价体系

169. 企业针对资产全寿命周期管理的培训工作可以分层次、有重点地开展，有不同层级的培训不包括（　　）。　　　　　　　　　　　　　　　　　答案：D

A. 决策层培训　　　B. 管理层培训　　　C. 执行层培训　　　D. 规划层培训

170. 企业（　　）是资产全寿命周期管理中最重要的决定性因素之一。　答案：A

A. 决策层　　　B. 管理层　　　C. 执行层　　　D. 规划层

171. 资产全寿命周期管理活动开展的主体是（　　）。　　　　　　　答案：C

A. 决策层　　　B. 管理层　　　C. 执行层　　　D. 规划层

172. 资产全寿命周期管理的培训机制通常由公司人力资源部牵头建立，主要包括（　　）等环节。　　　　　　　　　　　　　　　　　　　　　　　答案：C

A. 培训需求的识别、培训计划的制订、培训效果的评价

B. 培训需求的识别、培训计划的实施、培训效果的评价

C. 培训需求的识别、培训计划的制订、培训计划的实施和培训效果的评价

D. 培训需求的识别、培训计划的制订、培训计划的实施

173. 培训质量的管理是对资产全寿命周期管理的各个环节进行管理与控制，以满足（　　）要求的过程。　　　　　　　　　　　　　　　　　　　答案：A

A. 相关管理人员能力提升　　　　　　　　B. 相关操作人员能力提升

C. 相关维修人员能力提升　　　　　　　　D. 相关监督人员能力提升

174.（　　）负责组织与需求部门进行需求目标、需求时间、需求内容的沟通与确认，以确保培训的必要性与实效性。　　　　　　　　　　　　　　答案：C

A. 培训中心与省公司人力资源部　　　　　B. 省公司人力资源部与基层单位人力资源部

C. 培训中心与基层单位人力资源部　　　　D. 培训中心

175.（　　）依据《培训需求分析报告》与沟通确认情况，根据需求的紧急程度和重要程度对培训需求进行审核，确定年度培训需求。　　　　　　答案：A

A. 省公司人力资源部　　　　　　　　　　B. 地级公司人力资源部

C. 县级公司人力资源部　　　　　　　　　D. 培训中心

176. 培训计划提报单位在通过审核后可以编制培训计划可行性说明书，内容包括（　　）等。

答案：D

A. 培训项目的规模、资源　　　　　　　　B. 资源、时间及费用预算

C. 培训项目的规模、时间及费用预算　　　D. 培训项目的规模、资源、时间及费用预算

177. 培训中心与基层单位培训主管部门可依据自身实际情况，在规定时间内向（　　）提出计划调整申请，经批准后方可进行计划调整。　　　　答案：C

A. 基层单位人力资源部　　　　　　　　　B. 省公司人力资源部

C. 公司本部人力资源部　　　　　　　　　D. 地级公司人力资源部

178. 法律、法规和其他要求获取的范围以下不包括（　　）。　　　答案：D

A. 国家颁发的法律、法规，国家主管机关颁布的条例、规定、办法等

B. 各工程所在地颁发的地方性法规和制度

C. 电力行业主管部门颁发的规章和条例

D. 不相关方要求遵循的其他规章和制度

179. 法律、法规合规性评价机制的意义不包括（　　）。　　　　答案：B

A. 开展合规性评价，有利于提高普法工作绩效，促进学法与用法的密切结合

B. 开展合规性评价，有利于提高管理层的知识水平

C. 开展合规性评价，有利于提高各方面的满意度，进一步提升企业形象

D. 开展合规性评价，有利于增强企业防范法律风险能力，更好地维护企业权益

180. 标准制度获取的范围包括以下几点，错误的是（　　）。　　答案：D

A. 以公司规章制度为主体，以所属各级单位辅助性规章制度为补充

B. 公司规章制度以通用制度为主，以非通用制度为辅

C. 所属各级单位辅助性规章制度包括通用制度差异条款、非通用制度实施细则和本单位补充规章制度三类

D. 国家颁发的法律、法规，国家主管机关颁布的条例、规定、办法等

181. 国际上通行的资产管理体系标准是国际标准化组织正式发布的（   ）系列标准。

答案：A

A. ISO 55000　　　　　　B. ISO 9001　　　　　　C. QSO 9001　　　　　　D. PAS 55

182. 为了更好地挖掘标准制度的作用，可以通过以下几点进行探索，不包括（   ）。

答案：D

A. 正确认识企业文化，孕育符合企业实际　　　B. 强化对标准制度执行的评价与考核

C. 尽可能流程化与信息化　　　　　　　　　　D. 尽可能让领导直接管理

183.（   ）是资产全寿命周期管理的重要内容和特征，应有效用于企业资产战略目标计划制订阶段，对资产及资产全寿命周期管理相关的风险进行全面识别、评估和管控。　　　答案：B

A. 流程管理　　　　　　B. 风险管理　　　　　　C. 企业管理　　　　　　D. 资产管理

184. 风险管理流程应包括（   ）等环节，流程覆盖资产全寿命周期的各个阶段和资产管理活动的各个方面。　　　　　　　　　　　　　　　　　　　　　　　　　答案：D

A. 风险识别、风险分析与评价、风险管控、风险沟通与记录

B. 风险识别、风险管控、风险沟通与记录、风险监控、风险信息应用

C. 风险识别、风险分析与评价、风险管控、风险沟通与记录、风险信息应用

D. 风险识别、风险分析与评价、风险管控、风险沟通与记录、风险监控、风险信息应用

185. 风险管控主要包括（   ）等内容。　　　　　　　　　　　　　　　　　答案：C

A. 初始信息收集、风险评估、风险控制

B. 初始信息收集、风险控制、监督与改进

C. 初始信息收集、风险评估、风险控制、监督与改进

D. 初始信息收集、风险评估、监督与改进

186. 下列不属于风险识别的是（   ）。　　　　　　　　　　　　　　　　　答案：D

A. 资产类风险识别　　　　　　　　　　　　B. 资产管理类风险识别

C. 环境风险识别　　　　　　　　　　　　　D. 合规风险识别

187. 下列不属于风险评估的是（   ）。　　　　　　　　　　　　　　　　　答案：A

A. 合规风险评估　　　　　　　　　　　　　B. 资产管理类风险评估

C. 环境风险评估　　　　　　　　　　　　　D. 变更风险评估

188. 下列不属于风险管控的是（   ）。　　　　　　　　　　　　　　　　　答案：D

A. 资产类安全风险管控　　　　　　　　　　B. 资产管理类风险管控

C. 环境风险管控　　　　　　　　　　　　　D. 合规风险管控

189. 风险监控的主要依据包括以下几个方面，错误的是（   ）。　　　　　　　答案：D

A. 风险管理规划　　　B. 风险应对计划　　　C. 环境的变化情况　　　D. 将来的未知风险

190. 风险预警指标应按照（   ）原则设定，提高预警指标可量化程度。　　　　答案：C

A. 相关性、敏感性、具体性、可衡量性　　　B. 相关性、敏感性、可行性、具体性

C. 相关性、敏感性、可行性、可衡量性　　　D. 相关性、敏感性、特殊性、可衡量性

191. 各类风险归口管理部门在（   ）的过程中应与公司内部与外部相关方进行充分沟通，并将评估结果和需要执行的管控措施告知相关人员。　　　　　　　　　　　　答案：C

A. 风险预测、风险评价、风险管理　　　　　B. 风险预测、风险评价、风险监控

C. 风险识别、风险评价、风险监控　　　　　D. 风险识别、风险评价、风险管理

192. 按照生命周期理论，突发事件分为事前、事中和事后阶段，我国《突发事件应对法》据此划分了（　　）四个阶段。　　　　　　　　　　　　　　　答案：C

A. 预测与应急准备、检测与预防、应急处置与救援、事后恢复与评估

B. 预防与应急准备、检测与维修、应急处置与救援、事后恢复与重建

C. 预防与应急准备、检测与预防、应急处置与救援、事后恢复与重建

D. 预测与应急准备、检测与维修、应急处置与救援、事后恢复与评估

193. 根据预测分析结果，对可能发生和可以预警的突发事件进行预警。公司预警分为一级、二级、三级和四级，用红色、橙色、黄色和蓝色表示，一级对应（　　　）。　　答案：B

A. 橙色　　　　　　　B. 红色　　　　　　　C. 黄色　　　　　　　D. 蓝色

194. 事发单位应积极开展突发事件舆情分析和引导工作，按照有关要求，（　　　）。答案：C

A. 待事件处理完毕再披露突发事件事态发展、应急处置和救援工作的信息

B. 把突发事件事态发展、应急处置和救援工作的信息交给媒体报道

C. 及时披露突发事件事态发展、应急处置和救援工作的信息，维护公司品牌形象

D. 只披露对公司有利的信息，维护公司品牌形象

195. 在（　　）体系建设基础上，识别资产管理业务协同需求，明确协同职责及要求，建立或完善跨流程、跨业务、跨专业、跨部门及跨单位的协同工作机制，指导协同工作的开展。

答案：A

A. 三集五大　　　　　B. 一标三制　　　　　C. 五位一体　　　　　D. 三流合一

196. 国家电网公司"五位一体"协同工作体系是基于"（　　　）"五位一体协同原则。

答案：C

A. 规章、流程、职责、标准、考核评价　　　B. 规章、流程、职责、准则、考核评价

C. 制度、流程、职责、标准、考核评价　　　D. 制度、流程、职责、准则、考核评价

197. 国家电网公司"五位一体"协同工作体系以资产管理业务标准制度为依据，明确各业务牵头管理部门负责，业务流程（　　　）的系统性、整体性的全过程协同，明确部门在协同中的工作内容、职责、标准，并进行监督和考核。　　　　　　　　　　　　答案：D

A. 后端协调前端、后端支撑前端　　　　　　B. 后端协调前端、前端支撑后端

C. 前端协调后端、前端支撑后端　　　　　　D. 前端协调后端、后端支撑前端

198. 协同方案执行过程中，由各资产管理业务的归口管理部门主导，相关部门、单位配合，按照（　　）要求落实各自负责的工作，并提交工作成果。　　　　　　　　答案：A

A. 5W1H　　　　　　B. PDCA　　　　　　C. LCC　　　　　　D. SEC

199. 协同效果评价过程中，资产管理办公室负责协同管理的监督、检查、总结和完善协同管理活动开展情况，各业务环节部门要对前后端业务部门的协同活动进行（　　　），根据存在的问题和不足，形成协同效果评价报告，提出改进需求和完善建议。　　　　答案：C

A. 改进　　　　　　　B. 计划　　　　　　　C. 评价　　　　　　　D. 执行

200. 资产管理体系各环节、各要素的协同不包括（　　　）。　　　　　　　答案：D

A. 目标、策略和计划的协同　　　　　　　　B. 业务协同

C. 资产管理要求协同　　　　　　　　　　　D. 电能质量与成本的协同

201. 在沟通中，需要建立内外部沟通程序，明确识别资产及资产管理体系需要进行的内外部沟通。沟通管理应满足以下要求，但不包括（　　　）。　　　　　　　答案：D

A. 明确沟通范围及内容、沟通时效、沟通对象以及明确、清晰及有效的沟通渠道

B. 确保资产管理相关信息能够在管理者、员工以及其他利益相关方之间有效传递和反馈

C. 建立双向交互的沟通方式

D. 在与员工、客户和其他利益相关方沟通重要资产管理信息时，应尽量保密

202.（　　）是企业在资产全寿命周期管理活动中，将资产全寿命周期管理的利益相关方信息传递和反馈的过程，也是实现资产全寿命周期管理目标的一种手段。　　答案：B

  A. 协同   B. 沟通   C. 反馈   D. 评价

203. 沟通的方法按沟通渠道分类可以分为以下几种，但不包括（　　）。 答案：D

  A. 口头沟通   B. 书面沟通   C. 电子媒介沟通 D. 平行沟通

204. 沟通的方法按组织沟通的方向分类可以分为以下几种，但不包括（　　）。 答案：C

  A. 上行沟通   B. 下行沟通   C. 书面沟通   D. 斜向沟通

205. 沟通的方法按沟通者的数目分类可以分为以下几种，但不包括（　　）。 答案：A

  A. 正式沟通   B. 自我沟通   C. 人际沟通   D. 团队沟通

206. 沟通过程的主要目的是在公司正常运转和制定决策的过程中，确保员工、供应商和其他利益相关方的充分参与，沟通的过程不包括（　　）。 答案：D

  A. 识别需求阶段 B. 计划阶段   C. 实施阶段   D. 保密总结阶段

207. 有效沟通的保障措施不包括（　　）。 答案：A

  A. 只建立内部沟通机制   B. 识别利益相关方

  C. 建立沟通效果评价反馈机制   D. 沟通管理培训管理工作

208. 公司内部沟通渠道不包括（　　）。 答案：D

  A. 会议、文件、邮件、问卷调查、谈话以及公司报纸、杂志、网络等内部媒体报道等

  B. 通过管理层与员工间的沟通，使员工积极参与到资产管理活动中

  C. 通过管理层与员工间的沟通，使员工支持资产管理总体目标、策略和计划的实现

  D. 通过社会服务网站、报刊、电视、电台等社会媒体发布公告等

209. 公司外部沟通渠道不包括（　　）。 答案：C

  A. 行政文函；管理层拜访、走访活动，新闻发布会、听证会等会议活动

  B. 通过公司门户网站信息发布公告、通知，通过社会服务网站、报刊、电视、电台等社会媒体发布公告、通知、新闻通讯稿等

  C. 通过管理层与员工间的沟通，使员工积极参与到资产管理活动中

  D. 业务人员、客服受理和咨询

210. 以下公司外部沟通形式不包括（　　）。 答案：B

  A. 与政府（含监管机构）的沟通 B. 与公司员工的沟通

  C. 与客户的沟通   D. 与发电企业的沟通

211. 建立企业资产全寿命周期管理体系管理要求不包括（　　）。 答案：B

  A. 目标策略管理要求   B. 人力资源管理要求

  C. 评价管理要求   D. 持续改进管理要求

212. 依据资产管理相关的标准制度，需对资产管理活动过程进行记录、维护，确保过程记录能够支撑资产管理活动的开展，及资产管理体系的评价及完善。过程记录应满足要求的不包括（　　）。 答案：D

A. 资产管理相关的标准制度应明确记录管理职责, 制定记录的建立、填写、标识、保管、存储、借阅、处理等管理办法

B. 应识别、收集、整理各种过程记录, 包含表单、报告、会议纪要、图纸、合同、执照、指导意见、经验总结等

C. 应保证记录的准确性、完整性、可识别性及可追溯性

D. 明确沟通范围及内容、沟通时效、沟通对象以及明确、清晰及有效的沟通渠道

213. 记录的建立包括三个方面, 以下错误的是 (   )。   答案: C

A. 记录清单建立, 由公司依据标准表编制 "资产管理相关记录清单", "归档文件目录"

B. 记录表格的编制和批准, 根据实际需求编制记录

C. 记录表格加密

D. 记录表格的更改

214. (   ) 不是资产管理信息系统的目的和要求。   答案: D

A. 实现对资产全寿命周期管理基础业务的支撑

B. 实现对资产全寿命周期管理评估、决策类业务的支撑

C. 实现各业务的横向集成

D. 提升电能质量管理

215. 资产全寿命周期管理信息化系统, 简称 (   )。   答案: A

A. LCAM 信息化系统   B. LCC 信息化系统

C. SEC 信息化系统   D. SED 信息化系统

216. 基于资产全寿命周期管理框架体系的要求, 以资产全寿命周期管理各层次和各阶段过程业务要求对资产全寿命周期管理相关业务系统 (如 ERP、PMS 等) 进行现状分析, 从业务、功能、数据和技术等多个层面进行相关分析, 下列错误的是 (   )。   答案: C

A. 业务覆盖度分析, 确定需要新建的业务需求

B. 功能满足度分析, 确定需要进行优化和完善的功能需求

C. 数据相近度分析, 确定需要进行较为相近的数据对象和编码属性

D. 系统交互需求分析, 确定需要进行数据交互的系统及交互内容

217. 国网浙江省电力公司的资产全寿命周期管理体系建设分为三个阶段进行, 下列不属于三个阶段之一的是 (   )。   答案: B

A. 试点探索   B. 绩效改进   C. 全面建设   D. 领先创建

218. 资产管理办公室由公司领导、部门负责人组成, 下设 1 个体系建设组、7 个业务实施组专业工作组, 各组均由 (   ) 任组长。小组成员由各部门、经研院、基层单位业务骨干组成。

答案: A

A. 部门主要负责人   B. 部门业务骨干

C. 基层单位业务骨干   D. 经研院业务骨干

219. 资产管理办公室认真落实一系列有效的组织实施措施, 协调推进体系建设进程。为加强工作协同, 明确了协调工作原则和流程, 对于 (   ) 尽量在专业组内协调解决, 涉及 (   ) 递交体系建设办公室统一组织协调, (   ) 由体系建设办公室提交领导小组协调处理, 确保各级之间工作协同顺畅。   答案: D

A. 一般性问题, 体系建设问题, 重大问题

B. 专业问题，跨专业组、跨多业务部门的问题，全局问题

C. 专业问题，跨专业组、跨多业务部门的问题，重大问题

D. 一般性问题，跨专业组、跨多业务部门的问题，重大问题

220. 资产管理办公室认真落实一系列有效的组织实施措施，协调推进体系建设进程。为组织集中办公，根据不同工作阶段特点和需要，分别采用（　　），有效解决了各阶段体系建设重难点问题。　　　　　　　　　　　　　　　　　　　　　　　答案：B

　　A. 分阶段集中办公　　　　　　　　　　B. 分阶段集中办公和统一长时段集中办公

　　C. 分阶段集中办公和关键时段集中办公　　D. 分阶段集中办公和特殊时段集中办公

221. 在资产全寿命周期管理体系建设的全面建设阶段，国网浙江省电力有限公司以国网公司资产管理规范为依据，组织制定以（　　）为核心的公司资产管理总体目标。　答案：C

　　A. 一标三制　　　　　B. 降本增效　　　　　C. 五个更　　　　　D. 三流合一

222. 在资产全寿命周期管理体系建设的全面建设阶段，国网浙江省电力有限公司健全资产管理文档体系，结合流程梳理，完成配套制度标准体系的梳理，形成（　　）的文档结构，包括 1 本资产管理手册、26 份程序文件、3360 项支撑文件。　　　　　答案：D

　　A. 树状　　　　　　　B. 科学高效　　　　　C. 从上而下　　　　D. "金字塔"形

223. 在全面建设阶段，国网浙江省电力有限公司按照（　　）的思路开展资产全寿命周期管理典型方法梳理。　　　　　　　　　　　　　　　　　　　　　　　　　答案：B

　　A. "综合实践应用、分布布局选点"　　　　B. "综合布局选点、分布实践应用"

　　C. "综合实施方案、分布各项要求"　　　　D. "综合各项要求、分布实施方案"

224. 国网浙江省电力有限公司编制工作手册形成一套实时操作的规范，充分融合资产管理规范要求与实际业务，按照（　　），进一步细化分解形成各级岗位对应的资产管理具体业务工作要求。　　　　　　　　　　　　　　　　　　　　　　　　　　　　　答案：A

　　A. "资产管理业务 – 对应部门 – 对应岗位 – 实施工作要求"

　　B. "资产管理业务 – 对应岗位 – 对应部门 – 实施工作要求"

　　C. "资产管理规范 – 资产管理业务 – 对应部门 – 对应岗位"

　　D. "资产管理规范 – 资产管理业务 – 对应部门 – 实施工作要求"

225. 2009 年以来，国网公司全面开展以（　　）为主要内容的"三集五大"体系建设，是对公司管理体制机制实施的一次全方位"管理革命"，具有十分重大的意义。　答案：C

　　A. 统筹发展目标和具体业务管理模式　　　　B. 统筹体系规划和具体业务管理模式

　　C. 统筹核心资源和核心业务管理模式　　　　D. 统筹体系规划和核心业务管理模式

226. "三集五大"体系在运转与磨合中仍存在一些具体问题，但不包括（　　）。　答案：A

　　A. 体系对经济性重视不足　　　　　　　　B. 各业务体系还需要继续完善

　　C. 各业务体系的集成融合和统一性还不足　　D. 与国内外先进企业相比还有一定差距

227. 国网浙江省电力有限公司围绕资产管理体系建设核心要求，遵循（　　）的基本原则，构建资产管理体系标准，健全资产管理工作机制。　　　　　　　　　　　　答案：B

　　A. 一致性、协调性、统一性　　　　　　　B. 全局性、完整性、一致性

　　C. 全局性、实效性、一致性　　　　　　　D. 全局性、完整性、实效性

228. 工作机制是（　　）的有机联系和有效运转，是实现资产管理体系与实际业务深度融合的桥梁。　　　　　　　　　　　　　　　　　　　　　　　　　　　　　　　答案：A

A. 体系标准与实际工作　　　　　　　　　B. 总体规划与实际工作

C. 发展策略与实际工作　　　　　　　　　D. 管理体系与实际工作

229. 将一套资产管理体系标准中的内容进一步细化,要基于目标策略、计划、监测评价、改进、协同、过程管控、风险与应急等资产管理核心要素,以（　　　）协同工作机制为载体。 答案: B

A. "三流合一"　　　　　　　　　　　　　B. "五位一体"

C. "一标三制"　　　　　　　　　　　　　D. 目标规划与具体业务有机联系的

230. 省公司各部门根据自身资产、业务特色,以（　　　）分析薄弱环节,选取1~2个关键业务为切入点,应用机制设计成果开展资产全寿命周期管理工作。 答案: D

A. 标准导向　　　　B. 规划导向　　　　C. 目标导向　　　　D. 问题导向

231. "一标"指的是一套资产管理体系标准,即在国网公司资产管理体系规范下,基于"职责、流程、制度、标准、考核"的工作要求,对（　　　）进行细化和补充。 答案: B

A. 资产管理目标和管理流程　　　　　　　B. 资产管理要求和管理内涵

C. 资产管理目标和管理方法　　　　　　　D. 资产管理要求和管理标准

232. "一标"是公司在吸纳试点单位体系建设经验基础上深化体系建设实施、深入实践探索创新的重要工作成果,下列选项中,不属于"一标"解决的问题的是（　　　）。 答案: A

A. 资产管理体系的目标规划　　　　　　　B. 资产管理体系的落地实施

C. 资产管理体系的量化评价　　　　　　　D. 资产管理体系的推广应用

233. "三制"指的是三项资产管理的（　　　）,通过总结资产管理体系核心要求与本质特征,结合目前管理实际问题,提出确保体系有效运转的工作机制。 答案: B

A. 核心工作要求　　　　　　　　　　　　B. 核心工作机制

C. 核心流程机制　　　　　　　　　　　　D. 核心管控机制

234. "三制"即强调统一的协同工作机制、重视两头的闭环管理机制和（　　　）。 答案: D

A. 降本增效的风险管控机制　　　　　　　B. 具体明确的风险管控机制

C. 绩效领先的风险管控机制　　　　　　　D. 防控联动的风险管控机制

235. 建立一套目标策略要求建立资产管理（　　　）动态监测机制,全面监测资产管理指标。 答案: D

A. 目标、标准、风险　　　　　　　　　　B. 目标、策略、风险

C. 策略、计划、风险　　　　　　　　　　D. 目标、策略、计划

236. 建立一套目标策略要求全面监测资产管理指标,从而保障资产管理（　　　）的一脉相承和跟踪管控。 答案: A

A. 总体目标、绩效目标到策略　　　　　　B. 总体目标、绩效目标到标准

C. 总体目标、绩效目标到具体业务　　　　D. 总体目标、策略到具体业务

237. 建立一套目标策略要求全面监测资产管理指标,实现（　　　）目标设定的横向协同、考核权责清晰。 答案: C

A. 跨部门、跨业务　　　　　　　　　　　B. 上下级单位

C. 跨部门、上下级单位　　　　　　　　　D. 跨业务、上下级单位

238. 建立一套目标策略要求制定发布公司电网发展、可靠性、资产寿命周期等六项资产策略,全面覆盖公司资产管理核心业务,下列选项中不属于六项资产策略中的是（　　　）。 答案: A

A. 投资管理　　　B. 寿命周期职能　　　C. 外部环境影响　　　D. 资产风险管理

239. 资产寿命周期策略包括输变电、配网、继保自动化、通信、计量、其他资产、（   ）等 7 大类资产。   答案：A

A. 智能化变电站   B. 变压器   C. 断电器   D. 家用电器

240. 制定一套制度标准要求建立一套制度标准体系，其主要内容不包括（   ）。   答案：B

A. 公司资产管理手册   B. 评价标准

C. 程序文件   D. 支撑文件

241. 编制一套管理流程，要以核心流程（   ）为关键要求，形成《国网浙江电力资产全寿命周期管理流程手册》，从而消除流程断点、改进管理薄弱环节，提高公司整体运作效率。   答案：D

A. 一致化、完整化   B. 一致化、完整化、全局化

C. 纵向贯通、上下协同、区域联动   D. 纵向贯通、横向协同、区域联动

242. 建立"强调统一"的协同工作机制，要围绕（   ）两条主线，强调资产管理决策过程和资产管理业务执行的协调。   答案：C

A. 步调一致、整体协同   B. 目标一致、业务协同

C. 纵向贯通、横向协同   D. 目标统一、资源统一

243. 关注目标形成和分解，确保资产管理决策协同的主要工作措施不包括（   ）。   答案：D

A. 统一目标管理，保证各层级目标来源一致   B. 实施指标股份制，突出目标横向协同

C. 重视目标分解细化，确保目标分解到位   D. 确保总体目标策略，确保执行目标的落实

244. 强化资源和作业协同，确保资产活动执行统一的具体工作要求中不包括（   ）。   答案：D

A. 做好资源计划协同   B. 深化作业前后道横向协同

C. 深化协同工作成效的监督评价   D. 重视资产形成和退出管理

245. 下列（   ）工作措施不属于规范资产形成的管理，健全账卡物联动机制的要求。   答案：D

A. 实施高度集成的设备资产联动机制

B. 构建基于 ERP、PMS 集成的"三码联动"协同机制

C. 严格执行"三个禁止"

D. 加强信息跨部门传输

246. 严格执行"三个禁止"的要求不包括（   ）。   答案：C

A. 禁止手工创建固定资产卡片

B. 禁止直接建立需要联动生成的 PM 设备台账

C. 禁止建立对应规则并固化到系统

D. 禁止在实物管理系统中进行不规范的操作

247. 严格资产退出的管理，提升资产使用效率，要规范配电变压器再利用管理，创建（   ）的修复、利旧运作模式。   答案：A

A. 统一规划、统一维修、统一调配   B. 统一招标、统一维修、统一调配

C. 统一维修、统一调配、统一退役   D. 统一维修、统一调配、统一利用

248. 重视计划制定和评价改进，确保业务活动闭环的工作措施不包括（   ）。   答案：D

A. 强化重点工作闭环管理   B. 深化常态业务闭环管理

C. 优化项目闭环管理   D. 深化协同工作成效的监督评价

249. 防控联动的风险管控机制不包括（   ）。   答案：C
    A. 风险信息联动   B. 风险控制联动
    C. 风险评价联通   D. 风险应急联动

250. "防控联动"是风险管理机制的（   ），能够有效解决风险信息应用不到位、风险管理不闭环、风险预控意识不强等问题。   答案：C
    A. 评价标准   B. 重要保障   C. 核心   D. 要素

251. 强化风险信息联动，要全面整合（   ）风险源，确保风险信息及时传递。   答案：A
    A. 电网、设备、人身和管理   B. 电网、设备、线路和管理
    C. 电网、人身、管理和政策   D. 电网、人身、环境和信息

252. 强化风险信息联动，要建立专业管理、跨专业业务、公司内外部的（   ），及时传递风险。   答案：C
    A. 风险评价标准   B. 风险控制方法
    C. 风险信息共享平台   D. 风险管理和传递流程

253. 要强化风险应急联动，确保风险处置及时妥当，下列工作措施不符合要求的是（   ）。
    答案：D
    A. 及时修编应急预案，完善公司应急预案体系
    B. 重视应急预案效果评估
    C. 设计并构建应急培训流程
    D. 开展应急物资保障演练

254. 三项工作机制设计以（   ）为基础。   答案：D
    A. "五个更"   B. "三流合一"
    C. "一标三制"   D. "五位一体"协同工作机制

255. 三项工作机制设计融合一套体系标准中涉及的关键内容，具体包含六个要素如业务流程、责任分工、规章制度，但不包括（   ）。   答案：A
    A. 评价标准   B. 监督控制   C. 评价考核   D. 基础保障

256. 三项工作机制设计六要素中的责任分工要以（   ）为蓝本，明确流程节点所涉及的岗位及责任归属，明确工作机制执行的责任主体。   答案：B
    A. SEC 规范   B. RACI 模型   C. "五位一体"   D. 先进的规范

257. 评价考核以（   ）为导向，是对具体资产管理业务执行效果的考核。   答案：D
    A. 问题   B. 目标   C. 标准   D. 结果

258. 基础保障从三方面对保障三项机制有效运转提出详细要求，这三方面不包括（   ）。
    答案：B
    A. 信息系统支撑   B. 文件规范要求   C. 技术原则要求   D. 人员技能要求

259. 强化风险应急联动，要实施各类风险源动态监测，根据风险事件的（   ），启动针对性应对措施避免重大损失。   答案：C
    A. 发生时间和风险源   B. 发生时间和影响程度
    C. 类型和影响程度   D. 风险源和影响程度

260. 国网公司 366 号文《国家电网公司关于推进资产全寿命周期管理体系深化应用的通知》明确要求：突出体系文件对资产管理中（   ）协同点的管控要求。   答案：C

A. 横向和纵向 B. 总目标和具体工作

C. 跨专业、跨部门 D. 生命周期全过程

261. 三项工作机制与体系深化应用的关系，表述全面的是（　　）。　　　　　答案：D

A. 三项工作机制是体系深化应用核心

B. 体系深化应用是三项工作机制的重要保障

C. 三项工作机制和体系深化应用可以相互独立

D. 三项工作机制的全面梳理，是对资产管理体系的全面深化应用

262. 要在全面梳理"五位一体"协同机制的基础上，以（　　）为另一重要输入来源，将体系文件的相关条款及内容放入三项工作机制业务框架中。　　　　　答案：B

A. 国家电网相关规范 B. 资产管理体系标准

C. 本单位具体情况 D. "五位一体"的具体要求

263. 要在全面梳理"五位一体"协同机制的基础上，要将目标策略、制度标准、工作手册、管理流程、评价标准、通用方法集等体系文件进行（　　），将体系文件的相关条款及内容放入三项工作机制业务框架中。　　　　　答案：C

A. 综合考虑 B. 详细解读 C. 碎片化处理 D. 标准化处理

264. "三制"建设和"一标"要求的关系是（　　）。　　　　　答案：A

A. "三制"建设是对"一标"要求的落实保障 B. "三制"建设和"一标"要求相对独立

C. "三制"建设是"一标"要求的核心 D. "一标"要求是"三制"建设的框架

265. 下列（　　）是三项工作机制梳理依据的主要来源。　　　　　答案：B

A. "一标"要求和一套资产管理体系标准

B. 一套资产管理体系标准和"五位一体"协同机制建设成果

C. 资产管理工作要求规范和"五位一体"协同机制建设成果

D. "五位一体"协同机制建设成果

266. 国网浙江省电力有限公司"一标三制"通过建立（　　）的工作机制，避免资产管理体系停留纸面和流于形式。　　　　　答案：B

A. 纵向贯通，横向协同 B. 与具体业务工作紧密结合

C. 整体、一致、协同 D. 全公司资产管理业务一盘棋

267. 国网浙江省电力有限公司"一标三制"建立了与具体业务工作紧密结合的工作机制，下列不属于其影响的是（　　）。　　　　　答案：A

A. 加强资产管理业务与体系文档的融合

B. 避免资产管理体系停留纸面和流于形式

C. 确保资产管理理念与体系要求的有效落实

D. 解决资产管理要求的业务执行和持续运行问题

268. 在"一标三制"体系建设实施过程中，公司积累了丰富的资产管理知识和经验，为公司下阶段持续深化完善，以及在全省进行更大范围（　　）打下了坚实基础。　　　　　答案：B

A. 全面普及 B. 梯次推进 C. 提高效益 D. 有效落实

269. 下列有关资产管理目标的说法不准确的是（　　）。　　　　　答案：A

A. 资产管理目标一般很难被实现

B. 是在各层级资产管理活动中的预期目标

C. 是实现资产全寿命周期管理所追求的结果

D. 对是企业战略在资产管理领域的具体化落实

270. 国网浙江省电力有限公司根据（　　），按照《国家电网公司资产全寿命周期管理体系规范》建立了资产管理目标管理机制。　　　　　　　　　　　　　　　答案：C

A. 国家标准　　　　　　　　B. 同行业标准　　　　C. 目标管理理论　　　D. 企业管理理论

271. 按照目标的层级关系，资产管理目标又分为（　　）。　　　　　　　　答案：C

A. 资产管理总体目标、资产管理具体目标、资产管理执行目标

B. 资产管理总体目标、资产管理绩效目标、资产管理最终目标

C. 资产管理总体目标、资产管理绩效目标、资产管理执行目标

D. 资产管理总体目标、资产管理具体目标、资产管理最终目标

272. 资产管理总体目标为（　　）的开展指明总体方向和原则性要求。　　　答案：B

A. 短期资产管理工作　　　　　　　　　B. 中长期资产管理工作

C. 所有资产管理工作　　　　　　　　　D. 部分资产管理工作

273. 资产管理总体目标的制定时间为（　　）。　　　　　　　　　　　　答案：D

A. 首次制定时确定，基本保持不变　　　B. 首次制定后再进行调整

C. 一般以 3 年为一个周期制定　　　　　D. 一般以 5 年为一个周期制定

274. 资产管理绩效目标的制定时间为（　　）。　　　　　　　　　　　　答案：C

A. 在资产管理总体目标制定之后进行　　B. 每年进行滚动修订

C. 每季度进行滚动修订　　　　　　　　D. 每月进行滚动修订

275. 资产管理绩效指标按照内容划分，主要由三类指标构成，其中不包括（　　）。答案：C

A. 企业负责人绩效　　　　　　　　　　B. 各单位、各部门绩效

C. 同业对标指标　　　　　　　　　　　D. 资产管理补充绩效指标

276. 按照资产管理绩效指标分解的层级划分，资产管理绩效指标主要由（　　）构成。

答案：C

A. 核心指标、非核心指标　　　　　　　B. 总指标、分解指标

C. 一级指标、二级指标　　　　　　　　D. 一级指标、二级指标、三级指标

277. 按照资产管理绩效指标的重要程度划分，资产管理绩效指标分为（　　）。　答案：C

A. 一级指标、二级指标　　　　　　　　B. 一级指标、二级指标、三级指标

C. 关键绩效指标和非关键绩效指标　　　D. 核心指标、非核心指标

278. 资产管理执行目标需满足（　　）的条件。　　　　　　　　　　　　答案：D

A. 可衡量、可监测　　　　　　　　　　B. 可反馈、可管控

C. 可衡量、可监测、可反馈　　　　　　D. 可衡量、可监测、可管控

279. 为了保证企业资产管理经营活动取得预期的目标，确定资产管理目标时应该符合一定原则，下列不属于上述原则之一的是（　　）。　　　　　　　　　　答案：B

A. "一致性"原则　　　　　　　　　　　B. "全局性"原则

C. "现状评价"原则　　　　　　　　　　D. "逐级分解"原则

280. 资产管理总体目标的制定必须（　　），在综合考虑公司总体战略目标、发展阶段、利益相关方的要求以及资产管理面临的内外部环境变化等因素后做出。　　答案：D

A. 遵循一定的流程　　　　　　　　　　B. 遵循一定的标准

C. 与具体情况结合　　　　　　　　　D. 开展现状评价

281. 公司目标的制定要遵循"逐级分解"原则，在资产管理总体目标的基础上设定公司资产管理的绩效目标，并将其按照（　　）逐级分解到各部门、各单位、各岗位，形成执行绩效目标。　　　　　　　　　　　　　　　　　　　　　　　　　答案：D

A. 重要程度　　　　　　　　　　　　B. 关联程度

C. 利益相关因素　　　　　　　　　　D. 关键影响因素

282. 资产管理绩效目标应源自于（　　），并与其保持一致。　　　答案：C

A. 资产管理总体目标　　　　　　　　B. 资产管理执行目标

C. 企业目标　　　　　　　　　　　　D. 企业规划

283. 资产管理绩效目标的制定应坚持（　　）的原则。　　　　　　答案：C

A. 全局性、一致性、完整性　　　　　B. 明确、可衡量

C. 数量适当、目标清晰、可实现　　　D. 逐级分解

284. 资产管理绩效目标的制定应具有（　　）特点。　　　　　　　答案：A

A. 阶段性和周期性　　　　　　　　　B. 阶段性和长期性

C. 周期性和长期性　　　　　　　　　D. 周期性和稳定性

285. 资产管理执行目标制定原则是：各部门、基层单位依据各级资产管理目标进行层层分解，并根据（　　）落实到具体部门、班组及岗位。　　　　　　答案：C

A. 部门职能、利益相关程度　　　　　B. 部门职能、时间要求

C. 部门职能、岗位工作职责要求　　　D. 时间要求、目标实现难易程度

286. 公司落实国网公司资产寿命周期管理要求，在"五个更"的总体目标上构建了由 16+1（SEC）一级绩效指标构、93 个二级绩效指标构成的（　　）。　　答案：C

A. 资产管理体系　　　　　　　　　　B. 资产管理执行绩效标准

C. 资产管理绩效指标体系　　　　　　D. 资产管理绩效评价标准

287. 依据资产管理评审结果对照原有资产管理总体目标确定是否需要修订，如有修订由（　　）进行批准，重新发布实施。　　　　　　　　　　　　　答案：C

A. 经研院　　　　　　　　　　　　　B. 公司决策部门

C. 资产管理委员会　　　　　　　　　D. 资产管理评审委员会

288. 目前，国网浙江省电力有限公司资产管理总体目标要求确保 110kV 及以上电网 N–1 通过率达到（　　），输变电系统可用系数达到（　　）。　　　　答案：A

A. 100%，98.5% 及以上　　　　　　B. 98.5% 及以上，100%

C. 100%，95% 及以上　　　　　　　D. 95% 及以上，100%

289. 目前，国网浙江省电力有限公司资产管理总体目标要求确保（　　）次数为零，严防重大安全事件发生。　　　　　　　　　　　　　　　　　　　　　答案：C

A. 重大安全事件　　　　　　　　　　B. 特大安全事件

C. 5 级以上事件　　　　　　　　　　D. 4 级以上事件

290. 企业负责人绩效指标的目标设置，与综合计划等渠道下达值保持一致，明确具体的数值，确保（　　）与企业负责人绩效指标的协同一致。　　　　　　答案：B

A. 综合计划目标　　　　　　　　　　B. 资产管理目标

C. 企业目标　　　　　　　　　　　　D. 资产管理绩效目标

291. 在设置同业对标的目标时，对于有具体明确目标值的指标，直接取同业对标目标值，对于没有具体数值的指标，则目标设置可按照（   ）明确。　　　　　　　　　答案：A

A. 同业对标总体定位 　　　　　　　　　B. 同业对标段位目标

C. 该指标的排名 　　　　　　　　　　　D. 过往经验

292. 资产管理补充绩效指标的目标设置，以（   ）为出发点，可设置具体目标值或明确指标变化的趋势，如该指标每年下降5%。　　　　　　　　　　　　　　　　　答案：C

A. 资产管理总体目标 　　　　　　　　　B. 公司目标

C. 业务实际情况 　　　　　　　　　　　D. 过往情况

293. 为确保资产管理目标的实现，要按照电网安全、设备安全、人身安全、信息安全等角度提出安全方面的管控内容，根据影响公司经营重要程度，突出管控电网、设备安全落实（   ）的总体目标。　　　　　　　　　　　　　　　　　　　　　　　　　　　　答案：A

A. 更安全 　　　　B. 更高效 　　　　　C. 更和谐 　　　　　D. 更卓越

294. 为确保资产管理目标的实现，要按照电网企业效率影响因素，提出（   ）为核心的管控内容，突出资源和资产的高效利用，落实"更高效"的总体目标。　　　　　答案：B

A. 成本使用效率、人财物等资源利用效率　B. 人财物等资源利用效率、资产使用效率

C. 全口径劳动生产率、单位资产售电量　　D. 成本使用效率、人员生产效率

295. 为确保资产管理目标的实现，要按照电网企业产品特征，提出（   ）为核心的管控内容。　　　　　　　　　　　　　　　　　　　　　　　　　　　　　　　答案：A

A. 电能质量、服务质量 　　　　　　　　B. 电能质量、电能安全

C. 服务价格、电能价格 　　　　　　　　D. 电能效率、服务效率

296. 为确保资产管理目标的实现，要按照电网企业可持续发展的要求，提出（   ）为核心的管控内容。　　　　　　　　　　　　　　　　　　　　　　　　　　　答案：B

A. 环保要求、社会责任 　　　　　　　　B. 电网发展、企业经营发展

C. 电网发展、社会发展 　　　　　　　　D. 企业经营发展、宏观经济发展

297. 为落实"更安全"的总体目标，可使用（   ）等指标进行分解。　　答案：C

A. 资产全寿命周期管理综合绩效（SEC）　B. 经济增加值

C. $N-1$ 通过率 　　　　　　　　　　　D. 供电可靠率

298. 为落实"更高效"的总体目标，可使用（   ）等指标进行分解。　　答案：B

A. 资产全寿命周期管理综合绩效（SEC）　B. 经济增加值

C. 单位资本年度资本性投入 　　　　　　D. 供电可靠率

299. 为落实"更优质"的总体目标，可使用（   ）等指标进行分解。　　答案：D

A. 资产全寿命周期管理综合绩效（SEC）　B. 容载比

C. 单位资本年度资本性投入 　　　　　　D. 供电可靠率

300. 为落实"更和谐"的总体目标，可使用（   ）等指标进行分解。　　答案：B

A. 资产全寿命周期管理综合绩效（SEC）　B. 容载比

C. 单位资本年度资本性投入 　　　　　　D. 供电可靠率

301. 为落实"更卓越"的总体目标，可使用（   ）等指标进行分解。　　答案：A

A. 资产全寿命周期管理综合绩效（SEC）　B. 单位资产售电量

C. 单位资本年度资本性投入 　　　　　　D. 资产负载率

302. 单位资产售电量的计算公式是（　　　　）。　　　　　　　　　答案：B

A. 报告期固定资产折旧、净利润与财政拨款之和与固定资产投资计划总额比率

B. 报告期售电量与电网固定资产原值的比率

C. 指报告期内退役设备使用年限（自投运至退役）之和与退役设备数量的比值

D. 当年计提固定资产折旧 / 固定资产年度平均值

303. 资产管理目标分解采用（　　　　）。　　　　　　　　　　　　答案：A

A. 关键成功因素分解法　　　　　　　　　B. 逐级分解法

C. 梯级分解法　　　　　　　　　　　　　D. 逐步分解法

304. 资产管理策略是指以（　　　　）为基础，针对资产全寿命周期管理活动制定的纲领性文件。

答案：C

A. 公司发展规划和内外部环境因素　　　　B. 内外部环境因素和资产管理总体目标

C. 公司发展规划和资产管理总体目标　　　D. 资产管理总体目标和资产管理绩效目标

305. 在资产管理策略制定过程中，应遵循的具体原则不包括（　　　　）。　　答案：D

A. 资产管理策略应源于公司发展规划及资产管理总体目标、绩效目标和执行目标，并与其保持一致

B. 资产管理策略应与公司其他方针和策略保持一致

C. 资产管理策略的制定应全面考虑资产的相关风险

D. 资产管理策略的制定应该考虑同业对标情况

306. 资产管理策略应源于公司发展规划及（　　　　），并与其保持一致。　　答案：D

A. 公司发展方针　　　　　　　　　　　　B. 资产管理总体目标

C. 公司发展方针、资产管理总体目标　　　D. 资产管理总体目标、绩效目标和执行目标

307. 下列关于资产管理策略制定的方法描述不正确的是（　　　　）。　　　答案：B

A. 公司往往基于资产管理基础模型进行策略编制

B. 资产管理策略制定后，再分析、评价公司资产现状、管理现状

C. 资产管理策略可依据公司管理和发展需要，不定期滚动修正

D. 资产管理策略通常以五年为一个编制周期，原则上每年定期滚动调整修订

308. 下列不是资产管理策略的核心内容的是（　　　　）。　　　　　　　答案：D

A. 明确增量资产的中长期管理原则、方法及思路

B. 明确存量资产的中长期管理原则、方法及思路

C. 界定了开展资产管理各项业务活动的管理原则和核心思路

D. 结合业务现状、战略定位和发展趋势预测，制定了绩效指标近期、中期、远期的目标值

309. 资产管理策略的核心内容包括（　　　　）。　　　　　　　　　　　答案：A

A. 明确增量资产和存量资产的中长期管理原则、方法及思路

B. 对公司业务范围内电网现状、电源现状、负荷现状展开分析

C. 将资产管理总策略分解落实到由国网公司制定的 17 个资产管理绩效指标

D. 结合业务现状、战略定位和发展趋势预测，制定了绩效指标近期、中期、远期的目标值

310. 有关电网发展策略的表述不正确的一项是（　　　　）。　　　　　　答案：D

A. 需对公司业务范围内电网现状、电源现状、负荷现状展开分析

B. 需根据电源建设、负荷发展等需求预测

C. 需结合公司资产管理总体目标及社会发展规划要求

D. 需确定电网发展需要解决的各类问题或面临的各类风险

311. 有关资产寿命周期策略的表述不正确的一项是（　　）。　　答案：C

A. 为编制资产管理计划提供基础和理论依据

B. 通常由运检部牵头编制

C. 明确了增量资产和存量资产管理中长期方法

D. 满足国家电网公司建设"一强三优"现代化公司的要求

312. 有关寿命周期策略报告的表述不正确的一项是（　　）。　　答案：C

A. 需结合各类专业报告、电网设备事故调查

B. 风险策略总体要求确定各类设备风险的重要程度

C. 需重点规划未来5年增量资产和存量资产管理目标

D. 需对电网设备运行现状、各类设备状态、设备风险以及资产管理现状进行分析与评价

313. 资产管理策略包含6大基本模块，全面覆盖公司资产管理核心业务，但不包括（　　）。

答案：D

A. 电网发展策略　　　　　　　　　　B. 资产寿命周期策略

C. 寿命周期职能策略　　　　　　　　D. 资产绩效管理策略

314. 寿命周期职能策略涵盖了寿命周期全过程的职能策略内容，由6部分组成，但不包括
（　　）。　　答案：A

A. 资产投资策略　　　　　　　　　　B. 设计建设策略

C. 物资管理策略　　　　　　　　　　D. 资产退出处置策略

315. 寿命周期职能策略涵盖了寿命周期全过程的职能策略内容，由6部分组成，包括（　　）。

答案：B

A. 资产投资策略、营销管理策略　　　B. 设计建设策略、营销管理策略

C. 风险管控策略、设计建设策略　　　D. 营销管理策略、设计建设策略

316. 寿命周期职能策略用于指导寿命周期各个主要职能工作的开展，在强调各职能业务
（　　）的同时，重点突出本专业职能的发展方针和执行策略。　　答案：B

A. 纵向贯通　　　　　　　　　　　　B. 横向协同

C. 上、下级沟通　　　　　　　　　　D. 相互协调

317. 寿命周期职能策略要确保各专业职能全面支撑全寿命周期管理工作，下列表述不正确
的是（　　）。　　答案：D

A. 由物资部负责采购管理策略、报废处置管理策略的编制

B. 由建设部负责基建管理策略的编制

C. 由营销部负责营销管理策略的编制

D. 由调度控制中心负责运维检修、退役报废管理策略的编制

318. 可靠性管理策略采用（　　），从设备质量、运行环境、生产计划安排等方面发现影响
资产可靠性的主要问题和原因。　　答案：C

A. 逐级分解法　　　　　　　　　　　B. 梯级分解法

C. 因素分析法　　　　　　　　　　　D. 关键影响因素分析法

319. 有关风险管理策略的表述不正确的一项是（　　）。　　答案：B

A. 需明确资产重要性评价标准

B. 需分析和识别资产管理关键阶段活动可能存在的风险

C. 需建立资产管理风险库和资产风险评价模型

D. 需制定风险规避，风险承受，风险转移和风险控制等具体策略

320. 有关投资策略的表述不正确的一项是（　　　）。　　　　　　　　　答案：A

A. 根据公司发展总目标预测

B. 对公司进行投资能力及投资风险分析

C. 开展投资项目实施效果预评价

D. 涉及公司投资方向、投资方式、项目优选等方面

321. 有关制度标准的表述正确的一项是（　　　）。　　　　　　　　　答案：D

A. 并非任何企业都需要一套行之有效的制度标准

B. 制度标准便于企业进行外部控制管理

C. 企业制度是企业全体员工在企业生产经营活动中须共同遵守的规定和准则的总称

D. 社会主义市场经济体制下，在国家相关法律范围内发挥市场经济的宏观调控功能

322. 国网浙江省电力有限公司通过贯彻落实五位一体中的（　　　），建立了一套以公司资产
管理手册、程序文件、支撑文件为主要内容的制度标准体系。　　　　　　答案：B

A. 标准要求　　　　　　　　　　　　　　B. 制度要求

C. 文件要求　　　　　　　　　　　　　　D. 精神要求

323. 在供电公司的资产管理标准制度体系中，"一套制度标准"的具体内容不包括（　　　）。
　　　　　　　　　　　　　　　　　　　　　　　　　　　　　　　　　答案：B

A. "一本管理手册"　　　　　　　　　　　B. "12 个要素"

C. "一张制度标准清单"　　　　　　　　　D. "一张记录清单"

324. "一本管理手册"是全公司资产管理纲领性文件，且（　　　）。　　　　答案：A

A. 由 6 个主要部分组成

B. 阐述了 12 个要素在公司的落实情况

C. 涵盖了公司 16 个部门在资产全寿命周期管理过程中产生的相关记录

D. 明确了各个要素的具体工作要求、职责分工、管理内容、检查与方法、报告与记录

325. "一张制度标准清单"的构成部分包括（　　　）。　　　　　　　　　答案：A

A. 国家电网公司通用制度　　　　　　　　B. 电力公司通用标准

C. 资产全寿命周期管理标准　　　　　　　D. 国家电网公司通用技术标准

326. 下列属于"一张制度标准清单"的构成部分的是（　　　）。　　　　　答案：C

A. 程序文件　　　　　　　　　　　　　　B. 国家电网公司通用技术标准

C. 国家电网公司非通用制度实施细则　　　D. 资产全寿命周期管理标准

327. 工作手册要依据公司资产管理手册和（　　　）编制。　　　　　　　　答案：C

A. 通用标准　　　　　　　　　　　　　　B. 实施细则

C. 程序文件　　　　　　　　　　　　　　D. 程序手册

328. 工作手册由责任主体、所属业务、工作要求、与（　　　）四个层次组成。　答案：D

A. 具体实施细则　　　　　　　　　　　　B. 程序文件

C. 资产寿命职责管理关系　　　　　　　　D. 资产全寿命周期管理关系

329. 工作手册由责任主体、所属业务、工作要求、与资产全寿命周期管理关系四个层次组成，公司员工可在（　　）中寻找本部门及本岗位需开展的工作要求。　　　答案：C

　　A. 第一层和第二层　　　　　　　　　　　　B. 第二层和第三层

　　C. 第一层和第三层　　　　　　　　　　　　D. 第三层和第四层

330. 在公司的"五位一体"体系中，（　　）处于中心地位。　　　答案：D

　　A. 制度　　　　　　B. 目标　　　　　　C. 标准　　　　　　D. 流程

331. 流程手册主要由（　　）三部分组成。　　　答案：C

　　A. 资产管理流程手册说明、流程地图、流程文件

　　B. 流程文件、流程地图、流程图手册

　　C. 资产管理流程手册说明、流程地图、流程图手册

　　D. 流程文件、资产管理流程手册说明、流程地图

332. 流程手册说明包括（　　）。　　　答案：B

　　A. 流程文件、流程地图、流程图手册

　　B. 资产管理业务流、价值流、信息流

　　C. 资产管理目标、资产管理策略、资产管理标准

　　D. 资产管理流程手册说明、流程地图、流程图手册

333. 下列有关流程地图的表述正确的是（　　）。　　　答案：D

　　A. 包括资产管理业务流、价值流、信息流

　　B. 由资产管理流程手册说明、流程图手册组成

　　C. 对照流程地图的每个业务环节，梳理三级核心流程的具体内容

　　D. 是基于一级业务模型，将二级端到端流程结合三级核心流程汇编形成的一张总图

334. 下列有关流程图手册表述不正确的是（　　）。　　　答案：A

　　A. 包括资产管理业务流、价值流、信息流

　　B. 对流程总图涉及各个业务环节进行了展开

　　C. 是对照流程地图的每个业务环节，梳理三级核心流程的具体内容

　　D. 在每个流程图中都明确了责任主体、流程顺序、业务流向、信息和价值传递的具体内容

335. 下列有关通用技术方法表述不正确的是（　　）。　　　答案：B

　　A. 解决了"如何做好"的问题

　　B. 解决了"怎么做"的问题

　　C. 是对资产管理体系要求落地实践和应用的总结

　　D. 使资产管理体系真正落实到实际业务中去，实现与业务的深度融合

336. 通用技术方法体系分为（　　）。　　　答案：C

　　A. 管理方法和流程方法　　　　　　　　　　B. 分解方法和技术方法

　　C. 管理方法和技术方法　　　　　　　　　　D. 评价方法和决策方法

337. 下列有关通用技术方法体系的表述正确的是（　　）。　　　答案：A

　　A. 方法体系分为管理方法和技术方法

　　B. 管理方法包括在通用技术方法和专业技术方法

　　C. 技术方法包括企业模型层次分析法、逐级承接分解法、标准工作程序模型、其他管理方法等

D. 目前国网浙江省电力有限公司开展研究应用 26 个工作方法，但其中不包括专业技术方法

338.通用技术方法中的管理方法不包括（　　）。　　　　　　　　　　　答案：D

A. 企业模型层次分析法　　　　　　　　　B. 逐级承接分解法

C. 标准工作程序模型　　　　　　　　　　D. 关键因素分析法

339.关于企业模型层次分析法的作用的表述不正确的是（　　）。　　　　答案：D

A. 属于通用技术方法中的管理方法　　　　B. 可以识别业务能力，构建管理体系

C. 可以完善既有业务流程　　　　　　　　D. 以 PDCA 管理模型为基础

340.关于逐级承接分解法（HTD 法）的作用的表述正确的是（　　）。　　答案：A

A. 属于通用技术方法中的管理方法

B. 可以完善既有业务流程

C. 以 PDCA 管理模型为基础

D. 包括规划计划技术方法、工程建设技术方法、物资采购技术方法、运维检修技术方法

341.专业技术方法是指在资产全寿命周期管理各个专业环节应用的专业技术的工作方法，包括（　　）。　　　　　　　　　　　　　　　　　　　　　　　　答案：B

A. PDCA 管理模型　　　　　　　　　　　B. 规划计划技术方法

C. 逐级承接分解法（HTD 法）　　　　　　D. 物资运输技术方法

342.专业技术方法是指在资产全寿命周期管理各个专业环节应用的专业技术的工作方法，包括（　　）。　　　　　　　　　　　　　　　　　　　　　　　　答案：B

A. PDCA 管理模型　　　　　　　　　　　B. 规划计划技术方法

C. 逐级承接分解法（HTD 法）　　　　　　D. SWOT 分析法

343.下列有关通用技术方法的表述正确的是（　　）。　　　　　　　　　答案：D

A. 是开展资产管理活动量化的决策方法

B. 指在资产全寿命周期管理各个专业环节应用的专业技术的工作方法

C. 定义方向、目标、策略、评价等八个步骤的标准工作程序模型

D. 一种适用于规划、计划、采购、建设、运行、维护、检修、改造、退役处置等各阶段工作的通用量化技术模型

344.下列全寿命周期成本模型（L_{CC}）的表述正确的是（　　）。　　　答案：D

A. 是开展资产管理活动量化的决策方法

B. 是对资产管理体系要求落地实践和应用的总结

C. 分为管理方法和技术方法

D. 从系统最优的角度考虑成本管理问题

345.资产全寿命成本计算公式是（　　）。　　　　　　　　　　　　　　答案：D

A. $L_{CC}=C_1+C_2+C_3$　　　　　　　　　B. $L_{CC}=C_1+C_2+C_3+C_3+C_4$

C. $L_{CC}=C_1×C_2×C_3×C_4$　　　　　　　D. $L_{CC}=C_1+C_2+C_3+C_3+C_4+C_5$

346.下列有关资产全寿命成本计算公式（$L_{CC}=C_1+C_2+C_3+C_3+C_4+C_5$）表述不正确的是（　　）。　　　　　　　　　　　　　　　　　　　　　　　　　　答案：D

A. C_1 为资本性投入成本，主要包括设备的购置费、安装调试费和其他费用

B. C_2 为资产运维成本，由设备运维人工、材料成本和设备损耗组成

C. C_3 为资产检修成本，主要包括周期性解体检修费用、周期性检修维护费用

D. C_4 为资产故障处置成本，包括设备故障抢修人工、材料、台班成本

347. 下列有关资产全寿命成本计算公式（$L_{CC}=C_1+C_2+C_3+C_3+C_4+C_5$）表述正确的是（   ）。
答案：C

A. C_1 为资产运维成本，主要包括设备的购置费、安装调试费和其他费用

B. C_2 为资本性投入成本，由设备运维人工、材料成本和设备损耗组成

C. C_3 为资产检修成本，主要包括周期性解体检修费用、周期性检修维护费用

D. C_4 为资产故障处置成本，包括资产提前退役成本、资产报废处置过程成本和报废资产处置收入

348. 资产全寿命成本计算公式（$L_{CC}=C_1+C_2+C_3+C_3+C_4+C_5$）中的 C_1 包括（   ）。　答案：A

A. 设备的购置费　　　　　　　　　B. 台班成本

C. 材料成本　　　　　　　　　　　D. 设备损耗

349. 资产全寿命成本计算公式（$L_{CC}=C_1+C_2+C_3+C_3+C_4+C_5$）中的 C_1 为资本性投入成本，包括
（   ）。
答案：A

A. 设备的购置费　　　　　　　　　B. 周期性检修维护费用

C. 材料成本　　　　　　　　　　　D. 设备损耗

350. 资产全寿命成本计算公式（$L_{CC}=C_1+C_2+C_3+C_3+C_4+C_5$）中的 C_2 为资产运维成本，(   )。
答案：A

A. 包括设备运维人工、材料成本　　B. 包括资产故障处置成本

C. 不包括设备损耗　　　　　　　　D. 不包括设备材料成本

351. 资产全寿命成本计算公式（$L_{CC}=C_1+C_2+C_3+C_3+C_4+C_5$）中的 C_3 为资产检修成本（   ）。
答案：B

A. 周期性解体检修费用一般不包括在内　B. 包括业主方设备、材料费用以及人工费

C. 不包括检修时另请的第三方人工、材料费　D. 包括故障现场检修费用

352. 资产全寿命成本计算公式（$L_{CC}=C_1+C_2+C_3+C_3+C_4+C_5$）中的 C_4 为资产故障处置成本，不包括（   ）。
答案：B

A. 故障损失费用

B. 周期性解体检修费用

C. 为设备故障抢修人工、材料、台班成本

D. 故障现场检修费用和如果故障需返厂修理引起的其他费用

353. 资产全寿命成本计算公式（$L_{CC}=C_1+C_2+C_3+C_3+C_4+C_5$）中的 C_4 为资产故障处置成本，包括（   ）。
答案：B

A. 设备损耗　　　　　　　　　　　B. 故障损失费用

C. 周期性解体检修费用　　　　　　D. 报废资产处置收入

354. 资产全寿命成本计算公式（$L_{CC}=C_1+C_2+C_3+C_3+C_4+C_5$）中的 C_5 为资产报废处置成本，包括（   ）。
答案：C

A. 设备损耗　　　　　　　　　　　B. 故障损失费用

C. 资产提前退役成本　　　　　　　D. 报废资产处置收入

355. 资产全寿命成本计算公式（$L_{CC}=C_1+C_2+C_3+C_3+C_4+C_5$）中的 C_5 为资产报废处置成本，包括（   ）。
答案：B

A. 设备损耗   B. 资产提前退役成本

C. 资产报废处置过程成本   D. 故障损失费用

356. 在对 L_{CC} 周期成本进行分析时，采用（   ）进行分析。   答案：D

A. 加倍折旧法   B. 因素分析法

C. 等额摊销法   D. 等额年度成本当量法

357. 下列有关等额年度成本当量法 EUAC 的说法不正确的是（   ）。   答案：B

A. EUAC 值为年均资本投入成本（年均折旧费）与年均维持费用之和

B. 随着使用年限的增加，折合到使用阶段每一年所分摊的购置费将逐年增加

C. 资产的运维检修费却其性能的逐步恶化，每年所需的费用将逐年增加

D. EUAC 值会出现在开始一些年份逐年减少，至某一年份达到最小值

358. 下列有关等额年度成本当量法 EUAC 的说法正确的是（   ）。   答案：B

A. EUAC 值为年均资本投入成本（年均折旧费）与年均维持费用之差

B. 随着使用年限的增加，折合到使用阶段每一年所分摊的购置费将逐年减少

C. 资产的运维检修费却其性能的逐步恶化，每年所需的费用将逐年减少

D. EUAC 值会出现在开始一些年份逐年增加，至某一年份达到最大值

359. 根据设备故障浴盆曲线，失效率（故障率）随时间的变化分为 3 个阶段（   ）。答案：A

A. 早期失效期、偶然失效期和耗损失效期   B. 早期失效期、耗损失效期和偶然失效期

C. 早期失效期、偶然失效期和晚期失效期   D. 早期失效期、耗损失效期和晚期失效期

360. 根据设备故障浴盆曲线，在早期失效期（   ）。   答案：C

A. 产品在开始使用时，失效率很低

B. 随着产品工作时间的增加，失效率迅速升高

C. 这一阶段失效的原因大多是由于设计、原材料和制造过程中的缺陷造成的

D. 为了延长早期失效期，产品应在投入运行前进行试运转，以便及早发现、修正和排除故障

361. 根据设备故障浴盆曲线，有关早期失效期表述不正确的是（   ）。   答案：A

A. 早期失效期对应资产全寿命周期管理的规划设计阶段和物资采购阶段

B. 造成早期失效的原因有：设计、制造、材料、运输、保管、安装、调试和试运行等

C. 前期统一管理的缺失是造成早期失效的主要原因

D. 可以从制造商评估、招投标的 L_{CC} 计算、设计制造阶段的 L_{CC} 验证等全过程管理把早期失效降到最低

362. 根据设备故障浴盆曲线，在偶然失效期（   ）。   答案：C

A. 这一阶段的特点是失效率较低，且较稳定，但不能看作常数

B. 产品安全性指标所对应的时间范围就是偶然失效期

C. 偶然失效期是产品的良好使用阶段

D. 偶然失效期的故障发生有一定的规律

363. 根据设备故障浴盆曲线，有关偶然失效期表述不正确的是（   ）。   答案：B

A. 产品可靠性指标所对应的时间范围就是偶然失效期

B. 偶然失效期对应的资产全寿命周期管理阶段为基建建设阶段

C. 在偶然失效期资产全寿命周期管理的任务是维修策略的研究

D. 偶然失效期是设备的正常工作期或最佳状态期

364. 根据设备故障浴盆曲线，在耗损失效期（　　）。　　　　　　答案：B

A. 耗损失效期的失效率随时间的延长而保持在一个较为稳定的水平

B. 由磨损、疲劳、老化和耗损等导致故障率不断上升

C. 如果在耗损失效期开始时进行大修，也很难降低故障率

D. 耗损失效期对应的资产全寿命周期管理阶段为运行维护阶段

365. 根据设备故障浴盆曲线，有关耗损失效期表述不正确的是（　　）。　　答案：D

A. 耗损失效期对应的资产全寿命周期管理阶段为退役报废阶段

B. 涉及设备的使用寿命的研究涉及设备的使用寿命的研究

C. 耗损失效期的判断依据是技术寿命、物理寿命和经济寿命的综合考虑

D. 该阶段的失效率随时间的延长而加速降低

366. 关于故障概率计算公式，下列表述不正确的是（　　）。　　　　答案：C

A. P 代表被评价设备每一评价周期的故障概率

B. K 代表比例系数

C. C 代表周期长短

D. ISE 代表设备状态评价分值

367. 单个资产失效率通过（　　）体现。　　　　　　　　　　　答案：D

A. 故障概率　　　　　B. 比例系数　　　　　C. ISE 曲率系数　　　D. ISE 健康指数

368. 下列有关风险评估模型的表述中，不正确的是（　　）。　　　　答案：B

A. 风险评估方法起源于 20 世纪 70 年代核动力工业的风险管理学科

B. 在航空航天、石油化工、压力容器和管道等诸多行业得到了广泛的应用

C. 在经济效益和社会效益、风险和费用三者之间寻求达到风险最小的目标

D. 风险分析通常涉及对风险事件潜在后果及相关概率的计算

369. 风险评估分为（　　）三个阶段。　　　　　　　　　　　答案：B

A. 风险分析、风险评估、风险管控　　　　　B. 风险识别、风险分析、风险评价

C. 风险识别、风险分析、风险管控　　　　　D. 风险分析、风险评价、风险管控

370. 下列有关风险识别过程的表述不正确的是（　　）。　　　　　答案：B

A. 要识别可能对目标产生重大影响的风险源、影响范围、事件及其原因

B. 通常涉及对风险事件潜在后果及相关概率的计算

C. 风险识别的定性方法包括了德尔菲法、结构化 / 半结构化访谈法等

D. 风险识别的定量方法包括了失效模式和效应分析（FMEA）法等

371. 下列有关风险分析过程的表述中不正确的是（　　）。　　　　答案：B

A. 通常涉及对风险事件潜在后果及相关概率的计算

B. 风险分析阶段可以确定风险等级

C. 风险分析的定性方法包括了德尔菲法、事件树分析的方式

D. 风险分析的定量方法包括了危险分析与关键控制点（HACCP）法、历史数据统计方法等

372. 下列有关风险评价过程的表述中不正确的是（　　）。　　　　答案：D

A. 风险评价可以将风险分析的结果与预先设定的风险准则相比较

B. 风险评价在各种风险的分析结果之间进行比较

C. 风险评价阶段可以确定风险等级

D. 风险评价定性方法包括了头脑风暴法和风险指数法，定量方法一般指风险矩阵法等

373. 下列有关设备风险评估的表述中不正确的是（　　）。 答案：A

A. 设备风险评估要建立在质量安全评价的基础上

B. 设备风险评估将潜在的风险在社会、经济等方面的影响进行量化

C. 设备风险评估考虑成本、环境与安全等多个方面

D. 设备风险评估以风险值为指标

374. 下列有关设备风险评估的表述中正确的是（　　）。 答案：D

A. 设备风险评估以风险发生概率为指标

B. 设备风险评估要综合考虑资产重要性、资产损失程度二者的作用

C. 设备风险评估只要考虑设备发生故障的概率

D. 设备风险评估是建立在可靠性评价的基础上

375. 下列有关风险值的公式的表述中正确的是（　　）。 答案：C

A. A 代表资产重要性等级

B. A 考虑了设备价值、用户等级和设备所处的地位三个因素

C. F 代表设备风险后果，但不包括社会（人身、环境）因素

D. P 代表设备故障率

376. 行业用电分类统计数据的作用不包括（　　）。 答案：C

A. 是资产管理中重要的绩效指标之一

B. 是电网发展和投资绩效的重要衡量标准

C. 是电网绩效评价和风险管控的决策依据

D. 是判断各行业经济增长及地区经济增长的重要依据

377. 统计管理过程中，决定统计数据质量的三大要素是（　　）。 答案：B

A. 准确性、全局性、及时性 B. 准确性、及时性、完整性

C. 及时性、高效性、完整性 D. 基础性、全局性、高效性

378. 在统计管理过程中，要健全完善管理体系建设，坚持以（　　）为根本。 答案：C

A. 统计分析 B. 考核评比 C. 统计数据质量 D. 人员培训

379. 要加大力度建设统计信息系统，有效的工作措施不包括（　　）。 答案：C

A. 不断完善现有系统的功能，积极推进县级统计信息系统的改进工作

B. 推进统计信息系统与关联系统的接口，提高统计数据自动采集率

C. 丰富统计管理手段，加强统计工作与营销、运行、调度等工作的密切沟通

D. 将上级单位检测功能推进到基层单位，确保上级单位收集的统计数据质量提高

380. 下列有关评价标准的表述中，不正确的是（　　）。 答案：A

A. 评价标准解决了"怎么做"的问题

B. 是进一步有效落实资产管理体系"评价改进"的工作要求

C. 可以识别不符合项并整改落实

D. 有利于实现资产管理体系的长效改进

381. 评价标准的核心原则包括（　　）。 答案：C

A. 关键因素分析原则 B. 梯次改进原则

C. 多方法综合评价原则 D. 投资收益原则

382. 多方法综合评价原则的要求是（　　　）。　　　　　　　　　　　　答案：D

A. 评价工作以专家组评价的方式进行

B. 主要由公司资产管理体系评价专家以现场评价方式开展

C. 在《评级标准》的基础上可以进行调整

D. 采用包括员工访谈、资料查阅和分析、信息系统验证等各类检查方法

383. 有关评价闭环管理原则的要求不包括（　　　）。　　　　　　　　答案：C

A. 资产管理体系评价工作实行闭环比较动态管理

B. 按照"评价、分析、整改"的过程循环推进

C. 按照《评价标准》开展自评价及专家组现场评价

D. 按照评价结果对存在的问题制定并落实纠正与预防措施

384. 资产管理体系的评价标准要分别针对（　　　）三个层次制定。　　答案：A

A. 资产管理体系、实物资产、资产管理活动

B. 资产管理体系、实物资产、无形资产

C. 资产管理体系、资产管理活动、资产管理流程

D. 资产管理体系、资产管理活动、无形资产

385. 资产管理体系评价是按照公司体系建设（　　　）的具体工作要求。　答案：D

A. 卓越的资产管理体系　　　　　　　　　B. 资产管理流程

C. "五流合一"　　　　　　　　　　　　　D. "一标三制"

386. 实物资产评价是依据《国家电网公司总部固定资产管理办法》，从（　　　）方面，对实物资产的基础管理水平进行综合评价。　　　　　　　　　　　　　　　答案：C

A. 实物资产、无形资产、资产管理活动　　B. 准确性、完整性、一致性

C. 实物资产新增、减少以及信息化管理　　D. 实物资产增量、存量以及信息化管理

387. 资产管理活动评价，是依据国家电网公司（　　　），对资产管理体系建设要求在各项业务中的落地应用的符合性、有效性、先进性进行全面评价。　　　　　　答案：D

A. 过往经验　　　　　　　　　　　　　　B. 相关制度规范

C. 资产管理流程标准　　　　　　　　　　D. 资产管理业务模型

388. 评价标准的执行程序包括（　　　）。　　　　　　　　　　　　　答案：C

A. 自评价程序、专家组评价程序

B. 自评价程序、专家组评价程序、落实情况评价程序

C. 自评价程序、专家组评价程序、整改程序、复查程序

D. 自评价程序、专家组评价程序、现场评价程序、会议评价程序

389. 评价标准的执行程序中包括复查程序，在复查程序中规定（　　　）。　答案：D

A. 自评价的复查和评价专家组复查都在评价的当年开展

B. 评价专家组的复查可在评价的当年进行；自评价的复查应在下一年开展

C. 复查时，由复查方提供整改工作情况

D. 评价专家组现场复查程序与初评审相同，复审结束后应提交复审报告

390. 下列有关"协同"的表述中，不正确的是（　　　）。　　　　　　答案：D

A. 指协调两个或者两个以上的不同资源或者个体，协同一致地完成某一目标的过程或能力

B. 在日常工作中，协同往往可以带来"1+1>2"的效果

C. 是资产全生命周期管理的核心工作机制

D. 实现资产管理体系落地实施和长效运行是协同的重要保障

391. 协同意味着（　　　）。　　　　　　　　　　　　　　　　　　答案：A

A. 强调资产管理决策过程和资产管理业务执行的协调

B. 在资产管理决策阶段，确保整体协同，横向各业务部门执行步调一致

C. 在资产管理执行阶段，保证各层级各业务目标一致，横向各业务部门目标统一

D. 实现业务流程中关键环节目标、策略、资源、制度、标准、方法的协同高效

392. (　　　) 可分为目标协同、策略协同、计划协同、执行协同以及体系保障协同共五个方面。　　　　　　　　　　　　　　　　　　　　　　　　　　答案：C

A. 资产管理评价标准　　　　　　　　　　B. 协同指标

C. 协同工作机制　　　　　　　　　　　　D. 协同方案

393. 目标协同、策略协同、计划协同合称为（　　　）。　　　　　　答案：C

A. 执行协同　　　　　　　　　　　　　　B. 体系保障协同

C. 决策协同　　　　　　　　　　　　　　D. 工作协同

394. 要落实决策协同，需要做到（　　　）。　　　　　　　　　　　答案：B

A. 统一企业目标体系的设计来源　　　　　B. 围绕纵向贯通、横向协同两条主线

C. 综合平衡跨部门目标指标　　　　　　　D. 应用统一原则分解细化目标到具体任务

395. 要落实决策协同必须分三步走，其中统一企业目标体系的设计来源的作用是（　　　）。
　　　　　　　　　　　　　　　　　　　　　　　　　　　　　　　答案：A

A. 保证指标的一致性　　　　　　　　　　B. 保证部门间目标一致、横向协作

C. 建立不同策略与各业务部门计划相关联　D. 确保资产管理各环节的有效串接

396. 要落实决策协同必须分三步走，其中综合平衡跨部门目标指标的作用是（　　　）。
　　　　　　　　　　　　　　　　　　　　　　　　　　　　　　　答案：B

A. 保证指标的一致性　　　　　　　　　　B. 保证部门间目标一致、横向协作

C. 建立不同策略与各业务部门计划相关联　D. 确保资产管理各环节的有效串接

397. 要落实决策协同必须分三步走，其中应用统一原则分解细化目标到具体任务的作用是
（　　　）。　　　　　　　　　　　　　　　　　　　　　　　　　答案：C

A. 保证指标的一致性　　　　　　　　　　B. 保证部门间目标一致、横向协作

C. 建立不同策略与各业务部门计划相关联　D. 确保资产管理各环节的有效串接

398. 执行协同要求在资产全生命周期管理（　　　），达成资产、需求、计划的协调和平衡，确保资产管理各环节的有效串接。　　　　　　　　　　　　　　　　答案：B

A. 决策阶段　　　　　B. 执行阶段　　　　　C. 运维阶段　　　　　D. 退役阶段

399. 体系保障协同强调评价改进管理以及管理支撑的协同，可通过深化协同工作的（　　　），实现协同工作持续改进。　　　　　　　　　　　　　　　　　答案：C

A. 标准建设　　　　　B. 评价管理　　　　　C. 监督评价　　　　　D. 反馈管理

400. 协同机制覆盖范围中没有规定（　　　）。　　　　　　　　　　答案：C

A. 业务范围　　　　　B. 流程范围　　　　　C. 管理范围　　　　　D. 资产范围

401. 协同机制的资产范围中（　　　）。　　　　　　　　　　　　　答案：D

A. 以电网线路为核心　　　　　　　　　　B. 不包括无形资产

C. 不包括人力、信息资产

D. 包括企业所辖的与资产管理活动相关的所有固定资产

402. 目标协同的核心因素是（　　）。　　　　　　　　　　　　　　　　　答案：A

A. 统一目标来源，保证指标一致性　　　　　B. 将目标进行统一管理

C. 对目标逐级分解　　　　　　　　　　　　D. 对目标统筹优化

403. 目标协同机制的具体含义不包括（　　）。　　　　　　　　　　　　　答案：B

A. 制定企业资产全生命周期管理总体目标，继而将总体目标分解成多个关键绩效指标，如此反复

B. 统一资产管理目标来源，将目标进行统一管理

C. 实施指标股份制，突出目标横向协作

D. 重视目标分解，确保目标分解到位

404. 实施指标股份制的具体做法包括（　　）。　　　　　　　　　　　　　答案：B

A. 对各类目标实施股份制管理　　　　　　　B. 建立"责权利"对等激励机制

C. 将目标逐层落实到单位、部门和岗位　　　D. 将总体目标分解成多个关键绩效指标

405. 公司管理创新项目实行分层分级管理，项目分为（　　）三个层次。　　答案：A

A. 重大、重要、一般　　　　　　　　　　　B. 重要、一般、不重要

C. 重大、一般、不重要　　　　　　　　　　D. 重要、次重要、一般

406. 公司管理创新项目实行分层分级管理（　　）。　　　　　　　　　　　答案：A

A. 重大项目由公司统一组织，集中管理，项目承担部门或单位实施

B. 重要项目由多部门协同实施

C. 重要项目由总部各部门、各分部、公司各单位管理，项目承担部门或单位实施

D. 一般项目由公司指导，项目承担部门或单位管理和实施

407. 安监部从自动采集数据的（　　）三个方面分解电能质量检测指标，为提高电能质量在线监测指标。　　　　　　　　　　　　　　　　　　　　　　　　　　　　答案：A

A. 及时率、完整率、准确率　　　　　　　　B. 及时率、一致率、准确率

C. 精准率、一致率、准确率　　　　　　　　D. 及时率、精确率、准确率

408. 安监部运用（　　）方式，实现了各部门与安监部共同分担电能质量在线监测系统建设与实用化工作的权、责、利。　　　　　　　　　　　　　　　　　　　　　答案：A

A. "股份制"　　　　　　　　　　　　　　B. 目标分解

C. 管理创新　　　　　　　　　　　　　　　D. "责权利"对等激励机制

409. 策略协同的核心因素是（　　）。　　　　　　　　　　　　　　　　　答案：A

A. 注重与目标的承接和对计划的指导

B. 统一资产管理目标来源，将目标进行统一管理

C. 实施指标股份制，突出目标横向协作

D. 重视目标分解，确保目标分解到位

410. 下列有关策略协同的表述中，不正确的是（　　）。　　　　　　　　　答案：C

A. 策略协同的核心因素是注重与目标的承接和对计划的指导

B. 需以全局视角对策略内容进行协同

C. 需加强公司相关部门之间的横向协同

D. 需注重不同策略间的相互影响

411. 为确保总体目标策略与计划的衔接，公司需要建立不同策略与部门年度计划的关联关系，确保目标策略能够有效指导各专业计划，实现（　　）的协同。　　　　　　答案：A

A. 策略与策略、策略与计划　　　　　　B. 策略与策略、计划与计划

C. 总体目标策略与计划　　　　　　D. 不同部门

412. 为实现全省退役配电变压器的"统一招标、统一维修、统一调配"的（　　）运作模式，运检部、物资部、财务部协同，印发了《国网浙江省电力公司退役配电变压器的重新再利用操作细则》。　　　　　　答案：C

A. 退役、报废　　　　　　B. 修复、退役

C. 修复、利旧　　　　　　D. 退役、再利用

413. 计划协同的核心因素是（　　），以计划导向促进业务协同，以计划流程管理促进后续流程改进。　　　　　　答案：A

A. 注重策略与各业务部门计划关联关系　　B. 注重与目标的承接和对计划的指导

C. 加强公司相关部门之间的横向协同　　D. 注重不同计划间的相互影响

414. 计划协同机制的具体含义不包括（　　）。　　　　　　答案：D

A. 将不同策略与各业务部门计划次相关联

B. 强化需求统筹管理，统一平衡基建、技改、大修需求

C. 强化各类实施计划的统筹，实现资源利用率提升

D. 制定企业资产全生命周期管理总体目标

415. 执行协同的核心因素不包括（　　）。　　　　　　答案：C

A. 注重各类实施计划的统筹

B. 明确资产管理核心业务流程协同点工作要求

C. 强化跨部门流程的衔接与信息共享

D. 强调协同工作监督成效的监督评价

416. 计划协同机制的具体含义不包括（　　）。　　　　　　答案：A

A. 将不同策略与各业务部门计划相关联

B. 将资产全生命周期的目标、策略、计划落于实处

C. 承接企业整理资产策略，落实目标和计划等管理决策

D. 以实施过程和结果监测评估数据支撑资产管理改进和持续提升

417. 智能变电站首检式验收的作用不包括（　　）。　　　　　　答案：B

A. 解决了目前普遍存在的投运一年设备首检环节的缺失或超周期问题

B. 实现了设备可靠性关口前移，降低了设备缺陷"浴盆曲线"中的偶然失效率

C. 通过集中全省验收专家参与验收，解决了各地因验收水平参差不齐的问题

D. 对浙江电网的电气设备"计划停运率""强迫停运率""状态检修设备覆盖率"等同业对标指标有较大促进与提高

418. 公司信访工作充分应用协同工作机制，多措并举化解信访矛盾，应做到（　　）。

答案：C

A. 内部单位间坚持上下协同，谁主管谁负责　　B. 内部部门间坚持左右协同，属地负责

C. 在外部坚持协同联动，共同承担维稳责任　　D. 构建单位、部门二级维稳网络

419. 在"织里镇中小童装企业燃煤蒸汽锅炉改造为电锅炉"项目中的工作思路不包括(   )。

答案：D

A. 成立了由营销、运检等部门人员组成的电能替代领导小组和工作小组

B. 建立内外部协同工作机制，加强业扩项目跨部门流程的衔接

C. 强化三方合作，深化外部协同

D. 以需求管理为支撑，优化物资计划协同管控

420. 通过加强统购统配模式下物资供应保障的协同工作机制应用，有助于(   )。 答案：A

A. 显著提升业务指标水平　　　　　　　　B. 强化三方合作，深化外部协同

C. 优化物资计划协同管控　　　　　　　　D. 提高了计划准确率和及时率

421. 深化自动竣工决算业务与协同工作机制的融合，有助于(   )。　　　　答案：B

A. 显著提升业务指标水平　　　　　　　　B. 提高项目转资及时率

C. 强化三方合作，深化外部协同　　　　　D. 优化物资计划协同管控

422. 构建农网改造接管模式中的协同工作机制，有助于(   )。　　　　　　答案：C

A. 显著提升业务指标水平　　　　　　　　B. 提高项目转资及时率

C. 保障农业生产安全可靠供电　　　　　　D. 强化三方合作，深化外部协同

423. 通过加强电力设施保护工作协同，提升资产管理水平，湖州公司(   )。 答案：D

A. 解决了工程竣工决算程序在实际生产应用中的不规范问题

B. 形成一套完整的工程竣工决算报告

C. 业务提升成效明显

D. 形成了"信息共享、资源互补、协同工作、群防群治"的电力设施保护良好工作格局

424. 通过深化特、超高压重要输电通道"立体式"运维防护管理的协同机制应用，有助于
(   )。　　　　　　　　　　　　　　　　　　　　　　　　　　　　　　答案：B

A. 强化三方合作，深化外部协同

B. 形成多层次、全方位、无缝隙的防护运维合力

C. 解决工程竣工决算程序在实际生产应用中的不规范问题

D. 形成了"信息共享、资源互补、协同工作、群防群治"的电力设施保护良好工作格局

425. 通过建立"三审核、两评估"工作流程，规范岗位协同要求，湖州公司实现了(   )。

答案：A

A. 资产报废全过程管控　　　　　　　　　B. 提高项目转资及时率

C. 保障农业生产安全可靠供电　　　　　　D. 强化三方合作，深化外部协同

426. 下列不属于湖州公司建立"三审核、两评估"工作流程，规范岗位协同要求的工作成
效的是(   )。　　　　　　　　　　　　　　　　　　　　　　　　　　　答案：D

A. 确保了公司资产报废管理业务有计划、有控制、有流程

B. 实现了资产报废的规范管理，大大提高了资产报废工作效率

C. 实现了整体业务的闭环管理，避免了可利用物资的流失

D. 形成了"信息共享、资源互补、协同工作、群防群治"的电力设施保护良好工作格局

427. 体系保障协同的核心因素是(   )。　　　　　　　　　　　　　　　　答案：A

A. 人力资源、持续改进、评价管理

B. 注重与目标的承接和对计划的指导

C. 统一资产管理目标来源，将目标进行统一管理

D. 实施指标股份制，突出目标横向协作

428. 下列有关体系保障协同的核心因素的描述中，不正确的一项是（　　）。　　答案：C

A. 强调人力资源协同，能确保体系建设过程中人力资源支持以及员工能力开发

B. 强调评价管理、持续改进管理以及管理支撑的协同，注重形成协同长效闭环的工作机制

C. 人力资源协同提供体系建设内部滚动提升动力

D. 管理支撑提供公司外部客观滚动提升机遇

429. 下列有关体系保障协同机制的具体含义的描述中，不正确的一项是（　　）。　　答案：D

A. 完善人力资源管理，建立适合资产全生命周期管理的组织架构

B. 制定绩效管理，定期开展培训，有效提高员工能力

C. 完善执行协同的过程监督和评价改进，推进投资和项目实施后评估

D. 根据考核目标对指标进行年度监控和评价

430. 下列有关体系保障协同机制的具体含义的描述中，不正确的一项是（　　）。　　答案：B

A. 发展部根据考核目标对指标进行月度监控和评价，通过信息系统管控投资过程

B. 建设部通过强化基建工作亮灯预警执行力度，突出前道工序对后道工序的提前预警

C. 运检部通过实施基于内控体系建设的电网设备大修全过程管理精益化管控

D. 营销部通过实施供电抢修服务等流程全过程监测，分析抢修工作中协同方面存在的不足和待改进

431. 外联部通过加强横向协同和纵向沟通，以（　　）的方式，有效提升了品牌传播效果和舆论引导能力。　　答案：B

A. 资源互换　　　　　B. 资源共享　　　　　C. 信息共享　　　　　D. 协同沟通

432. 下列选项中，没有体现体系保障协同机制在品牌传播和舆论引导中的应用的工作措施是（　　）。　　答案：C

A. 将媒体宣传重点、社会关注焦点与公司工作价值点、创新点有机结合

B. 掌握各部门、各专业线上的重点任务和关键亮点，将其融入媒体报道计划

C. 实现国网至公司、公司本部至基层单位、发展部和专业单位的协同情况评价

D. 将品牌传播与发展规划部、建设部重点工作相结合

433. 上下联动实施外联品牌传播、整体联动推行社会责任是现体系保障协同机制中（　　）的要求。　　答案：B

A. 横向协同　　　　　　　　　　B. 纵向沟通

C. 资源共享　　　　　　　　　　D. 信息共享

434. 下列哪项措施没有体现"上下联动实施外联品牌传播"的要求？（　　）。　　答案：D

A. 建立月度传播策划机制　　　　B. 联动开展重要选题月度策划

C. 统筹确定月度传播策划方案　　D. 扎实推进社会责任项目管理

435. 下列哪项措施没有体现"整体联动推行社会责任"的要求？（　　）。　　答案：A

A. 统筹确定月度传播策划方案

B. 扎实推进社会责任项目管理

C. 积极拓展社会责任传播途径

D. 省市两级向社会发布服务地方经济社会发展白皮书

436. 为推进体系保障协同机制在信访工作中的应用，应做到（　　）。　　答案：A

A. 坚持"业务工作谁主管、稳定责任谁负责"的原则

B. 构建单位、部门二级维稳网络

C. 不需提前制定和落实切实可行的工作预案

D. 实现横向到底的压力传递机制

437. 体系保障协同机制在信访工作中的应用，要遵循的原则不包括（　　）。　　答案：A

A. 整体联动推行社会责任　　　　　　　　B. 内部单位间坚持上下协同，属地负责

C. 内部部门间坚持左右协同，谁主管谁负责　　D. 外部坚持协同联动，共同承担维稳责任

438. 体系保障协同机制在制订计划中的应用，要注意（　　）。　　答案：C

A. 整体联动推行社会责任　　　　　　　　B. 内部单位间坚持上下协同，属地负责

C. 加强制度计划管理　　　　　　　　　　D. 外部坚持协同联动，共同承担维稳责任

439. 体系保障协同机制在规章制度管理工作的应用中，工作思路包括（　　）。　　答案：D

A. 整体联动推行社会责任　　　　　　　　B. 内部单位间坚持上下协同，属地负责

C. 加强制度计划管理　　　　　　　　　　D. 建立四项机制，提高制度体系建设水平

440. 下列选项中，不属于体系保障协同机制在规章制度管理工作中应用的工作成效的是（　　）。　　答案：D

A. 覆盖更加全面　　　　　　　　　　　　B. 体系更加高效

C. 效力更加突出　　　　　　　　　　　　D. 业务提升成效明显

441. 体系保障协同机制在电网风险预警工作的应用中，工作思路不包括（　　）。　　答案：A

A. 加强制度计划管理

B. 开展灾害天气下电网风险控制与应急评估

C. 实现电网建设检修与电网运行间的有效衔接

D. 构建"三纵五横"的电网风险应急管控体系

442. 体系保障协同机制在电网风险预警工作的应用中，工作成效不包括（　　）。　　答案：B

A. 有效提升了风险管理水平

B. 开展灾害天气下电网风险控制与应急评估

C. 提升了电网运行安全稳定水平和调控事故响应速度

D. 实现了风险信息共享、风险责任共担、各部门协同合作

443. 戴明环理论，也即（　　），是全面质量管理所应遵循的科学程序，后期被广泛应用在企业管理运营中，用以提高企业的经济效益。　　答案：A

A. PDCA 循环　　　B. 关键因素分析法　　C. 梯次推进法　　　D. 剃刀原理

444. 闭环管理全公司的（　　）管理过程作为一个闭环系统。　　答案：C

A. 规划 – 采购 – 运维 – 退役　　　　　　B. 规划 – 采购 – 运维

C. 供 – 产 – 销　　　　　　　　　　　　D. 收益 – 成本

445. 闭环管理把闭环系统中的各项专业管理如：物资供应、成本、销售、质量、人事、安全等作为（　　）。　　答案：B

A. 节点　　　　　　　B. 闭环子系统　　　C. 考虑因素　　　　D. 外部环境

446. 面对变化的客观实际，闭环管理要进行灵敏、正确有力的（　　）并作出相应变革，使矛盾和问题得到及时解决。　　答案：C

A. 原因分析　　　　　　B.客观评估　　　　　　C.信息反馈　　　　　D.体系建设

447.下列有关闭环管理的说话中，不正确的是（　　　）。　　　　　　　　答案：B

A.闭环管理有益于持续提高企业的经济效益

B.闭环管理不是应用在日常实践中，应当应用在资产投资阶段

C.闭环管理是资产全寿命周期管理的重要环节

D.闭环管理是实现资产管理水平持续提升的必要条件

448.按照国网《资产管理规范》要求，公司以（　　　）为两大主线，基于资产管理过程管控、审核、纠正预防、持续改进等核心要素，建立了闭环管理工作机制。　　　答案：B

A.投资决策及采购规划　　　　　　　　B.资产管理活动及资产本身

C.纠正预防和事后评估　　　　　　　　D.闭环管理和持续改进

449.下列有关"计划－执行－评价－改进"（PDCA）闭环管理工作机制的说法中，不正确的是（　　　）。　　　　　　　　　　　　　　　　　　　　　　答案：D

A.用于解决日常业务中实物资产全寿命各阶段管理不到位的问题

B.用于解决现状评价结果未应用于目标计划制定的问题

C.用于解决监督评价不到位、监督评价后的改进措施无法有效落实的问题

D.提升了电网运行安全稳定水平和调控事故响应速度

450.下列有关闭环管理的说法中，不正确的是（　　　）。　　　　　　答案：D

A.闭环管理主要从实物资产本身和资产管理活动两方面入手

B.在资产形成的过程，要保证资产编码统一

C.在资产退出环节，要强化资产使用效率

D.按照不同工作类型，针对年度重点工作、主营业务工作、项目类工作等资产实行闭环管理

451.在资产闭环管理方面，需要加强（　　　）三个环节的紧密程度，实现真正的闭环。

答案：C

A.投资规划、采购建设、运行维护　　　　B.采购建设、运行维护、退役推出

C.资产形成、资产退出和监督评价　　　　D.资产形成、资产维护、资产推出

452.在资产闭环管理的资产形成阶段，需要（　　　）。　　　　　　答案：B

A.引入闭环管理理论　　　　　　　　B.需建立健全账卡物联动长效管理机制

C.确保资产使用过程要保证资产编码统一　　D.实现制度对业务流程的100%全覆盖

453.从（　　　）出发，要求按照不同工作类型，针对年度重点工作、主营业务工作、项目类工作等资产管理活动实行闭环管理，进行强化工作计划管理和突出工作的监督检查。答案：A

A.PDCA的闭环管理理念　　　　　　　B.德鲁克的闭环管理理念

C.关键因素分析法　　　　　　　　　　D.综合分析法

454.资产退出阶段在资产闭环管理中的，需要（　　　）。　　　　答案：A

A.纳入全面预算与退役报废计划管理　　　B.需建立健全账卡物联动长效管理机制

C.确保资产使用过程要保证资产编码统一　　D.实现制度对业务流程的100%全覆盖

455.在下列有关资产闭环管理的资产退出阶段的说法中，不正确的是（　　　）。答案：B

A.强化资产再利用，在全省范围内开展退役配电变压器再利用工作

B.强化退出决策时综合评估，完善退役资产再利用的机制

C.强化资产使用效率，强化资产退出决策时对风险、成本、效益的影响分析

D. 强化资产使用效率，提升资产再利用制，动态评价资产资产管理水平

456. 在资产闭环管理的监督评价阶段，需要（　　）。 答案：C

A. 纳入全面预算与退役报废计划管理

B. 需建立健全账卡物联动长效管理机制

C. 定期分析各类型资产、各区域账卡物对应情况

D. 实现制度对业务流程的 100% 全覆盖

457. 在资产闭环管理中，定期分析各类型资产、各区域账卡物对应情况是为了（　　）。

答案：D

A. 动态评价资产资产管理水平　　　　B. 需建立健全账卡物联动长效管理机制

C. 实现制度对业务流程的 100% 全覆盖　D. 追溯分析原因并进行整改及跟踪

458. 在资产闭环管理中，完善退役资产再利用的机制，是为了（　　）。 答案：A

A. 动态评价资产资产管理水平　　　　B. 需建立健全账卡物联动长效管理机制

C. 实现制度对业务流程的 100% 全覆盖　D. 追溯分析原因并进行整改及跟踪

459. 在资产管理活动闭环方面，需要重视（　　）两个环节，彻底解决在业务管理中经常出现的"一头一尾"薄弱的问题，大大提高两头的效率。 答案：B

A. 投资决策及采购规划　　　　　　　B. 计划制订、评价改进

C. 资产管理活动及资产本身　　　　　D. 纠正预防和事后评估

460. 在资产闭环管理中强化工作计划管理，需要侧重落实（　　）等三方面的闭环。

答案：B

A. 投资决策、采购规划、评价改进　　B. 重点任务、常态业务、项目管理

C. 预防纠正、计划制订、评价改进、　D. 资产管理活动、资产、资产管理目标

461. 下列有关强化工作计划管理，需要侧重落实的三方面闭环工作内容中，不正确的是（　　）。 答案：D

A. 重点工作闭环方面，明确年度重点工作计划，并通过督办机制进行落实跟踪

B. 重点工作闭环方面，要尤其重视迎峰度夏等重点项目的闭环

C. 常态业务闭环方面，注重年度目标指标的管理闭环

D. 项目管理闭环方面，跟踪分析弱项指标，通过二十四节气表、专业检查工作实现闭环

462. 强化工作计划管理中的评价改进方面，需要（　　）。 答案：A

A. 突出工作监督检查与落实整改　　　B. 明确年度重点工作计划

C. 注重年度目标指标的管理闭环　　　D. 重视迎峰度夏等重点项目的闭环

463. 价值流闭环的核心因素是（　　）。 答案：B

A. 关注发生、流转及销毁价值信息的流程节点

B. 通过记录分析资产全寿命周期各个阶段发生、流转及销毁价值信息的节点，实现全寿命周期精细化管控

C. 实现价值信息至业务执行的转换，为后续价值信息的精细化管控及价值流的闭环管理提供支撑

D. 通过结算集中督查管理，发挥结算阶段"闭环控制"作用

464. 价值流闭环的具体含义是（　　）。 答案：D

A. 通过结算集中督查管理，发挥结算阶段"闭环控制"作用

B.梳理监督评价发现的问题并细化分析，追溯问题原因并制定整改举措

C.通过记录分析资产全寿命周期各个阶段发生、流转及销毁价值信息的节点，实现全寿命周期精细化管控

D.关注发生、流转及销毁价值信息的流程节点，实现价值信息至业务执行的转换，为后续价值信息的精细化管控及价值流的闭环管理提供支撑

465.价值流闭环的具体含义是关注（　　）价值信息的流程节点，实现价值信息至业务执行的转换，为后续价值信息的精细化管控及价值流的闭环管理提供支撑。　　答案：C

A.发生、管理、利用　　　　　　　　B.投资、运行、退出

C.发生、流转、销毁　　　　　　　　D.发生、管理、流转

466.下列有关结算工作的说法中，不正确的是（　　）。　　答案：D

A.结算工作是工程建设不可缺少的重要环节

B.结算工作是工程造价控制的关键环节

C.结算工作也是造价管理最被动的环节

D.工程建设过程中部分环节的问题会在结算阶段暴露出来

467.在国网浙江省电力有限公司对价值流闭环的应用中，下列不属于国网浙江省电力有限公司全面应用工程量清单计价模式的工作内容的是（　　）。　　答案：B

A.开展工程量清单模版、合同范本等标准化建设

B.明确年度重点工作计划

C.深化工程量管理，实行过程管控

D.实行结算集中督查管理

468.在国网浙江省电力有限公司对价值流闭环的应用中，下列不属于国网浙江省电力有限公司全面应用工程量清单计价模式的工作成效的是（　　）。　　答案：C

A.有效规避工程量清单招标风险

B.充分发挥清单计价优势

C.开展工程量清单模版、合同范本等标准化建设

D.确保工程结算的规范性、及时性、合理性和真实性

469.在国网浙江省电力有限公司对价值流闭环的应用中，下列属于国网浙江省电力有限公司提升项目转资及时率的工作内容的是（　　）。　　答案：C

A.开展工程量清单模版、合同范本等标准化建设

B.明确年度重点工作计划

C.通过标识设计对项目各业务环节进行管控

D.深化工程量管理，实行过程管控

470.在国网浙江省电力有限公司对价值流闭环的应用中，下列不属于国网浙江省电力有限公司提升项目转资及时率的工作成效的是（　　）。　　答案：B

A.实现了建设项目从立项开始到施工、投产、竣工决算全过程的信息化管理

B.确保工程结算的规范性、及时性、合理性和真实性

C.实现了工程竣工决算由手工编制转为自动生成

D.提升了项目转资及时率和准确率

471.国网浙江省电力有限公司通过以（　　）为指导，明确了工程建设各环节的工作标准

与行为规范，建立了物料编码、设备分类编码和资产分类编码"三码"对应标准库。　　答案：D

A. 资产管理目标　　　　　　　　　　　B. 资产管理规划

C. 资产管理执行目标　　　　　　　　　D. 资产闭环管理机制

472. 国网浙江省电力有限公司通过以资产闭环管理机制为指导，建立了（　　　）"三码"对应标准库。　　　　　　　　　　　　　　　　　　　　　　　　　　答案：C

A. 电网编码、设备分类编码和资产分类编码　B. 资产编码、物料分类编码和资产分类编码

C. 物料编码、设备分类编码和资产分类编码　D. 电网编码、物料分类编码和资产分类编码

473. 国网浙江省电力有限公司通过以资产闭环管理机制为指导，确定了（　　　）架构各层级的资产属性及费用性质，细化了各类费用分摊规则。　　　　　　　　答案：A

A. 标准 WBS　　　　B. ISO 55000　　　　C. ISO 50000　　　　D. PDCA 理论

474. 下列不属于实物流闭环的核心因素的是（　　　）。　　　　　　　　答案：D

A. 关注形成及退出环节，梳理业务来源中所罗列内容是否有相应流程支撑，流程是否规范

B. 关注运维资产、运维环节，梳理设备投运、在运、停运、退运等状态转换时上下游业务的衔接和闭环

C. 梳理记录资产和状态归属的流程节点，实现设备状态的追踪

D. 实物流闭环通过梳理并优化实物资产从形成、运维到退出的各个业务节点，实现实物资产的全过程管控

475. 实物流闭环通过梳理并优化实物资产从（　　　）的各个业务节点，实现实物资产的全过程管控。　　　　　　　　　　　　　　　　　　　　　　　　　答案：A

A. 形成、运维到退出　　　　　　　　　B. 投资、建设到故障

C. 形成、运维到故障　　　　　　　　　D. 形成、采购到退出

476. 实物流闭环通过梳理并优化实物资产从形成、运维到退出的各个业务节点，实现实物资产的（　　　）。　　　　　　　　　　　　　　　　　　　　　　答案：D

A. 价值流闭环　　　　B. 实物流闭环　　　　C. 闭环管理　　　　D. 全过程管控

477. 实物流闭环的核心因素是关注资产运维环节，梳理设备（　　　）等状态转换时上下游业务的衔接和闭环。　　　　　　　　　　　　　　　　　　　　　　答案：D

A. 投运、退运、改造、报废　　　　　　B. 在运、停运、报废

C. 投运、在运、停运、报废　　　　　　D. 投运、在运、停运、退运

478. 下列选项中，不属于实物流闭环在特高压运维中的应用成果的是（　　　）。　答案：D

A. 完善了特高压站"月、周、日"安全生产工作机制

B. 明确了特高压中心及班组两级的工作例会要求

C. 固化了"日对比、周分析、月总结"工作要求及各专业管理要求

D. 实现了建设项目从立项开始到施工、投产、竣工决算全过程的信息化管理

479. 国网浙江省电力有限公司组织下发《关于规范特高压交流分中心"月、周、日"安全生产工作的通知》的目的的是（　　　）。　　　　　　　　　　　　　答案：C

A. 为有效规避工程量清单招标风险

B. 为确保工程结算的规范性、及时性、合理性和真实性

C. 为切实加强各特高压站的安全生产管理，全面落实变电精益化管理要求

D. 为实现建设项目从立项开始到施工、投产、竣工决算全过程的信息化管理

480.下列选项中，不属于实物流闭环在特高压运维中的应用成效的是（　　）。　　答案：D

A.提升电网安全稳定水平　　　　　　　B.促进运维工作的有序进展

C.为电网安全稳定运行提供基本保障　　D.明确特高压中心及班组两级的工作例会要求

481.下列有关实物流闭环在信息设备精益化管理中的应用的说法中，不正确的是（　　）。

答案：C

A.在信息设备数据采集和盘点系统应用物联网无线射频技术，实现了信息设备资产的"身份认证"管理与过程跟踪

B.在信息设备入库阶段，在信息设备上加装电子标签，做好信息条码的登记与设备台账新增管理，实现对信息资产智能化动态管理

C.对于物资履约结算管理，根据物资暂估款过账时长情况，物资暂估款所在项目对应实际的开工情况，分别研究制定相应的判定规则

D.在运行维护阶段和报废变更阶段，读写器读到资产上的电子标签并将信息发送到服务器进行处理，实现对信息设备全寿命周期过程的跟踪管理

482.通过（　　）在信息设备数据采集和盘点系统的应用，可以实现信息设备资产的"身份认证"管理与过程跟踪，提升信息设备资产的闭环管理和精益化管理水平。　　答案：D

A.无线连接技术　　　　　　　　　　　B.闭环管理理论

C."身份认证"管理　　　　　　　　　D.物联网无线射频技术

483.通过对物联网无线射频技术的引用，每次进行（　　）时，读写器都会读到资产上的电子标签并将信息发送到服务器进行处理，实现对信息设备全寿命周期过程的跟踪管理。

答案：C

A.资产入库　　　　　　　　　　　　　B.资产维修

C.资产管理操作　　　　　　　　　　　D.资产报废处理

484.依据国网浙江省电力有限公司2015年试点验证工作的推进计划和要求，公司从（　　）物资库存及出入库管理和物资履约结算管理等四个监测点开展监测工作。　　答案：A

A.物资采购需求准确性、物资采购规范性　　B.物资采购需求及时性、物资采购经济性

C.物资采购需求准确性、物资采购经济性　　D.物资采购需求规模性、物资采购准确性

485.物资全过程的监测工作不仅仅需要各个业务部门之间的协同工作，还需要有一套切实可行的（　　）作为辅助。　　答案：C

A.物资采购流程　　　　　　　　　　　B.闭环工作机制

C.闭环管理监测机制　　　　　　　　　D.业务部门协同工作方法

486.目前的物资监测管理制度中，仍存在一些问题，但不包括（　　）。　　答案：D

A.未形成物资全过程的闭环模式　　　　B.缺少持续改进的环节

C.不能很好地支持物资全过程的监测工作　D.未涉及状态监测、问题筛选和分析等环节

487.为做好物资全过程的监测工作，国网浙江省电力有限公司以（　　）为指导，采取了一系列解决措施。　　答案：B

A.标准评价方法　　　　　　　　　　　B.闭环工作机制

C.实物流闭环理论　　　　　　　　　　D.价值流闭环理论

488.为做好物资全过程的监测工作，国网浙江省电力有限公司以闭环工作机制为指导，采取了一系列解决措施，但不包括（　　）。　　答案：B

A. 开展常态化闭环管理，建立持续改进工作机制

B. 积极开展各业务现状分析，梳理各类业务中存在的问题与困难

C. 以闭环工作机制为统领，构建物资全过程管理的监测方法和规则

D. 深化应用业务闭环工作成果，构建物资全过程监测闭环管理模式

489. 以闭环工作机制为统领，制定规范化的监测方法和规则，（　　　）。　　　　答案：C

A. 有利于提升电网安全稳定水平　　　　B. 可以促进运维工作的有序进展

C. 是促进部门之间协同工作的关键　　　D. 可以为电网安全稳定运行提供基本保障

490. 以闭环工作机制为统领来制定规范化的监测方法和规则，主要通过四个方面展开，但不包括（　　　）。　　　　答案：D

A. 物资采购需求准确性监测点　　　　B. 物资采购规范性监测点

C. 物资库存及出入库管理监测点　　　D. 物资捐赠管理监测点

491. 物资采购需求准确性监测点是指对于（　　　），根据采购申请的状态、国网标准物料应用情况及采购申请预算金额，分别研究制定相应的判定规则，识别物资采购需求是否准确。

答案：C

A. 所有的物资需求　　　　　　　　B. 特殊的物资需求

C. 集中采购的物资需求　　　　　　D. 分散采购的物资需求

492. 物资采购规范性监测点是指，对于集中采购的物资，根据集中采购的应用情况、中标结果与采购申请的预算及综合计划预算情况，分别研究制定相应的判定规则，（　　　）。　答案：A

A. 识别物资采购需求是否规范准确　　B. 识别物资采购过程、结果是否规范准确

C. 识别物资采购预算是否规范准确　　D. 识别物资采购方是否规范准确

493. 物资采购规范性监测点是指，对于集中采购的物资，根据具体情况，分别研究制定相应的判定规则，上面提到的具体情况不包括（　　　）。　　　　答案：D

A. 集中采购的应用情况　　　　　　B. 集中采购的中标结果

C. 采购申请的预算　　　　　　　　D. 国网标准物料应用情况

494. 物资库存及出入库管理监测点是指，对于库存物资及物资出入库管理，根据具体情况，分别研究制定相应的判定规则，上面提到的具体情况不包括（　　　）。　　　答案：B

A. 物资入库后的冲销情况　　　　　B. 综合计划预算情况

C. 虚拟库库存长期在库未办理结算　　D. 物资出库后超比例退料等情况

495. 物资履约结算管理监测点是指，对于物资履约结算管理，根据具体情况，分别研究制定相应的判定规则，上面提到的具体情况包括（　　　）。　　　　答案：A

A. 物资暂估款所在项目对应实际的开工情况　B. 物资入库后的冲销情况

C. 综合计划预算情况　　　　　　　D. 虚拟库库存长期在库未办理结算

496. 监测分析的流程应贯穿（　　　）三大环节。　　　　答案：A

A. 监测、分析、跟踪反馈　　　　　B. 计划、监测、分析

C. 计划、监测、跟踪反馈　　　　　D. 监测、分析、评价

497. 监测分析具体可分为数据收集、数据清洗、问题筛选、在线核查、问题追因、影响分析、建议研究、闭环跟踪等八个步骤，其中（　　　）在时间要求紧张的情况下，可并行开展。答案：C

A. 数据收集、数据清洗　　　　　　B. 在线核查、问题追因

C. 问题追因、影响分析　　　　　　D. 影响分析、建议研究

498.国网浙江省电力有限公司构建物资全过程监测闭环管理模式的工作内容不包括（　　）。

答案：D

A.掌握物资在各个环节过程中操作的规范、供应的及时等情况

B.针对计划申报不准确不及时、标准化应用程度不高等原因，提出意见

C.对可能影响项目开工运行维护工作开展的，提前预警完成风险

D.从准确性、及时性和规范性进行监测，确保业务环节相关工作落实到位

499.下列不属于国网浙江省电力有限公司开展常态化闭环管理的工作成效的是（　　）。

答案：B

A.推进了闭环监测机制的建立

B.确保了工程结算的规范性、合理性和真实性

C.减少了自行采购风险和对项目管理影响的作用

D.实现入库冲销正常、减少虚拟库存长期在库情况

500.下列有关国网浙江省电力有限公司开展的常态化闭环管理工作的说法中，不正确的是（　　）。

答案：C

A.对物资采购需求准确性的监测能影响后期履约情况

B.对物资采购需求准确性的监测能够影响项目建设进度、招标成本

C.对物资履约结算管理的监测可以实现入库冲销正常、减少虚拟库存长期在库情况

D.对物资采购规范性的监测起到了减少自行采购风险和减少对项目管理影响的作用

501.下列有关国网浙江省电力有限公司开展问题追因的工作方法的说法中，不相关的是（　　）。

答案：C

A.问题追因环节通过数据识别导致问题的各个业务环节

B.初步识别导致问题的直接原因或执行层面的原因

C.通过制定了明确的监测方法和规则，推进了闭环监测机制的建立

D.通过不断地发现问题根源，提出解决方案，并实践闭环跟踪管理，实现常态化的物资全过程闭环管理机制

502.企业级重点工作闭环的核心因素是（　　）。

答案：D

A.制定明确的监测方法和规则

B.识别导致问题的直接原因或执行层面的原因

C.注重工作计划的有据可依，执行过程有配套的监督、落实及整改措施

D.关注年度重点工作闭环，梳理各项重点任务的反馈流程；关键任务的挂牌督办流程

503.企业级重点工作闭环的具体含义包括（　　）。

答案：B

A.注重业务流程的有据可依

B.注重执行过程有配套的监督、落实及整改措施

C.制定明确的监测方法和规则

D.识别导致问题的直接原因或执行层面的原因

504.要在企业级指标监测闭环中应用企业级重点工作闭环，工作思路不包括（　　）。答案：D

A.统筹目标实现管理的机制　　　　　　B.持续优化资产管理目标

C.全资产管理目标监测机制　　　　　　D.制定明确的监测方法和规则

505.在企业级指标监测闭环中应用重点工作闭环时，要统筹目标实现管理的机制，下列措

施中不相关的是（　　　）。 答案：C

  A. 细化对指标底层因子的分析诊断

  B. 强化"通过改进管理提升指标水平"的工作机制建设

  C. 定期开展弱项指标和重点指标分月预警监控

  D. 采用"股份制"方法，树立"指标关联部门要对指标成效尽职"的管理理念

  506. 在企业级指标监测闭环中应用重点工作闭环时，要持续优化资产管理目标，下列措施中相关的是（　　　）。 答案：B

  A. 细化对指标底层因子的分析诊断

  B. 定期开展弱项指标和重点指标分月预警监控

  C. 强化"通过改进管理提升指标水平"的工作机制建设

  D. 组织各地市公司完成两期资产管理绩效监测专项季报

  507. 在企业级指标监测闭环中应用重点工作闭环时，要健全资产管理目标监测机制，下列措施中不相关的是（　　　）。 答案：C

  A. 开展对绩效指标体系的监测分析等业务实施工作

  B. 编写两期资产管理绩效监测专项季报

  C. 强化"通过改进管理提升指标水平"的工作机制建设

  D. 组织各地市公司完成两期资产管理绩效监测专项季报

  508. 在常规重点工作中应用重点工作闭环，下列措施中不相关的是（　　　）。 答案：D

  A. 编制年度重点工作和"二十四节气表"常规工作任务

  B. 各部门认真总结年度工作，积极开展各项业务现状分析

  C. 在当年年中总结各类年度重点工作完成的各项任务情况

  D. 采用"股份制"方法，树立"指标关联部门要对指标成效尽职"的管理理念

  509. 主营业务闭环的核心因素是（　　　）。 答案：C

  A. 制定明确的监测方法和规则

  B. 识别导致问题的直接原因或执行层面的原因

  C. 通过各项专项检查，不断优化当前工作内容

  D. 注重工作计划的有据可依，执行过程有配套的监督、落实及整改措施

  510. 主营业务闭环的具体含义是（　　　）。 答案：D

  A. 注重业务流程的有据可依

  B. 注重执行过程有配套的监督、落实及整改措施

  C. 关注主营业务的闭环管理，制定明确的监测方法和规则

  D. 关注各类型业务的闭环管理，梳理专项检查评价、监督整改及跟踪闭环流程

  511. 下列有关主营业务闭环的说法中，不正确的是（　　　）。 答案：C

  A. 主营业务闭环可以应用在供应商绩效评价结果中

  B. 主营业务闭环通过各项专项检查，不断优化当前工作内容

  C. 主营业务闭环在供应商绩效评价结果中的应用可以保障采购人的权益，但较难对供应商的行为有形之有效的约束

  D. 通过供应商不良行为和绩效评价结果在招投标工作中的应用，可以实现了招标采购环节对供应商的闭环管理

512. 项目闭环的核心因素不包括（　　）。　　　　　　　　　　　　答案：D

A. 梳理立项环节项目预期成效分析

B. 项目验收标准的完善

C. 项目实施后评价及投资效益评估改进流程

D. 通过各项目专项检查，不断优化当前工作内容

513. 项目闭环的具体含义是（　　）。　　　　　　　　　　　　　　答案：D

A. 注重执行过程有配套的监督、落实及整改措施，实现项目的闭环管理

B. 关注项目的闭环管理，制定明确的监测方法和规则

C. 关注项目的闭环管理，梳理专项检查评价、监督整改及跟踪闭环流程

D. 完善并执行项目预期成效分析、验收标准、实施后评价及投资效益评估等流程，实现项目的闭环管理

514. 下列不属于项目闭环在财务工作中应用的工作措施的是（　　）。　答案：A

A. 梳理关键节点，并进行明确　　　　　B. 固化信息系统，强化节点管控

C. 组织专项检查评价，并监督整改　　　D. 完善评价体系，强化过程考核

515. 项目闭环在财务工作中应用时，要做到固化信息系统，强化节点管控，下列的工作措施中不相关的是（　　）。　　　　　　　　　　　　　　　答案：C

A. 维护项目投产信息　　　　　　　　　B. 部署系统关账时限

C. 梳理完善评价体系　　　　　　　　　D. 加强项目闭环管理

516. 项目闭环在财务工作中应用时，要做到完善评价体系，强化过程考核，下列的工作措施中不相关的是（　　）。　　　　　　　　　　　　　　　答案：C

A. 进一步加大工程竣工决算考评力度

B. 加强对各单位工程竣工决算及时性、准确性、完整性考评

C. 省公司统一在 ERP 系统中部署系统关账时限

D. 加大对县公司工程决算管理，建立决算审核和考评机制

517. 公司在资产报废管理过程中存在一些不足，但不包括（　　）。　　答案：A

A. 资产报废计划管理不完善，定期资产报废计划需要完善

B. 项目产生的非固定资产类物资的拆旧报废审批不完善

C. 资产报废评估鉴定流程不完善，未对拟报废资产进行评估鉴定

D. 信息化程度不高，不能达到信息共享

518. 公司在资产报废管理过程中存在资产报废计划管理不完善的问题，其产生的原因包括（　　）。　　　　　　　　　　　　　　　　　　　　　　答案：C

A. 定期资产报废计划需要完善

B. 缺少市县分级考评体系

C. 项目产生的非固定资产类物资的拆旧报废审批不完善

D. 缺乏有效的激励机制，以确保计划的准确性与实施的有效性

519. 项目产生的非固定资产类物资的拆旧报废审批不完善的影响不包括（　　）。答案：D

A. 导致该类资产的不当报废、报废数量不完整、不准确

B. 导致可继续利用的资产提前报废

C. 导致实际报废数量与账面报废数量不符，造成资产流失、失窃

D. 导致废旧物资的实际入库情况与申请报废情况不相符

520. 资产报废评估鉴定流程不完善的不利影响不包括（   ）。   答案：D

A. 可能造成资产报废判断有误

B. 不利于资产管理部门及时掌握资产的使用情况

C. 对资产的全过程管理缺乏一手资料

D. 导致废旧物资的实际入库情况与申请报废情况不相符

521. 废旧物资回收入库流程不完善，未对物资交接转移的过程进行详细规定的不利影响不包括（   ）。   答案：B

A. 容易在废旧物处理滋生舞弊现象

B. 减少废旧物处理的流程成本

C. 导致废旧物资的实际入库情况与申请报废情况不相符

D. 导致废旧物资处理方式不当，造成资产浪费或流失

522. 为解决资产报废管理中存在的问题，国网浙江省电力有限公司坚持"统一标准、分级管理、物尽其用、责任到位"的原则，严格资产退出管理，实现资产报废管理的（   ）全过程管理。   答案：C

A. 成本最小化   B. 质量最优化   C. 绩效最大化   D. 寿命最长化

523. 为实现资产报废管理的绩效最大化全过程管理，国网浙江省电力有限公司的主要做法不包括的是（   ）。   答案：A

A. 实现资产全寿命周期内安全、效能、成本的综合最优

B. 统筹协调资产在规划、设计、采购、建设、运维、改造、报废处置等全寿命周期的管理行为和技术要求

C. 梳理资产报废的整体流程，紧扣关键风险点和控制点，深入分析并预防风险的发生

D. 规范资产报废计划管理、强化资产报废鉴定、审批、加强废旧物资的回收入库管理

524. "三审核、两评估"的工作流程中的三审核不包括（   ）。   答案：A

A. 资产报废鉴定流程   B. 资产报废计划审核流程

C. 资产报废申请审核流程   D. 废旧物资回收入库审核流程

525. "三审核、两评估"的工作流程中的第一道审核是（   ）。   答案：C

A. 资产报废鉴定流程   B. 资产报废申请审核流程

C. 资产报废计划审核流程   D. 废旧物资回收入库审核流程

526. "三审核、两评估"的工作流程中的第二道审核是（   ）。   答案：B

A. 资产报废鉴定流程   B. 资产报废申请审核流程

C. 资产报废计划审核流程   D. 废旧物资回收入库审核流程

527. "三审核、两评估"的工作流程中的第三道审核是（   ）。   答案：B

A. 资产报废鉴定流程   B. 废旧物资回收入库审核流程

C. 资产报废申请审核流程   D. 资产报废计划审核流程

528. 下列有关资产报废计划审核流程的说法不准确的是（   ）。   答案：B

A. 资产报废计划包括年度资产报废计划和项目拆旧计划

B. 年度资产报废计划由资产使用部门于每年年末提报

C. 项目拆旧计划由项目管理部门在项目立项时编制

D. 项目拆旧计划经过适当程序审核，作为项目拆旧的依据

529. 下列有关资产报废申请审核流程的说法不准确的是（　　）。　　　答案：C

A. 资产报废申请分为固定资产报废申请和项目拆旧物资（非固定资产类）报废申请

B. 固定资产报废时，由资产使用部门提交申请，经适当程序审核后进行物资回收

C. 项目拆旧物资报废时，不需进行申请程序即可进行物资回收

D. 财务部可依照年度报废计划对资产报废申请进行复核

530. 下列有关废旧物资回收入库审核流程的说法不准确的是（　　）。　　答案：D

A. 拟回收入库的废旧物资，由资产使用部门填写废旧物资回收单

B. 通过废旧物资回收入库审核，可以避免不必要的资产损失

C. 废旧物资回收入库审核流程是"三审核、两评估"中的审核程序

D. 废旧物资回收入库审核流程是"三审核、两评估"中的评估程序

531. 下列有关"三审核、两评估"中"两评估"的说法不准确的是（　　）。　答案：D

A. "两评估"的第一道评估是资产报废鉴定流程

B. "两评估"的第二道评估是废旧物资价值鉴定流程

C. 资产报废鉴定是在资产报废申请时由运维检修部组织相关部门进行的评估鉴定

D. 资产报废鉴定是物资公司负责编制废旧物资处置计划时委托专业评估单位对处置物资开展评估

532. 下列有关资产报废鉴定流程的说法准确的是（　　）。　　　答案：B

A. "三审核、两评估"的第二道评估是资产报废鉴定流程

B. 资产报废鉴定可存在于多个环节之中

C. 资产报废鉴定后形成《评估报告》，提交财务部备案

D. 通过评估，可以使库存废旧物资价值等信息及时反馈

533. 通过资产报废鉴定评估，可以有效判断拟报废资产是否确需报废，是否可二次利用，使（　　）最大化。　　　答案：D

A. 资产安全性　　　　B. 资产寿命周期　　　　C. 资产收入　　　　D. 资产价值利用率

534. 下列有关风险管理的说法中不正确的是（　　）。　　　答案：B

A. 风险管理是社会组织或者个人用以降低风险的消极结果的决策过程

B. 风险管理要求用一切代价收获最大的安全保障

C. 风险管理的过程包括风险识别、风险估测、风险评价

D. 风险管理要求选择与优化组合各种风险管理技术，对风险实施有效控制和妥善处理风险所致损失的后果

535. 有效地对各种风险进行管理的作用是（　　）。　　　答案：D

A. 有利于企业做出正确的决策

B. 有利于保护企业资产的安全和完整

C. 有利于实现企业的经营活动目标

D. 对处于稳定环境的企业来说，风险管理不具有非常重要的意义

536. 在风险管理理论中（　　）。　　　答案：D

A. 首先要进行风险估测　　　　　　　　B. 首先要进行风险评价

C. 风险是不可规避的　　　　　　　　　D. 可以采用积极的措施来控制风险

537. 在风险管理理论中，控制风险的措施不包括（　　）。　　　　　答案：A

A. 通过最大限度地避免风险发生来控制风险

B. 通过降低其损失发生的概率来控制风险

C. 控制风险的最有效方法是制定切实可行的应急方案

D. 风险发生后，按照预先的方案实施，可将损失控制在最低限度

538. 在风险管理理论中，规避风险的措施是（　　）。　　　　　答案：D

A. 制定切实可行的应急方案

B. 量化每个风险可能造成损失的程度

C. 风险发生后，按照预先的方案实施，可将损失控制在最低限度

D. 在既定目标不变的情况下，改变方案的实施路径，从根本上消除特定的风险因素

539. 风险管控机制主要以（　　）为主线，关注风险信息共享、风险管控联动、风险应急联动。　　　　　答案：B

A. 识别和评估　　　　B. 预防和控制　　　　C. 识别和预防　　　　D. 评估和反馈

540. 在风险管控机制中，要实现风险信息共享，需（　　）。　　　　　答案：A

A. 建立风险信息共享平台，整合风险源，及时传递风险评估信息

B. 实施分层级协同的风险控制联动，形成各单位、各部门间共同控制风险合力

C. 在既定目标不变的情况下，改变方案的实施路径，从根本上消除特定的风险因素

D. 对各类风险源进行动态监测，根据风险事件的类型和影响程度，启动针对性应对措施避免重大损失

541. 在风险管控机制中，要实现风险控制联动，需（　　）。　　　　　答案：B

A. 建立风险信息共享平台，整合风险源，及时传递风险评估信息

B. 实施分层级协同的风险控制联动，形成各单位、各部门间共同控制风险合力

C. 在既定目标不变的情况下，改变方案的实施路径，从根本上消除特定的风险因素

D. 对各类风险源进行动态监测，根据风险事件的类型和影响程度，启动针对性应对措施避免重大损失

542. 在风险管控机制中，要实现风险应急联动，需（　　）。　　　　　答案：D

A. 建立风险信息共享平台，整合风险源，及时传递风险评估信息

B. 实施分层级协同的风险控制联动，形成各单位、各部门间共同控制风险合力

C. 在既定目标不变的情况下，改变方案的实施路径，从根本上消除特定的风险因素

D. 根据风险事件的类型和影响程度，启动针对性应对措施避免重大损失

543. "防控联动"是（　　）的核心，能够有效解决风险信息应用不到位、风险管理不闭环、风险预控意识不强等问题。　　　　　答案：C

A. 风险信息共享　　　　　　　　B. 风险规避

C. 风险管理机制　　　　　　　　D. 消除风险消极影响

544. 下列不属于强化风险信息联动，确保风险信息及时传递的工作内容的是（　　）。

答案：D

A. 建立专业管理、跨专业业务、公司内外部风险信息共享平台

B. 畅通专业风险信息报送渠道，确保纵向联动

C. 严格执行风险信息报送、通报机制

D. 规范资产报废计划管理、强化资产报废鉴定、审批

545. 为强化风险信息联动，由安监牵头组织开展隐患排查治理工作，按照（   ）要求，在安监一体化平台中对隐患治理情况进行闭环管理。   答案：A

A. "一患一档"   B. "三流合一"   C. "一标三强"   D. "五位一体"

546. 在强化风险信息联动的工作措施中，通过与气象部门联动，无缝衔接精细化台风气象要素数据与电网数据，可以（   ）。   答案：B

A. 确保上级单位和监管机构及时掌握公司面临安全风险

B. 开展灾害天气下电网风险控制与应急评估

C. 提高对火灾的早期预警发现能力

D. 提高舆情风险预警、监测和研判能力

547. 在强化风险信息联动的工作措施中，通过与地方森林公安联动，建立火情联动和适时监测机制，可以（   ）。   答案：C

A. 确保上级单位和监管机构及时掌握公司面临安全风险

B. 开展灾害天气下电网风险控制与应急评估

C. 提高对火灾的早期预警发现能力

D. 提高舆情风险预警、监测和研判能力

548. 在强化风险信息联动的工作措施中，通过（   ），可以提高舆情风险预警、监测和研判能力。   答案：B

A. 实施重大安全风险备案制

B. 联合社会力量实行 7×24h 舆情监测管理

C. 与地方森林公安联动，建立火情联动和适时监测机制

D. 与气象部门联动，无缝衔接精细化台风气象要素数据与电网数据

549. 下列不属于强化风险控制联动，确保风险能控、可控、在控的工作内容的是（   ）。   答案：D

A. 实施分层级协同的风险控制联动，形成各单位、各部门间共同控制风险合力

B. 实施跨专业风险控制联动，依据风险评估预控措施表，各专业分头落实风险预控措施

C. 与外部媒体联动，及时对监测发现舆情风险进行管控，消减不良舆论对公司形象影响

D. 建立专业管理、跨专业业务、公司内外部风险信息共享平台，畅通专业风险信息报送渠道

550. 在强化风险控制联动的工作措施中，通过与消防部门联动，由消防支队专业人员对公司各类固定消防设施进行全面检查，可以（   ）。   答案：A

A. 及时发现并处置隐患

B. 消减不良舆论对公司形象影响

C. 确保上级单位和监管机构及时掌握公司面临安全风险

D. 开展灾害天气下电网风险控制与应急评估

551. 在强化风险控制联动的工作措施中，通过外部媒体联动，及时对监测发现舆情风险进行管控，可以（   ）。   答案：B

A. 提高对火灾的早期预警发现能力

B. 消减不良舆论对公司形象影响

C. 共同防范外力破坏事件

D. 规范资产报废计划管理、强化资产报废鉴定、审批

552. 下列不属于强化风险应急联动，确保风险处置及时妥当的工作内容的是（　　）。

答案：C

A. 根据风险事件的类型和影响程度，启动针对性应对措施

B. 建立风险信息与应急预案的联动关系

C. 建立专业管理、跨专业业务、公司内外部风险信息共享平台

D. 同步及时修编应急预案，完善公司应急预案体系

553. 资产全寿命周期的风险管控应以（　　）为对象，从实际业务出发识别各类资产、资产集或资产管理的潜在风险。

答案：C

A. 资产 　　　　　　　　　　　　B. 资产全寿命周期

C. 资产相关风险 　　　　　　　　D. 实际业务

554. 在构建风险管控机制框架时，按风险类型进行区分，可以分为（　　）。　　答案：A

A. 资产类风险、资产管理类风险及环境风险　B. 资产风险、资产集风险及资产管理风险

C. 短期风险、长期风险　　　　　　　　　　D. 重要风险、一般风险

555. 在风险管控机制下的资产类风险包括（　　）。　　　　　　　　　答案：A

A. 电网运行 　　　B. 科技项目管理 　　　C. 自然灾害 　　　D. 政策变化

556. 在风险管控机制下的资产管理类风险包括（　　）。　　　　　　　答案：C

A. 检修试验 　　　B. 电网运行 　　　　　C. 外包管理 　　　D. 自然灾害

557. 在风险管控机制下的环境风险包括（　　）。　　　　　　　　　　答案：D

A. 检修试验 　　　B. 电网运行 　　　　　C. 外包管理 　　　D. 政策变化

558. 国网浙江省电力有限公司在国网率先提出并建成了（　　），纵向实现省、地、县三级联动，实现风险的分层、分级管理。

答案：D

A. "五位一体"机制 　　　　　　　　　B. "一标三制"

C. 风险防控机制 　　　　　　　　　　　D. "省地县一体化电网风险管控体系"

559. 在国网浙江省电力有限公司构建的"省地县一体化电网风险管控体系"，强化部门之间的联系，实现跨部门资源整合，最终实现风险的（　　）。　　答案：D

A. 防控联动 　　B. 资源整合 　　　C. 横纵联合 　　　D. 一体化闭环管理

560. 下列有关"省地县一体化电网风险管控体系"的说法中，不正确的是（　　）。

答案：B

A. 该体系强化各部门之间的联系，实现跨部门资源整合

B. 该体系要最终实现风险的一体化闭环管理，还有一定距离

C. 该体系在纵向实现省、地、县三级联动，实现电网风险的分层、分级管理

D. 该体系在横向以调度部门电网风险评估为主导，将安监、运维检修、基建、营销等相关部门统一纳入到整个风险管控体系当中

561. "省地县一体化电网风险管控体系"在实现（　　）全方位风险管控的基础上，突出强调了"安全第一、预防为主、综合治理"的理念。

答案：A

A. 月、周、日 　　　B. 实时 　　　C. 短期和长期 　　　D. 7×24h

562. "省地县一体化电网风险管控体系"能提前发现局部电网薄弱环节，通过采取（　　）措施降低电网供电风险，实现了风险预控的全周期、全过程闭环管理。　　答案：A

A.运行方式调整、网架补强   B.运行方式调整、及时通报

C.运行方式调整、应急预案   D.运行方式调整、实时监控

563.浙江省电力公司深入分析电网及设备风险，发现一系列薄弱环节，但不包括（　　）。

答案：A

A.物资采购成本过高

B.工程物资采购申请不合理，工程设备、材料不符合工程要求，影响工程施工质量

C.未对设备材料的数量、型号、外观质量等进行检查或检查不到位

D.物资领料单填写不清楚

564.浙江省电力公司深入分析电网及设备风险，针对薄弱环节采取了一系列措施，但不包括（　　）。

答案：B

A.规范填写物资领料单，配合物资部门及时办理领料手续

B.筛选报价低的供应商，以降低物资采购承恩

C.科学编制基建物资类招标计划，科学合理安排集中采购工作

D.对招标节点实施考核，持续提高集中采购效率、效益，规范采购行为

565.下列不属于"立体式"运维防护特高压重要输电通道的工作措施的是（　　）。

答案：C

A.采用科技手段强化重要通道的技防措施

B.构建特高压重要输电线路通道的应急联合巡护机制

C.规范填写物资领料单，配合物资部门及时办理领料手续

D.构建重要输电通道"外部联保、内部联控"风险管控体系

566.采用科技手段强化重要通道的技防措施，强化特高压重要输电通道的风险控制联动的工作措施不包括（　　）。

答案：A

A.联合社会力量实行舆情监测管理

B.大力推行直升机、无人机和人工协同巡检新模式

C.注重在线监测应用，强化检验严格把好入网关

D.实行重要输电通道"四个标准化"巡视

567.下列不属于"立体式"运维防护特高压重要输电通道的工作成效的是（　　）。

答案：D

A.积极开展与外部的风险信息联动，联合社会力量实行舆情监测管理

B.构建了跨区电网重要输电线路标准化运维管理机制

C.与政府相关部门建立了应急响应联合机制，并开展联动演练

D.避免了违规采购带来的潜在供应风险、法律风险和财务风险

568.资产管理类风险防控机制的核心因素不包括（　　）。

答案：D

A.对各类事件（事故）及时采取应对措施   B.调查分析事件发生的根本原因

C.制定、落实预防和控制事件措施   D.努力做到消除一切事件

569.资产管理类风险防控机制的具体含义不包括（　　）。

答案：D

A.针对重大风险、突发事件和紧急情况编制相关应急预案，定期开展应急演练

B.对应急演练全过程进行总结评估，组织实施预案改进和更新

C.运用风险评估模型量化评估风险发生的可能性和影响程度，制定管控措施

D. 落实重要输电通道 "六防" 精益化管理和重要通道 "四位一体" 防护管理

570. 资产管理类风险防控机制要求, 根据资产全寿命周期管理内外部沟通需求, 更新发布内、外部（　　）。　　　　　　　　　　　　　　　　　　　　　　　　答案：A

A. 利益相关方清单　　　B. 利益相关方名称　　　C. 规章制度　　　D. 技术标准

571. 资产管理类风险防控机制要求, 识别资产全寿命周期管理相关的规章制度和技术标准, 及时更新并公布现行有效的（　　）。　　　　　　　　　　　　　　　　　　答案：C

A. 利益相关方清单　　　　　　　　B. 利益相关方名称

C. 制度、标准清单　　　　　　　　D. 法律法规

572. 在招标采购风险管控中应用资产管理类风险防控机制时,（　　）是不相关的措施。　　　　　　　　　　　　　　　　　　　　　　　　　　　　　　　　　　答案：B

A. 明晰流程, 科学辨识招标风险

B. 联合社会力量实行舆情监测管理

C. 把好集中采购五个关口, 建立风险防控模型

D. 提升集中采购人员廉洁自律能力

573. 在招标采购风险管控中, 要根据风险类型和等级, 科学制定内部管控措施和外部防控策略, 形成（　　）, 有效规避采购风险。　　　　　　　　　　　　　　　　答案：A

A. 内外绝缘　　　B. 公平制度　　　C. 集中采购　　　D. 风险防控

574. 在招标采购风险管控中, 要根据风险类型和等级, 科学制定内部管控措施和外部防控策略。下列有关 "内控抓三措" 的说法中不正确的是（　　）。　　　　　答案：D

A. 组织措施打基础　　　　　　　　B. 技术措施强支撑

C. 预控措施是根本　　　　　　　　D. "三措" 相互独立

575. 在信访风险管控中应用资产管理类风险防控机制, 工作措施不包括（　　）。　　　　　　　　　　　　　　　　　　　　　　　　　　　　　　　　　　答案：C

A. 以政工一体化平台为依托, 强化稳定风险防控的统筹协调

B. 根据风险类型和等级, 科学制订内部管控措施和外部防控策略

C. 强化稳定风险信息收集研判、信息共享, 提升风险监测预警水平

D. 建立各部门横向协同、各单位纵向互联的立体防范工作体系, 明确责任落实

576. 在信访风险管控中建立各部门横向协同、各单位纵向互联的立体防范工作体系, 要求各部门、单位分工负责, 办公室应负责（　　）。　　　　　　　　　　　　答案：C

A. 廉政风险管控

B. 法律风险管控

C. 信访风险管控和 24h 值班及相关信息收集

D. 舆情风险管控, 开展与稳定风险相关的舆情监测和辨识

577. 在信访风险管控中建立各部门横向协同、各单位纵向互联的立体防范工作体系, 要求各部门、单位分工负责, 监察部应负责（　　）。　　　　　　　　　　　答案：A

A. 廉政风险管控

B. 法律风险管控

C. 信访风险管控和 24h 值班及相关信息收集

D. 舆情风险管控, 开展与稳定风险相关的舆情监测和辨识

578. 在信访风险管控中建立各部门横向协同、各单位纵向互联的立体防范工作体系，要求各部门、单位分工负责，外联部应负责（　　）。　　　　　　　　　答案：D

A. 廉政风险管控

B. 法律风险管控

C. 信访风险管控和24h值班及相关信息收集

D. 舆情风险管控，开展与稳定风险相关的舆情监测和辨识

579. 在信访风险管控中，要求各单位负责落实相关稳定风险管控措施组织本单位稳定风险防控机制运作，党委书记是本单位稳定风险防控机制（　　）。　　　　　答案：A

A. 第一责任人　　　　　　　　　　　　B. 第二责任人

C. 第三责任人　　　　　　　　　　　　D. 主要责任人

580. 在信访风险管控中，要求由办公室、外联部、监察部、法律部、政工部、工会等部门相关人员组成（　　），负责对各类稳定风险进行分析评估。　　　　　答案：D

A. 风险管控小组　　　　　　　　　　　B. 专业小组

C. 风险管控部门　　　　　　　　　　　D. 稳定风险评估小组

581. 为强化稳定风险信息收集研判、信息共享，对稳定风险按照严重性和可能造成的危害性或负面影响程度可分为（　　）。　　　　　　　　　　　　　　答案：D

A. 一级和二级共二级　　　　　　　　　B. 严重和正常共二级

C. 一级、二级和三级共三级　　　　　　D. 一级、二级、三级和正常共四级

582. 为强化稳定风险信息收集研判、信息共享，各部门、单位应严格执行突发应急预案等有关信息报告规定，（　　），做到稳定风险早发现、早报告、早处置。　　答案：A

A. 实时报告风险信息　　　　　　　　　B. 定期报告风险信息

C. 事后报告风险信息　　　　　　　　　D. 提前报告风险信息

583. 在进行舆情风险管控时，工作措施不包括（　　）。　　　　　　　　答案：A

A. 完善SAP日常供应商收款账户信息工作

B. 注重风险事前防范，重大决策、重点工作事前进行舆情风险评估

C. 强化风险事中应急联动，建立舆情研判和媒体沟通的协同处置机制

D. 加强风险事后闭环提升，针对已经识别的风险源开展数据定性定量分析和处置效果评估

584. 在舆情风险管控中，要注重风险事前防范，结合（　　），定期开展舆情隐患排查和风险整治。　　　　　　　　　　　　　　　　　　　　　　　　　　答案：C

A. "三措四策"　　　　　　　　　　　　B. 过往经验

C. "二十四节气表"　　　　　　　　　　D. 政工一体化平台

585. 在舆情风险管控中，要强化风险事中应急联动，相关的工作措施包括（　　）。

答案：B

A. 对风险控制实施情况再评估，滚动更新

B. 及时通过组织新闻发布会等形式对外发布应急信息

C. 建立舆情应对处置案例库，编制各类警示案例

D. 针对已经识别的风险源，开展数据定性定量分析和处置效果评估

586. 在资金支付风险管控中，相关的工作措施不包括（　　）。　　　　　答案：B

A. 加强对数字证书的保管工作

B. 建立舆情应对处置案例库，编制各类警示案例

C. 完善 SAP 日常供应商收款账户信息工作

D. 规范电子报账系统一次性供应商收款账户信息工作

587. 在电力生产作业安全管控风险评估中，各单位对风险辨识、评估力度不均衡的原因是（　　）。　　　　　　　　　　　　　　　　　　　　　答案：C

  A. 尚未形成风险全过程管控 　　　　　　B. 没有应用全寿命周期管理理念

  C. 尚未形成统一的安全风险辨识方法 　　D. 现有的风险管控方法仅仅从某些环节入手

588. 作业项目的风险评估，要求依照（　　）对作业项目固有风险进行评估。　答案：A

  A. LEC 固有风险评估模型 　　　　　　B. PR 风险评估模型

  C. 6 维评价法 　　　　　　　　　　　　D. 关键因素分析法

589. 环境类风险防控机制的核心因素不包括（　　）。　　　　　　　　　　答案：D

  A. 基于资产全寿命周期管理的风险管理方法，对重要输电通道风险评估

  B. 针对风险评估结果，建立风险专项治理，逐项采取措施整治

  C. 对重要通道制定了专项整治方案和三年治理计划，并预排入技改、大修项目

  D. 进行严格的闭环，有风险就进行识别、监测和流程优化，有事故就进行改进和后期监督

590. 在山火风险中的应用环境类风险防控机制的具体工作措施不包括（　　）。　答案：D

  A. 开展防山火风险排查 　　　　　　　　B. 防山火风险分析

  C. 防火风险评估 　　　　　　　　　　　D. 及时扑灭山火

591. 在海上电力运输风险上应用环境类风险防控机制的具体工作措施包括（　　）。答案：D

  A. 加强对数字证书的保管工作

  B. 建立舆情应对处置案例库，编制各类警示案例

  C. 完善 SAP 日常供应商收款账户信息工作

  D. 加强与公安、海事、海洋与渔业、港航等执法单位（部门）协作，严厉打击处理海上电力设施违法案件

592. 在企业中，（　　）是对企业生产经营活动所需各种资产的取得、保管、运用等一系列计划、组织、控制等管理工作的总称。　　　　　　　　　　　　　　　答案：A

  A. 资产管理方法 　　　B. 资产方法 　　　C. 管理方法 　　　D. 企业管理方法

593. 资产全寿命周期管理强调对（　　）的管理，要求确立统一的（　　），改变（　　）的管理方式，从资产管理的（　　）抓起，统筹规划、建设、生产运行、退役、设备采购、物资采购等各环节。　　　　　　　　　　　　　　　　　　　　　　　　答案：B

  A. 传统条块分割、分而治之；资产寿命周期全过程；源头；资产管理理念和目标

  B. 资产寿命周期全过程；资产管理理念和目标；传统条块分割、分而治之；源头

  C. 资产寿命周期全过程；传统条块分割、分而治之；资产管理理念和目标；源头

  D. 传统条块分割、分而治之；资产寿命周期全过程；资产管理理念和目标；源头

594. 运用全寿命周期管理理念需要进一步明确（　　）的方法，通过应用（　　）的绩效、风险和成本等技术理论，闭环管理、逐层分解等管理模型，形成一套（　　）方法论，确保实际业务开展切实落实资产管理要求。　　　　　　　　　　　　　　　　　　答案：B

  A. 资产全寿命周期；各专业工作开展；资产全寿命周期管理

  B. 各专业工作开展；资产全寿命周期；资产全寿命周期管理

C.各专业工作开展；资产全寿命周期管理；资产全寿命周期

D.资产全寿命周期；资产全寿命周期管理；各专业工作开展

595.形成一套资产全寿命周期管理方法论，可以确保实际业务开展切实落实资产管理要求，各个专业"看问题、办事情"有例可援，实现资产管理决策的（　　），促进资产管理向（　　）的方向发展。　　　　　　　　　　　　　　　　　　　　　　　答案：D

A.定量化、精益化；科学化、标准化　　　B.精益化、科学化；定量化、标准化

C.精益化、标准化；定量化、科学化　　　D.定量化、科学化；精益化、标准化

596.资产全寿命周期管理方法根据国家电网公司资产管理体系实施工作要求和公司自身业务特点，进行提炼消化总结，形成一整套体系化的决策、管控、评价方法，涵盖资产管理业务（　　）的全过程以及管理支撑业务。　　　　　　　　　　　　　　　　答案：A

A.决策、执行、评价、改进　　　　　　　B.决策、提炼、评价、改进

C.决策、执行、报告、改进　　　　　　　D.决策、执行、评价、总结

597.资产全寿命周期管理技术方法是指资产全寿命周期各环节中应用的技术性操作方法，技术方法包括（　　）和（　　）。　　　　　　　　　　　　　　　　　答案：C

A.专业技术方法；常用技术方法　　　　　B.专业技术方法；特殊技术方法

C.通用技术方法；专业技术方法　　　　　D.通用技术方法；常用技术方法

598.通用技术方法是指资产全寿命周期各个环节通用的技术操作方法，包括（　　）三种模型。　　　　　　　　　　　　　　　　　　　　　　　　　　　　　　答案：B

A.资产总体规划模型、资产状态评价模型、风险评估模型

B.资产全寿命周期成本模型、资产状态评价模型、风险评估模型

C.资产全寿命周期成本模型、资产规模评价模型、风险评估模型

D.资产全寿命周期成本模型、资产规模评价模型、总结评价模型

599.通用技术方法是指资产全寿命周期各个环节通用的技术操作方法，包括三种模型，下列（　　）不是通用技术方法的模型。　　　　　　　　　　　　　　　　　答案：D

A.资产状态评价模型　　　　　　　　　　B.资产全寿命周期成本模型

C.风险评估模型　　　　　　　　　　　　D.资产规模评价模型

600.专业技术方法是指在（　　）的专业性技术方法。　　　　　　　　答案：A

A.资产全寿命周期各个专业中使用到　　　B.资产全寿命周期某个专业中使用到

C.资产半寿命周期各个专业中使用到　　　D.资产半寿命周期某个专业中使用到

601.资产全寿命周期管理方法是指资产全寿命周期各专业工作中管理性工作使用到的方法，下列不属于资产全寿命周期管理方法的是（　　）。　　　　　　　答案：D

A.企业模型层次分析法　　　　　　　　　B.逐级承接分解法

C.标准工作程序模型　　　　　　　　　　D.SWOT 分析法

602. General Model of Technology 是指（　　）。　　　　　　　　答案：B

A.专业技术法　　　　　　　　　　　　　B.通用技术方法

C.非专业技术法　　　　　　　　　　　　D.特殊技术法

603.通用技术方法是以（　　）三大基础理论为核心的综合模型。　　答案：A

A.设备技术状态评价理论、风险管理理论和全寿命周期成本理论

B.设备管理评价理论、风险管理理论和全寿命周期成本理论

C. 设备技术状态评价理论、设备管理理论和全寿命周期成本理论

D. 设备技术状态评价理论、风险管理理论和半寿命周期成本理论

604. 通用技术方法是以三大基础理论为核心的综合模型，下列（　　）不属于三大基础理论。　　　答案：C

A. 设备技术状态评价理论　　　　　　B. 风险管理理论

C. 设备管理评价理论　　　　　　　　D. 全寿命周期成本理论

605. 通用技术方法是一种适用于（　　）等各阶段工作的通用量化技术模型。　　答案：A

A. 规划、计划、采购、建设、运行、维护、检修、改造、退役处置

B. 规划、建设、运行、维护、检修、改造、退役处置

C. 规划、计划、采购、建设、运行、改造、退役处置

D. 规划、计划、采购、维护、检修、改造、退役处置

606. 专业技术方法是指在（　　）各个专业环节应用的专业技术的工作方法。　　答案：A

A. 资产全寿命周期管理　　　　　　　B. 资产半寿命周期管理

C. 资产全寿命管理　　　　　　　　　D. 资产全寿命项目管理

607. 下列（　　）不属于专业技术方法。　　　答案：B

A. 规划计划技术方法　　　　　　　　B. 项目管理技术方法

C. 物资采购技术方法　　　　　　　　D. 运维检修技术方法

608. 1960 年以来，美国国防部一项研究发现，军事技术装备系统五年内的运行维护费用为其购置成本的十多倍，所以设备研究应该集中于设备寿命周期的运行维护费用最小化领域，由此出现了（　　）方法。　　　答案：A

A. 设备寿命周期成本评估　　　　　　B. 设备周期成本评估

C. 寿命周期成本评估　　　　　　　　D. 成本评估

609. 1960 年以来，美国国防部一项研究发现，军事技术装备系统五年内的运行维护费用为其购置成本的十多倍，所以设备研究应该集中于设备寿命周期的（　　）最小化领域，由此出现了设备寿命周期成本评估方法。　　　答案：C

A. 设备寿命周期成本　　　　　　　　B. 设备维修费用

C. 运行维护费用　　　　　　　　　　D. 资产全寿命周期成本

610. 1970 年以来，固定资产管理进入了现代管理的新阶段。这个时期，（　　）得到了各界的广泛认同和应用。　　　答案：A

A. 固定资产全寿命周期理念和方法　　B. 资产全寿命周期理念和方法

C. 全寿命周期理念和方法　　　　　　D. 固定资产理念和方法

611. 英国 NG 公司将其资产的管理分为（　　）四个主要阶段。　　答案：A

A. 网络规划设计、电网建设、资产策略制定和电网资产绩效表现评估

B. 网络规划设计、网络建设、资产策略制定和电网资产绩效表现评估

C. 电网规划设计、电网建设、资产策略制定和电网资产绩效表现评估

D. 电网规划设计、网络建设、资产策略制定和电网资产绩效表现评估

612. 英国 NG 公司将其（　　）分为网络规划设计、电网建设、资产策略制定和电网资产绩效表现评估四个主要阶段。　　　答案：D

A. 瑞典 Vattedfall 公司　　　　　　　B. 美国国防部

C. 法国国家电网公司　　　　　　　　　　D. 资产的管理

613. 在美国，也有很多企业，尤其是（　　　）企业采用固定资产全寿命周期管理方法。
答案：B

A. 车辆　　　　　　　B. 电力　　　　　　　C. 能源　　　　　　　D. 制造

614. 瑞典的 Vattedfall 公司在 1980 年就开始进行（　　　）方面的研究和实践工作。　答案：B

A. SEC　　　　　　　B. LCC　　　　　　　C. 4M　　　　　　　D. PAS 55

615. 1980 年以来，（　　　）开始在我国军队和地方某些单位得到应用，成绩突出。　答案：D
A. 全寿命周期成本的理念　　　　　　　　　B. 全寿命周期成本的方法
C. 全寿命周期理念和方法　　　　　　　　　D. 全寿命周期成本的理念和方法

616. 1987 年，中国设备管理协会成立了（　　　），将国外设备全寿命周期成本管理的理念和
先进经验引入到我国，对我国设备管理产生了重要影响，并带来巨大效益。　　答案：D
A. 设备费用委员会　　　　　　　　　　　　B. 设备寿命周期委员会
C. 寿命周期费用委员会　　　　　　　　　　D. 设备寿命周期费用委员会

617. （　　　）从 2003 年开始对国内外资产全寿命周期管理的理念和方法进行跟踪研究，启
动了 LCC 系列课题。　　　　　　　　　　　　　　　　　　　　　　　　　答案：A
A. 华东电网有限公司　　　　　　　　　　　B. 华北电网有限公司
C. 华中电网有限公司　　　　　　　　　　　D. 华南电网有限公司

618. 华东电网有限公司从 2003 年开始对国内外（　　　）进行跟踪研究，启动了 LCC 系列
课题。　　　　　　　　　　　　　　　　　　　　　　　　　　　　　　　　答案：D
A. 资产全寿命周期管理的理念　　　　　　　B. 资产全寿命周期管理的方法
C. 资产全寿命周期理念和方法　　　　　　　D. 资产全寿命周期管理的理念和方法

619. 2005 年，（　　　）启动了资产管理项目，该项项目通过国际对标，在全寿命周期成本、
资产清理、设备监造抽检等工作上取得了一定的成就。　　　　　　　　　　　答案：A
A. 上海市电力公司　　　　　　　　　　　　B. 浙江省电力公司
C. 河北省电力公司　　　　　　　　　　　　D. 河南省电力公司

620. 江苏省电力公司开展了资产全寿命（　　　）研究，从全口径项目管理和全过程管理两
个维度，着手构建资产管理数据模型和资产信息收集管理平台，在全口径、全过程和全价值三
个方面推进了精益化管理。　　　　　　　　　　　　　　　　　　　　　　　答案：B
A. "单维模型分析法"　　　　　　　　　　B. "双维模型分析法"
C. "三维模型分析法"　　　　　　　　　　D. "双维分析法"

621. （　　　）开展了资产全寿命"双维模型分析法"研究，从全口径项目管理和全过程管理
两个维度，着手构建资产管理数据模型和资产信息收集管理平台，在全口径、全过程和全价值
三个方面推进了精益化管理。　　　　　　　　　　　　　　　　　　　　　　答案：C
A. 上海市电力公司　　　　　　　　　　　　B. 浙江省电力公司
C. 江苏省电力公司　　　　　　　　　　　　D. 河南省电力公司

622. 江苏省电力公司开展了资产全寿命"双维模型分析法"研究，从全口径项目管理和全
过程管理两个维度，着手构建资产管理数据模型和资产信息收集管理平台，在（　　　）三个方
面推进了精益化管理。　　　　　　　　　　　　　　　　　　　　　　　　　答案：D
A: 全口径、全过程和全资产　　　　　　　　B. 全口径、全过程和全寿命

C. 全口径、全过程和全周期　　　　　　　　D. 全口径、全过程和全价值

623. Life Cycle Cost，简称 LCC，是指（　　）管理。　　　　　　　　答案：A

A. 全寿命周期成本　　　　　　　　　　　　B. 周期成本

C. 全寿命成本　　　　　　　　　　　　　　D. 资产成本

624.（　　）是国际上目前较为前沿的建设成本管理理论。　　　　　　答案：A

A. 全寿命周期成本管理　　　　　　　　　　B. 周期成本管理

C. 全寿命成本管理　　　　　　　　　　　　D. 资产成本管理

625. 全寿命周期成本管理的基本含义就是在满足可靠性要求的基础上，使设备和系统在全寿命周期内拥有成本为（　　）的管理。　　　　　　　　　　　　　答案：C

A. 最高　　　　　　B. 适中　　　　　　C. 最低　　　　　　D. 稍低

626.（　　）将一般工程建设成本的外延扩大，要求人们从工程项目全寿命周期出发去考虑成本问题，它覆盖了工程项目的全寿命周期，考虑的时间范围更长，也更合理。　　答案：D

A. 资产成本管理　　　　　　　　　　　　　B. 周期成本管理

C. 全寿命成本管理　　　　　　　　　　　　D. 全寿命周期成本管理

627. 全寿命周期成本理论，按照寿命周期成本（　　）以及效能（　　）的原则，选择最佳的投资方案，从而实现更为科学的建设设计，更加合理的选择配套设备。　　答案：A

A. 最小化；最大化　　　　　　　　　　　　B. 最大化；最小化

C. 最小化；最小化　　　　　　　　　　　　D. 最大化；最大化

628. 全寿命周期成本理论，按照寿命周期成本最小化以及效能最大化的原则，选择最佳的投资方案，从而实现更为科学的建设设计，更加合理的选择配套设备，以便在确保设计质量的前提下，实现工程项目寿命周期成本相对（　　）的目标。　　　　　　答案：B

A. 最大化　　　　　　B. 最小化　　　　　　C. 最合适　　　　　　D. 最优化

629. 20 世纪 70 年代末和 80 年代初，由英美的一些工程界学者和实际工作者提出了（　　）。
　　　　　　　　　　　　　　　　　　　　　　　　　　　　　　　　　答案：D

A. 周期管理　　　　　　　　　　　　　　　B. 全寿命管理

C. 项目周期管理　　　　　　　　　　　　　D. 全寿命周期管理

630. 进入 20 世纪 80 年代初，以英国成本管理界的学者与实际工作者为主的一批人，在（　　）方面做了大量的研究并取得了突破。　　　　　　　　　　　　　答案：D

A. 资产成本管理　　　　　　　　　　　　　B. 周期成本管理

C. 全寿命成本管理　　　　　　　　　　　　D. 全寿命周期成本管理

631. 最近几年（　　）技术逐渐在电力系统推广应用，比较成熟的公司主要集中在美国和欧洲（瑞典为主），主要用于核电站、发电机和发配电线路等建设项目。　　答案：C

A. SEC　　　　　　　B. 4M　　　　　　　C. LCC　　　　　　　D. PAS 55

632. 我国 L_{CC} 研究应用的进程可分为三个阶段。第一阶段为（　　）阶段；第二阶段为理论研究逐步深入、应用逐步开展阶段；第三阶段是在 2000 年后进入顶层推动阶段。　答案：A

A. 引进、消化、吸收　　　　　　　　　　　B. 引进、吸收

C. 引进、消化　　　　　　　　　　　　　　D. 消化、吸收

633. 我国 L_{CC} 研究应用的进程可分为三个阶段。第一阶段为引进、消化、吸收阶段；第二阶段为（　　）阶段；第三阶段是在 2000 年后进入顶层推动阶段。　　　　答案：A

A. 理论研究逐步深入、应用逐步开展　　　　B. 理论研究逐步深入

C. 应用逐步开展　　　　　　　　　　　　　D. 理论研究

634. 全寿命周期成本的三个计算方法有（　　　）。　　　　　　答案：C

A. 参数估算法、项目估算法、类比估计法　　B. 成本估算法、工程估算法、类比估计法

C. 参数估算法、工程估算法、类比估计法　　D. 参数估算法、工程估算法、成本估计法

635. 资产全寿命成本的通用模型 $L_{CC}=C_I+C_O+C_M+C_F+C_D$ 中 C_I 为（　　　）。　答案：A

A. 资本性投入成本　　　　　　　　　　　　B. 资产运维成本

C. 资产检修成本　　　　　　　　　　　　　D. 资产故障处置成本

636. 资产全寿命成本的通用模型 $L_{CC}=C_I+C_O+C_M+C_F+C_D$ 中 C_O 为（　　　）。　答案：B

A. 资本性投入成本　　　　　　　　　　　　B. 资产运维成本

C. 资产检修成本　　　　　　　　　　　　　D. 资产故障处置成本

637. 资产全寿命成本的通用模型 $L_{CC}=C_I+C_O+C_M+C_F+C_D$ 中 C_M 为（　　　）。　答案：B

A. 资本性投入成本　　　　　　　　　　　　B. 资产检修成本

C. 资产运维成本　　　　　　　　　　　　　D. 资产故障处置成本

638. 资产全寿命成本的通用模型 $L_{CC}=C_I+C_O+C_M+C_F+C_D$ 中 C_F 为（　　　）。　答案：A

A. 资产故障处置成本　　　　　　　　　　　B. 资产检修成本

C. 资产运维成本　　　　　　　　　　　　　D. 资本性投入成本

639. 资产全寿命成本的通用模型 $L_{CC}=C_I+C_O+C_M+C_F+C_D$ 中 C_D 为（　　　）。　答案：D

A. 资产故障处置成本　　　　　　　　　　　B. 资产检修成本

C. 资产运维成本　　　　　　　　　　　　　D. 资产退役处置成本

640. 下列不属于全寿命周期成本管理特点的是（　　　）。　　　　答案：D

A. 追求寿命周期费用最经济

B. 从经济、技术、管理三个方面进行综合管理和研究

C. 应用可靠性工程和维修性工程技术

D. 不需要各种信息的反馈

641. 从全寿命周期过程（　　　）的角度进行成本分析，可以广泛应用于工程建设、道路交通、电网管理等各领域。　　　　　　　　　　　　　　　　　答案：A

A. 低成本和高效率　　B. 低成本和低效率　　C. 高成本和高效率　　D. 高成本和低效率

642. 全寿命周期划分为四个阶段，分别是（　　　）。　　　　　　答案：D

A. 项目规划阶段、项目建造阶段、项目运营管理阶段、废弃处置阶段

B. 项目前期准备阶段、项目实施阶段、项目运营管理阶段、废弃处置阶段

C. 项目规划阶段、项目实施阶段、项目运营管理阶段、废弃处置阶段

D. 项目前期准备阶段、项目建造阶段、项目运营管理阶段、废弃处置阶段

643. 电力设备全寿命周期成本管理从狭义上指的是在设备经济寿命周期内所支付的（　　　），涉及的阶段主要包括可研论证、采购、安装、运行、维护、报废回收等过程。　　答案：B

A. 部分费用　　　　　B. 总费用　　　　　C. 开始的费用　　　　D. 大部分费用

644. 全寿命周期成本理论可以应用于电网全过程各阶段，包括（　　　）等各环节。　答案：B

A. 采购建设、运行维护和退役处置　　　　　B. 规划计划、采购建设、运行维护和退役处置

C. 规划计划、采购建设、运行维护　　　　　D. 采购建设、运行维护

645. 对于设备的检修大致分为三个阶段，分别为（ ）。 答案：D

A. 随机检修、定期检修、状态检修 B. 事故检修、随机检修、状态检修

C. 事故检修、定期检修、随机检修 D. 事故检修、定期检修、状态检修

646. 对于设备的检修大致分为三个阶段，下列（ ）不是其中的阶段。 答案：C

A. 事故检修 B. 定期检修 C. 随机检修 D. 状态检修

647. （ ）是指综合考虑设备安全性、经济性和社会影响等方面的风险，确定设备风险
程度。 答案：C

A. 项目状态评估 B. 风险状态评估 C. 设备状态评估 D. 管理状态评估

648. 随着现代社会和经济的发展，能源的巨大需求促进了电力工业的飞速发展，使得电力
系统向（ ）方向发展。 答案：B

A. 小容量、超高压和跨区域 B. 大容量、超高压和跨区域

C. 大容量、低高压和跨区域 D. 大容量、超高压和单区域

649. 系统容量的增大和电网规模的扩大，（ ）故障给人们的生产和现代生活所带来的影
响越来越大。 答案：A

A. 电力设备 B. 配电设备 C. 变压设备 D. 输电设备

650. 随着在线监测技术和通信技术的发展，使得对庞大的配电网络进行（ ）成为可能。
  答案：B

A. 电力检测 B. 状态评估 C. 电压检测 D. 电流检测

651. 设备的可靠性从投入到报废呈现一定规律，按时间变化可分为（ ）。 答案：D

A. 早期失效期、偶然失效期和永久失效期 B. 早期失效期、偶然失效期和长期失效期

C. 随机失效期、偶然失效期和耗损失效期 D. 早期失效期、偶然失效期和耗损失效期

652. 设备的可靠性从投入到报废呈现一定规律，按时间变化可分为三个失效期，下列（ ）
不属于其中的一个失效期。 答案：C

A. 早期失效期 B. 偶然失效期 C. 长期失效期 D. 耗损失效期

653. 设备技术状态评估模型通过对设备特征参量的收集和分析，确定设备状态和发展趋势，
可以广泛应用于各个领域。主要有（ ）的应用。 答案：D

A. 在配电网中，在智能变电站中，在水电厂中

B. 在智能变电站中，在水电厂中，在冶金业中

C. 在配电网中，在水电厂中，在冶金业中

D. 在配电网中，在智能变电站中，在水电厂中，在冶金业中

654. 电网发展往往受技术、经济、政策、自然等诸多客观条件的影响，具有很大的不可预
见性和随机性，使电网发展面临着较大的风险，因此对电网项目进行（ ）研究具有十分重
要的意义。 答案：B

A. 风险计算 B. 风险综合评价 C. 风险保障 D. 风险预测

655. 风险评估分为（ ）三个阶段。 答案：A

A. 风险识别、风险分析、风险评价 B. 风险识别、风险计算、风险评价

C. 风险预测、风险分析、风险评价 D. 风险识别、风险分析、风险计算

656. 风险的识别过程包括（ ）两个环节。 答案：C

A. 预测风险环节和分析风险环节 B. 感知风险环节和预测风险环节

C. 感知风险环节和分析风险环节   D. 计算风险环节和分析风险环节

657. 风险识别的步骤主要包括（ ）。   答案：B

A. 收集数据资料或信息、分析不确定性、确定风险事件

B. 收集数据资料或信息、分析不确定性、确定风险事件、编制工程项目风险识别报告

C. 分析不确定性、确定风险事件、编制工程项目风险识别报告

D. 收集数据资料或信息、分析不确定性、计算风险事件、编制工程项目风险识别报告

658. 常用的风险识别方法包括（ ）。   答案：A

A. 检查表法、流程图法、头脑风暴法、德尔菲法、情景分析法和故障树分析法

B. 检查表法、动态图法、头脑风暴法、德尔菲法、情景分析法和故障树分析法

C. 检查表法、流程图法、头脑风暴法、德尔菲法、案例分析法和故障树分析法

D. 检查表法、流程图法、案例分析法、德尔菲法、情景分析法和故障树分析法

659. 下列不属于常用的风险识别方法的是（ ）。   答案：B

A. 检查表法   B. 动态图法   C. 故障树分析法   D. 情景分析法

660. 风险分析中的定性方法包括（ ）方法等。   答案：A

A. 德尔菲法、事件树分析；危险分析与关键控制点法、历史数据统计

B. 危险分析与关键控制点法、历史数据统计；德尔菲法、事件树分析

C. 德尔菲法、事件树分析；危险分析与关键控制点法、随机数据统计

D. 德尔菲法、事件树分析；安全分析与关键控制点法、历史数据统计

661. 风险评价包括将风险分析的结果与预先设定的风险准则相比较，或者在各种风险的分析结果之间进行比较，确定风险的等级，定性方法包括了（ ）；定量方法一般指（ ）等。

    答案：C

A. 头脑风暴法和风险指数法；风险矩阵法 B. 风险矩阵法和风险指数法；头脑风暴法

C. 头脑风暴法和风险矩阵法；风险指数法 D. 风险矩阵法；风险指数法

662. 设备风险评估是在可靠性评价的基础上，将潜在的风险在社会、经济等方面的影响进行（ ），考虑成本、环境及安全等多个方面。   答案：B

A. 具体化   B. 量化   C. 细化   D. 抽象化

663.（ ）是延长老旧变电所服务寿命的最有效的途径，以此改造更换老旧设备，引进新设备、新工艺、新技术，提高了供电可靠性、提升供电质量。   答案：B

A. 输电设备改造   B. 变电设备改造   C. 发电设备改造   D. 配电设备改造

664. 变电设备改造项目风险评价内容及流程分为 3 个阶段，分别是（ ）。 答案：D

A. 自然环境分析，样本数据分析，确定指标权重值

B. 工程环境分析，资产数据分析，确定指标权重值

C. 自然环境分析，资产数据分析，确定指标权重值

D. 工程环境分析，样本数据分析，确定指标权重值

665.（ ）用于开展资产运维、技改规模预测，并对资产策略制定提供依据。 答案：C

A. 资产策略模型 B. 资产成本模型 C. 资产墙分析模型 D. 资产规模分析模型

666.（ ）的核心方法是集成企业固定资产的技术、成本、绩效等综合信息，对企业后续中长期资产改造、运检规模进行预测，并结合企业经营内外部要求、制约因素，提出缓解企业未来资产管理所面临压力的举措。   答案：D

A. 资产策略模型　　　　　　　　　　　　B. 资产成本模型

C. 资产规模分析模型　　　　　　　　　　D. 资产墙分析模型

667.（　　）广泛应用于电力企业资产管理中，分析资产的规模、价值等内容，对资产技改预测、运维预测提供重要指导。　　　　　　　　　　　　　　　　　　答案：D

A. 资产策略　　　　B. 资产模型　　　　C. 资产树　　　　D. 资产墙

668. 资产管理规划计划方面的专业技术方法有（　　）。　　　　　　　　答案：A

A. 项目优先级排序法，项目评价法，项目后评估法

B. 项目时间排序法，项目评价法，项目后评估法

C. 项目时间排序法，项目评价法，项目前评估法

D. 项目优先级排序法，项目评价法，项目前评估法

669. 下列（　　）不是资产管理规划计划方面的专业技术方法。　　　　答案：D

A. 项目优先级排序法　　B. 项目评价法　　　C. 项目后评估法　　D. 项目时间排序法

670. 从对电网规划项目评价技术研究的总体趋势来看，主要有两个特点：一是（　　）；二是（　　）。　　　　　　　　　　　　　　　　　　　　　　　　　答案：A

A. 定量化、模型化的分析；由单一模型向组合模型发展

B. 定量化、标准化的分析；由单一模型向组合模型发展

C. 定量化、模型化的分析；由组合模型向单一模型发展

D. 定量化、标准化的分析；由组合模型向单一模型发展

671. 项目评价管理侧重项目进行过程中的管控，包括（　　）等。　　　答案：B

A. 业务评价、体系评价、信息评价、协同评价

B. 业务评价、价值评价、信息评价、协同评价

C. 资产评价、价值评价、信息评价、协同评价

D. 业务评价、价值评价、项目评价、协同评价

672. "四全" 工作法是指（　　）的 "四全" 工作体系。　　　　　　　答案：D

A. 全员参与、全过程控制、全资产管理、全口径核算

B. 全员参与、全过程控制、全方位管理、全寿命核算

C. 全员参与、全寿命控制、全方位管理、全口径核算

D. 全员参与、全过程控制、全方位管理、全口径核算

673. 按照国网公司、省公司有关工程结算的管理规定，结算管理工作有四个方面的要求：（　　）。　　　　　　　　　　　　　　　　　　　　　　　　　　　答案：A

A. 一是全面性，二是及时性，三是准确性，四是合理性

B. 一是全面性，二是整体性，三是准确性，四是合理性

C. 一是全面性，二是及时性，三是标准性，四是合理性

D. 一是全面性，二是及时性，三是准确性，四是有效性

674. 为了强化结算管理工作，按照（　　）的管理理念，采取组织措施和技术手段建立起 "全员参与、全过程控制、全方位管理、全口径核算" 的工作体系，提高工程结算质量。　答案：A

A. 积极主动、关口前移　　　　　　　　　B. 合理结算、关口后移

C. 合理结算、关口前移　　　　　　　　　D. 积极主动、关口后移

675. 下列（　　）不是物资采购方面的专业技术方法。　　　　　　　　答案：D

A. 订货管理方法、供应商评价管理办法　　B. 供应链集成联动法、集约化配送法

C. 风险点管控法、利库盘活法　　D. 销售分散法、降低库存法

676. 订货管理方法有（　）。　　　　答案：A

A. 定量订货法，定期订货法，滚动订货法　　B. 定量订货法，长期订货法，滚动订货法

C. 定时订货法，定期订货法，滚动订货法　　D. 定时订货法，定期订货法，联动订货法

677. 供应商管理评价办法就是通过考核及评价供应商，有效地掌握供应商的品质、价格、交货期、配合度，确保采购工作有效地运行，巩固我们和供应商之间的信赖及互利，最大程度（　　）。　　　　答案：D

A. 提升采购工作的效率　　B. 维护和供应商的关系

C. 提升采购工作的效率，提高收益　　D. 维护我们的利益，提高资金效益

678. 供应链内的流转包含（　）等。　　　　答案：B

A. 物资传输的速度、准确度，配送流畅程度等

B. 物资传输的及时度、准确度，配送流畅程度等

C. 物资传输的速度，配送准确度等

D. 物资传输的及时度、准确度，配送服务程度等

679. 集约化配送是依托（　）平台，实现基础数据含物料、储位、区域、标识等的统一管理，通过同步更新、相辅相成的信息联动机制，覆盖物资的申请、入库、出库、借用、退库、盘库等各流程。　　　　答案：A

A. 信息化的一体式　　B. 物流化的一体式

C. 管理化的一体式　　D. 标准化的一体式

680. 配送集约化管理整合了采购方、供应方、运输、库存、人力等资源，基于后台的大数据汇总和处理，对库存、采购、合同执行等信息进行描述，奠定了仓储定额、物资周转工作开展的基础，实现物资采购的（　）。　　　　答案：D

A. 有效性和及时性　　B. 科学性和有效性

C. 合理性和及时性　　D. 科学性和及时性

681.（　）是优化公司库存资源管理，实现资源的科学调配和高效利用的一项有力措施。　　　　答案：B

A. 合理采购工作　　B. 利库盘活工作

C. 订购管理工作　　D. 降低库存工作

682. 利库盘活以（　）为准则，以（　）为基础，通过建立周报利库制，优化年度计划和月供应采购计划的管理，开展双向联动。　　　　答案：A

A. 全面盘清仓储资源；公司建立定期开展利库协调

B. 公司建立定期开展利库协调；全面盘清仓储资源

C. 全面盘清仓储资源；全方位管理仓储资源

D. 全面盘清仓储资源；公司建立随机开展库存检查

683. 落实需求计划准确管控机制，形成（　）机制、动态储备定额管理机制，制定物资采购规定，加强仓储日结日清的管控措施。　　　　答案：B

A. "先采购，后利库"　　B. "先利库，后采购"

C. "先预算，后采购"　　D. "先预算，后利库"

684. 下列（　　　）不是运维检修方面的专业技术方法。　　　　　　　　答案：D

A. 以带电检测为主的状态检修法　　　　B. 抢修体系标准化管控法

C. 电能质量在线检测法　　　　　　　　D. 订货管理方法

685. 带电检测技术是能够在（　　　）的情况下反映电力设备某一方面的性能和状况，发现某一方面的缺陷。　　　　　　　　　　　　　　　　　　　　　答案：C

A. 停电　　　　B. 短时间停电　　　　C. 不停电　　　　D. 局部停电

686. 随着电网规模的不断扩大和公司对于电网设备资产全寿命周期的精益化管理要求不断提升，实施以（　　　）为主的状态检修管理，是现阶段实现国网浙江省电力有限公司检修模式转型升级的必然选择。　　　　　　　　　　　　　　　　　　　　答案：B

A. 停电检测　　　　　　　　　　　　　B. 带电检测

C. 短时间停电检测　　　　　　　　　　D. 局部停电检测

687. 推行（　　　）为主的状态检修管理，是提升电网各项重要指标的必要手段。　答案：D

A. 停电检测　　　　　　　　　　　　　B. 局部停电检测

C. 短时间停电检测　　　　　　　　　　D. 带电检测

688.（　　　）是以提升供电可靠性和优质服务水平为目标，以配网抢修标准建设和全过程监督考核为抓手，强化抢修流程、抢修作业标准化建设，完善抢修装备及工器具标准化配置，提升配网精益化管理水平。　　　　　　　　　　　　　　　　　　　答案：A

A. 配网抢修标准化工作　　　　　　　　B. 局部停电抢修工作

C. 短时间停电标准化工作　　　　　　　D. 带电检测标准化工作

689. 退役设备再利用方面的专业技术方法有（　　　）。　　　　　　　答案：B

A. 退役处置过程管控方法，电能质量在线检测法

B. 退役处置过程管控方法，退役变压器修复再利用法

C. 电能质量在线检测法，退役变压器修复再利用法

D. 退役处置过程管控方法，订货管理方法

690. 退役变压器修复再利用法由运检部牵头，会同物资部按照（　　　）运作模式在全省开展退役配电变压器的重新再利用工作，确保退役配电变压器"修的好、用的出"。　答案：D

A. "统一订购、统一维修、统一调配"　　B. "统一招标、统一订购、统一调配"

C. "统一招标、统一维修、统一检测"　　D. "统一招标、统一维修、统一调配"

691. 配变利旧主要有 4 个步骤，下列（　　　）步骤是错误的。　　　　答案：D

A. 确定利旧范围和利旧原则

B. 协同物资部讨论明确配变利旧流程，明确配变维修费用和资产移交细节

C. 统一开展招投标，确定配变利旧委托修复单位

D. 运检部牵头会同物资部每年对各单位退役变压器重新再利用情况进行分析统计，统计每年拆除配电变压器和入库配电变压器，加强管控

692. 下列不属于安全能力方面的专业技术方法的是（　　　）。　　　　答案：A

A. "统一订购、统一维修、统一调配"管理法

B. 员工安全技术管理"五个人"分级法

C. 作业项目安全风险管控"一三五"工作法

D. 基于"图形成票、拓扑防误"智能调度操作安全管控法

693.公司安全技术能力评价方法业务全面覆盖变电、输配电、调度、通信自动化、营销和基建安装等共 16 个专业，按照（　　）的工作原则在公司系统实施培训、鉴定工作。　答案：B

  A．"统一订购、统一维修"　　　　　　B．"统一管理、分级负责"

  C．"统一管理、统一订购"　　　　　　D．"统一维修、分级负责"

694.下列（　　）不是计量方面的专业技术方法。　　　　　　　　答案：A

  A．抢修体系标准化管控法　　　　　　B．计量资产信息化管控法

  C．计量中心全自动生产作业法　　　　D．计量装置异常处理"零容忍"考核法

695.计量中心全自动生产作业法按照国家电网公司（　　）的总体要求提出。　答案：D

  A．"集约化发展、精细化管理、标准化建设"

  B．"集团化运作、集约化发展、标准化建设"

  C．"集成化运作、集约化发展、精细化管理、标准化建设"

  D．"集团化运作、集约化发展、精细化管理、标准化建设"

696.国网浙江省电力有限公司结合近年来计量自动化技术的快速发展、智能化仓储和现代化物流的广泛应用，以（　　）为手段，建设全省集中、独立运作、整体授权的"国内领先、高度智能化"的省级计量中心。　　　　　　　　　　　　　　答案：B

  A．"机械化、自动化、信息化"　　　　B．"智能化、自动化、信息化"

  C．"智能化、自动化、流程化"　　　　D．"机械化、流程化、信息化"

697.国网浙江省电力有限公司结合近年来计量自动化技术的快速发展、智能化仓储和现代化物流的广泛应用，创新全省计量器具（　　）的集约化管理新模式。　答案：D

  A．"集中仓储、统一配送、统一监督"

  B．"集中检定、统一配送、统一监督"

  C．"集中检定、集中配送、统一仓储、统一监督"

  D．"集中检定、集中仓储、统一配送、统一监督"

698.通过（　　）管控体系建设应用，确保计量异常处理率 100%，避免电量流失，减少用户纠纷，提高线损管理，强化营销精益化管理，提升优质服务水平。　答案：A

  A．计量异常处理"零容忍"　　　　　　B．计量异常处理信息化

  C．计量异常处理自动化　　　　　　　　D．计量异常处理智能化

699.（　　）是将一个复杂的多目标决策问题作为一个系统，将目标分解为多个目标或准则，进而分解为多指标（或准则、约束）的若干层次,通过定性指标模糊量化方法算出层次单排序（权数）和总排序，以作为目标（多指标）、多方案优化决策的系统方法。　答案：A

  A．企业模型层次分析法　　　　　　　　B．企业模型目标分解分析法

  C．企业模型目标决策法　　　　　　　　D．企业模型多指标法

700.层次分析法的基本原理是（　　）的原理，及最终将各种方法排除优劣次序，作为决策的依据。　　　　　　　　　　　　　　　　　　　　　　　答案：D

  A．分解　　　　　　B．组合　　　　　　C．对比　　　　　　D．排序

701.层次分析法将人们的思维过程和主观判断数学化，不仅简化了系统分析与计量工作，而且有助于（　　）,对于那些难以全部量化处理的复杂的公共问题,能得到比较满意的决策结果。　　　　　　　　　　　　　　　　　　　　　　　　　　答案：B

  A．决策者保持其思维过程和决策原则的多样性

B. 决策者保持其思维过程和决策原则的一致性

C. 决策者保持其思维过程和决策原则的协调性

D. 决策者保持其思维过程和决策原则的类似性

702. 下图为（　　　）的结构模型。 答案：A

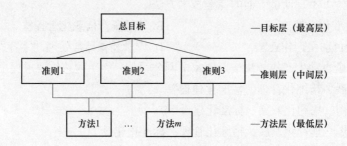

A. 层次分析法　　　　　B. 组合分析法　　　　C. 对比分析法　　　　D. 排序分析法

703. 层次分析法是将决策问题按（　　　）直至具体的备投方案的顺序分解为不同的层次结构，然后得用求解判断矩阵特征向量的办法，求得每一层次的各元素对上一层次某元素的优先权重，最后归并各备择方案对总目标的最终权重。 答案：D

A. 总策略、各层子策略、评价准则　　　　　B. 总策略、各层子目标、评价准则

C. 总目标、各层子策略、评价准则　　　　　D. 总目标、各层子目标、评价准则

704. 下图为（　　　）的结构模型。 答案：C

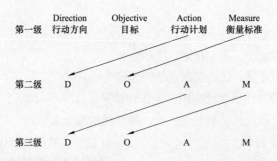

A. 层次分析法　　　　　B. 逐级对比分解法　　　　C. 逐级承接分解法　　　　D. 排序分析法

705. 下列不属于逐级承接分解法的特点的是（　　　）。 答案：D

A. 充分沟通，确保共识　　　　　　　　B. 分解落实，共同承诺

C. 沟通辅导，审慎应变　　　　　　　　D. 集约化发展，精细化管理

706.（　　　）主要运用于企业目标或任务的细化分解领域，凝聚企业上下层力量，确保工作方向一致。 答案：B

A. 层次分析法　　　　　　　　　　　　B. 逐级承接分解法

C. 逐级对比分解法　　　　　　　　　　D. 排序分析法

707.（　　　）是以 PDCA 管理模型为基础，全新定义方向、目标、策略、评价、计划、实施、监控、改进八个步骤的新型工作模型，主要应用在具体管理体系建设和业务管理中。 答案：C

A. 层次分析模型　　　　　　　　　　　B. 标准管理模型

C. 标准工作程序模型　　　　　　　　　D. 排序分析模型

708. 下图为（   ）模型。　　　　　　　　　　　　　　　　　　　　　　答案：A

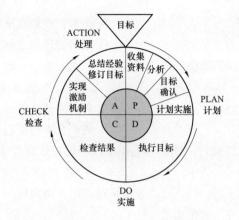

A. PDCA 管理　　　　　B. LCC 管理　　　　　C. SEC 管理　　　　　D. 4M 管理

709. 任何一个 PDCA 循环，都会形成一个大环套小环，一环扣一环，互相制约，互为补充的有机整体。在 PDCA 循环中，上一级的循环是下一级循环的（   ），下一级的循环是上一级循环的（   ）。　　　　　　　　　　　　　　　　　　　　　　　答案：B

A. 落实和具体化；依据　　　　　　　　B. 依据；落实和具体化

C. 具体化；依据　　　　　　　　　　　D. 依据；扩展

710. 标准工作程序模型（SWP）基于（   ）的思想，可以综合运用于电力企业管理的，如资产管理、业务管理等各项业务中。　　　　　　　　　　　　　　　　　答案：A

A. 闭环改进　　　B. 开环改进　　　C. 闭环检测　　　D. 开环检测

711. SEC 是（   ）的英文简称，表示在安全、效能水平相当情况下，单位（容量）资产每单位有效利用时间对应的总成本，单位是元 /kVA。　　　　　　　　　答案：D

A. 年度效能成本指标　　　　　　　　B. 年度安全成本指标

C. 年度安全效能指标　　　　　　　　D. 年度安全效能成本指标

712. SEC 的实质就是在公司资产全寿命管理的基础上，通过对资产的安全、效益、周期成本进行综合评价和分析，促进公司资产管理的安全、效益、周期成本三者的（   ），提高公司资产管理水平。　　　　　　　　　　　　　　　　　　　　　　　　　答案：A

A. 综合平衡和有机统一　　　　　　　B. 具体化

C. 有机结合　　　　　　　　　　　　D. 差异化

713. SEC 的实质就是在公司资产全寿命管理的基础上，通过对资产的（   ）进行综合评价和分析，促进三者的综合平衡和有机统一，提高公司资产管理水平。　答案：C

A. 质量、效益、周期成本　　　　　　B. 质量、安全、周期成本

C. 安全、效益、周期成本　　　　　　D. 安全、效益、质量成本

714. 年度安全效能成本指标（SEC）是一种（   ）指标，即计算周期内全部或某一部分资产范围内，单位售电收入所需花费总成本。　　　　　　　　　　　　　答案：A

A. 结果性　　　B. 指导性　　　C. 目的性　　　D. 过程性

715. 年度安全效能成本指标评价体系分为（   ）指标和（   ）指标两类。　答案：B

A. 导向性；过程性　　B. 结果性；过程性　　C. 目的性；导向性　　D. 过程性；目的性

716. 为实现资产的（　　　）的有机联系、相互统一，电力企业积极开展了资产全寿命周期管理的相关工作。　　　　　　　　　　　　　　　　　　　　答案：B

A. 技术管理和项目管理
B. 技术管理和经济管理
C. 项目管理和经济管理
D. 项目管理和过程管理

717. 实现资产的技术管理和经济管理的有机联系、相互统一，电力企业积极开展了（　　　）的相关工作。　　　　　　　　　　　　　　　　　　　　　　　答案：C

A. 资产管理
B. 资产周期管理
C. 资产全寿命周期管理
D. 资产全寿命项目管理

718. 年度计划编制、业务执行、评价等工作中按照现有管理策略要求开展，但是存在的问题也很多，不包括（　　　）。　　　　　　　　　　　　　　　　　　答案：D

A. 各部门对策略的理解不够，缺乏资产整体策略制定及协调机制
B. 决策管理流程及决策方法有待完善
C. 尚未从资产全寿命视角进行决策，未形成可以指导资产管理计划制定的资产中长期策略
D. 公司自上而下形成了一套完善的管理方案

719. 现有资产管理各相关业务部门的计划，尚未完全覆盖资产管理计划范围，具体包括了（　　　）等。　　　　　　　　　　　　　　　　　　　　　　　　答案：A

A. 资产退役计划、资产报废计划、资产管理体系改进计划
B. 资产退役计划、资产报废计划
C. 资产退役计划、资产管理体系改进计划
D. 资产报废计划、资产管理体系改进计划

720. 电网规划是所在供电区域国民经济和社会发展的重要组成部分，同时也是电力企业自身长远发展规划的重要组成部分，电网规划对于电网建设、运行和供电保障具有（　　　）作用。　　　　　　　　　　　　　　　　　　　　　　　　　　　答案：D

A. 预测和规划
B. 先导和规划
C. 规划和参考
D. 先导和决定

721. 随着形势的发展和规划工作的深入，电网在规划过程中遇到了一定的困难和挑战，主要困难不包括（　　　）。　　　　　　　　　　　　　　　　　　　　答案：D

A. 电网规模扩大后，短路电流超标日益突出
B. 电网建设外部条件面临的环保压力大
C. 电网规划项目落地困难
D. 设备质量提高，使用寿命延长

722. 电网规划中存在如下主要问题包括（　　　）。　　　　　　　　　　答案：A

A. 信息化技术的应用较多
B. 不确定性因素影响较大
C. 电网规划和其他规划脱节
D. 缺乏规划基础数据和技术

723. 近年来，随着工业经济快速发展，电网项目增多，电网各类资源短缺，造成因电网项目立项而积累的问题也越来越多，主要体现在以下方面，但不包括（　　　）。　答案：C

A. 战略失误
B. 审批不严，管理规范缺乏
C. 有合理的立项预算或预算编制
D. 立项规范不统一，错失良机

724. 与国际上先进的投资管理模式相比，我国电力企业的管理模式有其自身特点，基本采用以下模式，但不包括（　　　）。　　　　　　　　　　　　　　　　答案：D

A. 以项目施工图预算控制投资成本模式
B. 以项目施工预算控制人物等资源消耗的模式
C. 以"内部定额"编制投资计划的模式
D. 以"先进技术"降低投资成本的模式

725. 通过（　　），可以弥补电网建设项目前评估工作中存在的一些缺陷，如一般只注重对项目的技术经济分析。　　　　　　　　　　　　　　　　　　答案：B

A. 先评估　　　　　　B. 后评估　　　　　　C. 后预测　　　　　　D. 先预测

726. 下列（　　）是电网建设项目后评估存在的问题。　　　　　　　　答案：A

A. 缺乏后评估基础数据　　　　　　　　B. 使用量化评估

C. 有合理的立项预算或预算编制　　　　D. 结构应用丰富

727. 电网工程建设过程中主要包括的阶段为（　　　）。　　　　　　　答案：D

A. 决策阶段、调查阶段、设计阶段、施工阶段、动工前准备阶段、保修阶段

B. 决策阶段、调查阶段、设计阶段、施工阶段、失效阶段、保修阶段

C. 决策阶段、设计准备阶段、设计阶段、施工阶段、动工前准备阶段、失效阶段

D. 决策阶段、设计准备阶段、设计阶段、施工阶段、动工前准备阶段、保修阶段

728. 下列（　　）是工程管理业务中存在的突出问题。　　　　　　　答案：B

A. 减少建设成本　　　　　　　　　　　B. 在一定程度上阻碍工程进度

C. 有合理的立项预算或预算编制　　　　D. 结构应用丰富

729. 产生工程管理业务中的问题的主要原因有很多，但不包括（　　　）。　答案：D

A. 土地保护意识缺乏　　　　　　　　　B. 环境保护意识缺乏

C. 规划设计考虑不足；借款手续相对烦琐　D. 政策处理人员过多

730. 电网运行维护的关键环节一般包括（　　）和（　　）。　　　　答案：A

A. 状态评价；停电管理　　　　　　　　B. 停电评价；状态管理

C. 设备评价；设备管理　　　　　　　　D. 电网评价；电网管理

731. （　　　）在一定程度上减少了不必要的例行试验工作，而（　　　）通过对停电计划的安排进行统筹协调，对临时停电、故障停电进行有效管理，捆绑安排计划工作，实现缩短设备停电时间、提高设备可靠性的目标。　　　　　　　　　　　　　　　答案：C

A. 设备评价；设备管理　　　　　　　　B. 停电评价；状态管理

C. 状态评价；停电管理　　　　　　　　D. 电网评价；电网管理

732. 电力企业的检修策略主要是确定设备资产所需实施的检修项目和执行周期。检修策略一般包括（　　　）等一系列检修模式。　　　　　　　　　　　答案：A

A. 故障检修、定期检修、状态检修、预测检修、以可靠性为中心的检修

B. 故障检修、定期检修、设备检修、预测检修、以可靠性为中心的检修

C. 故障检修、定期检修、设备检修、预测检修、以及时性为中心的检修

D. 故障检修、定期检修、状态检修、预测检修、以及时性为中心的检修

733. 以可靠性为中心的检修的收益通常包括以下，但不包括（　　　）。　答案：C

A. 提高设备可靠性、避免故障削弱电网健壮性

B. 减少停电检修时间

C. 提高检修成本

D. 掌握设备故障根源证据

734. 下列（　　）是运维检修中存在的主要问题。　　　　　　　　答案：A

A. 部分设备履历信息不完整，成本管理精细化水平有待改善

B. 规划设计考虑不足，借款手续相对烦琐

C. 土地保护意识缺乏

D. 缺少设备故障根源证据

735. 近年来，供电企业坚持（　　）的工作思路，推行营销精细化管理，强化过程管理和基础管理，营销工作取得了明显成效。　　　　　　　　　　　　答案：A

　　A. "强基固本、规范提升"　　　　　　　B. "机械化、自动化、信息化"

　　C. "智能化、自动化、信息化"　　　　　D. "机械化、流程化、信息化"

736. 公司营销管理在组织管理、决策管理、业务流程、规章制度、协调机制等方面主要存在以下问题，但不包括（　　）。　　　　　　　　　　　　　　　　　　答案：D

　　A. 营销项目未开展项目后评估工作

　　B. 客户用电需求等信息缺乏快速传递、共享渠道，业扩年度计划上报的准确性

　　C. 营销部门对电网配套工程建设等环节缺乏有效管控

　　D. 几乎所有的 95598 后台接单人员专业知识不全面，业务综合水平不高

737. 电力企业在账卡物联动工作上展开了一系列的工作，已经全面完成电网资产、信息通信资产清查工作任务，建立（　　）和（　　）的对应关系。　　　　答案：A

　　A. 设备实物；资产价值　　　　　　　　B. 虚拟设备；资产价值

　　C. 设备实物；资产成本　　　　　　　　D. 虚拟设备；资产成本

738. 目前电力企业账卡物联动工作已经基本实现全覆盖，实现（　　）。　答案：A

　　A. 账卡物一致　　B. 账卡物不一致　　C. 账卡物部分一致　　D. 账卡物少数一致

739. 电力企业已实施了 220kV 及以上、110kV 及以上、35kV 及以下等电网资产清查工作，分阶段专项编制印发电网固定资产清查工作方案，例如（　　）。　　答案：B

　　A.《国家电网公司规章制度管理办法》

　　B.《关于印发浙江省电力公司 2013 年电网固定资产清查工作方案的通知》

　　C.《国家电网公司通用制度差异条款管理细则》

　　D.《全寿命周期成本管理》

740. 目前财务物资管理存在的问题很多，但不包括（　　）。　　　　　答案：D

　　A. 配网设备资产联动工作有待进一步提升

　　B. 台账在 PMS 和 ERP 中信息有不一致的现象，账卡物还无法达到完全的联动

　　C. 需进一步完善数据管理的评价方法、评价标准及评价维度

　　D. 物资采购管理已经完全体现后端业务要求

741. 目前电力企业评价改进管理存在的问题不包括（　　）。　　　　　答案：A

　　A. 配网设备资产联动工作有待进一步提升

　　B. 尚未建立健全诊断、反馈、培训、整改、验收的闭环机制

　　C. 尚未建立资产管理审核及管理评审的管理机制，业务要求需进一步明确

　　D. 对于资产管理绩效缺少评价和改进记录

742. 电力企业一直加强电网安全风险管理体系，主要从（　　）等主要专业进行建设。　答案：D

　　A. 消防与治安保卫管理

　　B. 应急管理，质量监督管理

　　C. 安全监督管理，应急管理，质量监督管理

　　D. 安全监督管理，应急管理，质量监督管理，消防与治安保卫管理

743.下列安全质量管理业务存在的问题不包括（   ）。　　　　答案：C

A.目前的安全风险管理体系侧重于对历史上的电网、设备、人身安全事故管理，对未来风险考虑不足

B.风险评价方法多以定性为主，缺乏定量分析

C.风险识别及评价结果信息与资产管理计划紧密结合

D.风险评估与业务脱节，并未形成对业务的指导

744.由于经济社会快速发展等内外部因素，电力企业人资管理也存在一定问题，不包括（   ）。　　　　答案：C

A.劳动用工管理方面，企业及其集体企业劳务派遣用工比例仍然较高，防范用工风险压力较大，外部舆论环境严峻

B.人力资源发展方面，部分企业受困于一线员工年龄结构不断老化，管理人员、技术人员中坚力量出现断层

C.对于资产管理绩效缺少评价和改进记录

D.在人才培训上未覆盖全员，县级供电企业对资产全寿命周期管理的要求理解不到位，落实与要求差距较大

745.在电力资产信息化管理不断强化的同时，仍有企业的部分业务尚未有信息化系统支撑，（   ）未满足资产全寿命周期资产管理对于信息化体系的整体要求。　　答案：A

A.信息系统集成状况　　　　　　　　B.账卡物状况

C.管理系统集成状况　　　　　　　　D.设备系统集成状况

746.国家电网公司明确了各专业的标准制度管理的责任部门、要求、方法、内容，基本实现（   ）。　　　　答案：D

A.安全监督管理，应急管理，质量监督管理全实施

B.安全监督管理，应急管理，质量监督管理部分实施

C.资产管理体系业务、职责、流程部分覆盖

D.资产管理体系业务、职责、流程全覆盖

747.在制度管理工作中，各级单位严格执行（   ）和（   ），规范制度发文流程，同时组织制度宣贯培训，严格制度检查考核。　　　　答案：B

A.《国家电网公司规章制度管理办法》；《全寿命周期成本管理》

B.《国家电网公司规章制度管理办法》；《国家电网公司通用制度差异条款管理细则》

C.《国家电网公司通用制度差异条款管理细则》；《浙江省电力公司2013年电网固定资产清查工作方案》

D.《国家电网公司通用制度差异条款管理细则》；《全寿命周期成本管理》

748.在制度管理工作中，各级单位严格执行《国家电网公司规章制度管理办法》和《国家电网公司通用制度差异条款管理细则》，规范制度发文流程，同时组织制度宣贯培训，严格制度检查考核，积极倡导（   ）的管理理念。　　　　答案：A

A."制度管事、文化管心"　　　　　　B."制度管心、文化管事"

C."制度管心、文化管心"　　　　　　D."制度管事、文化管事"

749.法制与制度管理业务存在部分问题，不包括（   ）。　　　　答案：D

A.资产管理制度标准体系在企业层面不完善

B. 规章制度尚未完全覆盖资产管理体系所有业务

C. 部分规章制度需要新增、完善

D. 资产管理法律法规管理中，完全明确识别与资产管理业务相关的法律法规

750. 行政事务管理业务存在的主要问题不包括（　　）。　　　　　答案：D

A. 业务流程需要进一步梳理完善，企业应按照资产管理体系建设的总体要求，做好管理支撑工作

B. 品牌建设方面，一是在品牌传播上，中央权威媒体的传播质量和密度有待突破提升；二是在选题策划上，与基层单位信息沟通不够紧密

C. 车辆服务方面，车辆编制缺乏，不能满足生产需要

D. 目前的安全风险管理体系侧重于对历史上的电网、设备、人身安全事故管理，对未来风险考虑不足

751. 国网浙江省电力有限公司资产管理部定位是资产管理标准的（　　）、资产管理体系的（　　）、资产管理绩效的（　　）、资产管理活动的（　　）。　　答案：A

A. 制定者；推动者；设计者；协调者　　　　B. 推动者；制定者；设计者；协调者

C. 推动者；制定者；协调者；设计者　　　　D. 制定者；推动者；协调者；设计者

752. 国网浙江省电力有限公司资产管理部具体职责包括（　　）。　　　答案：B

A. 体系建设；策略管理；风险管控；协调机制

B. 体系建设；标准管理；策略管理；风险管控；协调机制；绩效管理

C. 标准管理；策略管理；协调机制；绩效管理

D. 标准管理；策略管理；风险管控；绩效管理

753. 在原有管理体制、工作机制基础上，应加强资产管理委员会的职责与职权，建立资产管理体系，并负责资产管理业务协调及工作开展。这里的资产管理委员会包括（　　）。　答案：D

A. 领导小组　　　　　　　　　　　　　　B. 工作小组

C. 委员会及工作小组　　　　　　　　　　D. 领导小组及工作小组

754. 资产管理委员会领导小组的职责包括（　　）。　　　　　　　　答案：C

A. 总体协调、推进公司及试点单位资产管理工作

B. 资产管理工作组内部协调工作

C. 总体协调、推进公司及试点单位资产管理工作以及资产管理工作组内部协调工作

D. 体系建设；标准管理；策略管理；风险管理；协调机制管理

755. 资产管理委员会工作小组的职责包括（　　）。　　　　　　　　答案：D

A. 总体协调、推进公司及试点单位资产管理工作

B. 资产管理工作组内部协调工作

C. 总体协调、推进公司及试点单位资产管理工作以及资产管理工作组内部协调工作

D. 体系建设；标准管理；策略管理；风险管理；协调机制管理

756. 标准工作程序模型在实物资产管理中的应用策略的工作思路为以 PDCA 模型为基础，从（　　）八个方面对资产管理逐次开展，建立标准化、流程化、制度化的可持续发展的资产管理新型模式。　　　　　　　　　　　　　　　　　　　　　　答案：A

A. 方向、目标、策略、评价、计划、实施、监控、改进

B. 方向、目标、行动、评价、计划、实施、监控、改进

C. 方向、目标、策略、管理、计划、实施、监控、改进

D. 方向、目标、策略、评价、发展、实施、监控、改进

757. 标准工作程序模型在实物资产管理中的应用策略的工作思路为以 PDCA 模型为基础，从八个方面对资产管理逐次开展，建立（   ）的可持续发展的资产管理新型模式。   答案：C

A. 机械化、流程化、制度化   B. 机械化、信息化、制度化

C. 标准化、流程化、制度化   D. 标准化、流程化、信息化

758. 在资产管理中的实物资产管理方面，需要开展（   ）工作，加强资产清查，编制实物资产现状评价报告，并根据现阶段的资产现状，提出新的优化举措。   答案：B

A. 固定资产现状评价   B. 实物资产现状评价

C. 实物资产年度评价   D. 固定资产年度评价

759. 在实物资产管理中，目标分为（   ）。   答案：D

A. 项目管理总体目标、资产管理绩效目标和资产管理执行目标

B. 资产管理总体目标、项目管理绩效目标和资产管理执行目标

C. 资产管理总体目标、资产管理绩效目标和项目管理执行目标

D. 资产管理总体目标、资产管理绩效目标和资产管理执行目标

760. 资产全寿命周期管理活动须（   ）资产管理目标，确保资产管理目标落实到资产管理活动中。   答案：A

A. 全面承接、逐级分解   B. 实现资产现状评价

C. 实现资产年度评价   D. 全面承接、集中化

761. 资产全寿命周期管理活动须全面承接、逐级分解资产管理目标，确保资产管理目标落实到资产管理活动中，实现资产全寿命周期管理活动目标的（   ）。   答案：A

A. 一致性   B. 具体化   C. 关联性   D. 抽象化

762. 资产管理策略是（   ）的重要组成部分，对资产管理计划的制定具有重要的指导的作用。   答案：B

A. 项目管理体系决策子体系   B. 资产管理体系决策子体系

C. 资产管理体系目标子体系   D. 项目管理体系目标子体系

763. 资产管理策略主要分为（   ）六个方面。   答案：A

A. 电网发展策略、资产寿命周期策略、寿命周期职能策略、资产风险管理策略、可靠性策略、投资策略

B. 电网发展策略、资产寿命周期策略、寿命周期职能策略、资产项目管理策略、可靠性策略、投资策略

C. 能源发展策略、资产寿命周期策略、寿命周期职能策略、资产项目管理策略、可靠性策略、投资策略

D. 能源发展策略、资产寿命周期策略、寿命周期职能策略、资产风险管理策略、可靠性策略、投资策略

764. 企业结合自身资产特点及资产管理活动的具体情况，以（   ）为指引，以（   ）为导向，积极贯彻资产全寿命周期体系建设理念。   答案：D

A. 资产管理总目标；国网区域战略   B. 资产管理总目标；国网整体战略

C. 国网区域战略；资产管理总目标   D. 国网整体战略；资产管理总目标

765.各地市公司根据省公司总体目标和实际情况，应加强省公司各类资产管理策略的细化和应用工作，使其落实到本单位具体的（　　）中。　　　　　　答案：A

A.工作计划和工作方案　　　　　　B.工作计划

C.工作方案　　　　　　D.工作

766.资产全寿命周期管理过程管控工作承接资产管理目标、策略和计划，管控资产全寿命周期活动实施过程，确保监控资产全寿命周期管理所有阶段（　　）的绩效。　　答案：D

A.风险和资产集　　　　　　B.风险、资产和资产集

C.成本、风险和资产集　　　　　　D.成本、风险、资产和资产集

767.为更好地完善实物资产管理，确保管理中的问题及时整改，需不断对工作进行（　　）。

答案：C

A.评价　　　　B.改进　　　　C.评价和改进　　　　D.总结

768.实物资产管理评价包括对（　　）的改进效果评价。　　　　答案：D

A.资产、资产管理体系以及新方法

B.资产、资产管理体系以及新方法和新技术

C.资产和资产集、资产管理体系以及新方法

D.资产和资产集、资产管理体系以及新方法和新技术

769.实物资产管理改进包括改进（　　）。　　　　答案：B

A.资产、资产管理体系以及新方法

B.资产和资产集、资产管理体系以及新方法和新技术

C.资产和资产集、资产管理体系以及新方法

D.资产、资产管理体系以及新方法和新技术

770.通过标准工作程序模型的应用，能够有效梳理资产管理各业务流程，构建（　　）。

答案：C

A.科学化的工作程序　　　　　　B.科学化的制度标准

C.科学化的工作程序和制度标准　　　　　　D.科学化的流程和制度

771.通过标准工作程序模型的应用，能够有效梳理资产管理各业务流程；能够明确各个部门、岗位的职责，有效避免（　　）的局面。　　　　答案：D

A.资产管理中责任不清、效益不好、质量参差不齐

B.资产管理中效率不高、效益不好、质量参差不齐

C.资产管理中分工不清、效率不高、质量参差不齐

D.资产管理中责任不清、效率不高、质量参差不齐

772.资产墙模型是时间序列预测法的一种应用，将历史数据按照时间的顺序排列成为时间序列，资产墙的横坐标是（　　），纵坐标是（　　）。　　答案：A

A.资产的投运年限；资产原值规模、技术规模

B.资产原值规模、技术规模；资产的投运年限

C.资产的投运年限；资产加权值规模、技术规模

D.资产加权值规模、技术规模；资产的投运年限

773.通过单位资产墙的平移（使用年限）得到单类资产未来资产改造的原值金额或者技术规模数量，再进行累加（如可以累加），得到未来公司整体资产墙，由此来预测（　　）。　答案：A

A. 技改规模和运维规模   B. 资产规模和运维规模

C. 资产规模和技改规模   D. 资金规模和运维规模

774. 根据资产墙分析、企业内外部环境、资产现状及未来压力预测，提出了实物资产管理的三个改善建议，下列不属于三个改善建议的是（   ）。   答案：D

A. 推进全过程技术监督，确保电网资产质量

B. 全面推进输电设备远程化管控区建设，实现电网资产运维检修管理模式的创新和优化，降低运维检修成本

C. 在状态检修体系下，以综合检修为原则，统筹兼顾，优化电网资产检修策略

D. 改进资产和资产集、资产管理体系以及新方法和新技术

775. 设备状态评估在实物资产管理中的应用可以遵循以下几个步骤，分别是（   ）。

答案：A

A. 获取设备状态信息；管理设备状态信息；评估算法；评估结果验证

B. 获取设备状态信息；评估算法；评估结果验证

C. 获取设备状态信息；管理设备状态信息；评估结果验证

D. 管理设备状态信息；评估算法；评估结果验证

776. （   ）结合"资产墙"分析方法，可以有效地支撑电力企业实物资产管理决策，同时，精确把控设备状态，也为实物资产的退出管理提供了依据，可有效提升资源利用率。   答案：B

A. 电能状态评估模型   B. 设备状态评估模型

C. 管理设备状态模型   D. 管理状态评估模型

777. 以 L_{CC} 理念为指导，业务管理可划分为多个环节，具体概括为（   ）。   答案：C

A. 规划计划、物资采购、运行维护、退役报废等

B. 规划计划、物资采购、工程建设、运行维护等

C. 规划计划、物资采购、工程建设、运行维护、退役报废等

D. 规划计划、物资采购、项目建设、运行维护、退役报废等

778. 资产管理中的采购阶段主要任务是根据计划部门下达的项目计划制定采购方案进行物资采购。采购管理按照业务流程的顺序可以细分为（   ）。   答案：A

A. 采购需求管理、采购实施管理、合同管理、订单管理等

B. 采购需求管理、采购计划管理、合同管理、订单管理等

C. 采购需求管理、采购实施管理、资产管理、订单管理等

D. 采购需求管理、采购计划管理、资产管理、订单管理等

779. 工程建设管理按照业务流程的顺序可以将工程建设管理继续细分为（   ）。   答案：D

A. 安装调试、竣工决算、项目成本管理等环节

B. 安装调试、连接上线、项目成本管理等环节

C. 连接上线、竣工决算、项目成本管理等环节

D. 安装调试、连接上线、竣工决算、项目成本管理等环节

780. 运行维护管理是指决算完成之后，责任部门对资产在报废消亡之前对资产进行精细化管理的业务管理流程。运行维护管理按照实际业务情况可以细分为（   ）。   答案：C

A. 安装调试、连接上线、竣工决算、项目成本管理等环节

B. 采购需求管理、采购计划管理、合同管理、订单管理等

C. 资产增加、设备调拨、设备维修、资产组件管理等管理环节

D. 资产减少、设备调拨、设备维修、资产组件管理等管理环节

781. 按照业务流程顺序，退役报废管理可以继续细分为（　　）。　　　　答案：B

A. 安装调试、连接上线、竣工决算、项目成本管理等环节

B. 设备盘点、盘点差异处理、资产报废、固定资产减少、项目投资后评价等管理环节

C. 资产增加、设备调拨、设备维修、资产组件管理等环节

D. 设备盘点、盘点差异处理、资产报废、固定资产增加、项目投资后评价等管理环节

782. 资产管理风险评估是解决资产系统安全问题的有效方法之一，资产管理风险评估是企业能否做好资产管理的（　　），也是资产管理的（　　）。　　　　答案：A

A. 前提条件；核心内容　　　　　　　　B. 必要条件；核心内容

C. 前提条件；大致内容　　　　　　　　D. 必要条件；细节内容

783. 通过全过程可视化管控，可以促进项目管理标准化与规范化，依托（　　），不断提升项目管理能力，提高项目管理效率，保障公司电网建设质量，增强公司综合效益。　　答案：A

A. "新技术、新措施、新机制"　　　　　B. "新技术、新概念、新机制"

C. "新技术、新措施、新标准"　　　　　D. "新标准、新措施、新机制"

784. 项目全过程可视化管控法主要从（　　）三个方面入手，实行集约管控。　答案：C

A. 施工方案编制可视化、交底可视化和施工现场可视化

B. 工程设计可视化、施工方案编制和施工现场可视化

C. 工程设计可视化、施工方案编制与交底可视化和施工现场可视化

D. 工程设计可视化、施工方案编制与交底可视化和施工操作可视化

785. 项目全过程可视化管控法的实施成效包括（　　）。　　　　　　　　答案：D

A. 管理能力提升；管理效率提高；工程质量精进；管理指标提升

B. 管理能力提升；管理效率提高；工程质量精进；综合效益显著

C. 管理效率提高；工程质量精进；管理指标提升；综合效益显著

D. 管理能力提升；管理效率提高；工程质量精进；管理指标提升；综合效益显著

786. 工程结算"四全"工作法中的"四全"是指（　　）。　　　　　　　　答案：B

A. "全过程参与、全员控制、全方位管理、全口径核算"

B. "全员参与、全过程控制、全方位管理、全口径核算"

C. "全员参与、全过程控制、全口径管理、全方位核算"

D. "全过程参与、全员控制、全口径管理、全方位核算"

787. 物资采购方面的应用策略中的订货管理方法有（　　）。　　　　　　答案：B

A. 定量订货法，随机订货法，滚动订货法　　B. 定量订货法，定期订货法，滚动订货法

C. 定量订货法，定期订货法，随机订货法　　D. 随机订货法，定期订货法，滚动订货法

788. 供应链集成联动法的实施措施包括以下内容，其中错误的是（　　）。　　答案：C

A. 搭建集成管理模型，形成计划管理与过程监控的闭环结构

B. 通过信息整合进行物资需求预测，保障物资的及时出库供应，保障需求物资的及时入库储存，严格控制库存，优化仓储

C. 对采购合同加强管理，细化执行节点，完善物资调配流程，科学安排配送，但合同签订后不用对履行情况和执行情况进行有效的管理

D. 监控物资状态，通过信息化建设实现流程可追踪，实现物资传输的可视化和可监控化，对供应链整体执行标准化管理

789. 集约化配送法的实施措施包括以下内容，其中错误的是（　　）。 答案：D

A. 及时更新系统数据，定期清点排查，实现数据信息与实物相匹配

B. 明确配送相关部门人员岗位分工，各司其职，有据可循，有责可担

C. 依托信息化一体式平台，对配送全过程实施管控，合理安排入库、出库、盘库等计划，保证业务有序开展

D. 尽量减少利用现代科技手段，运用传统组织和管理方式，并进行社会一体化协作经营的新体制物流配送

790. （　　）能够及时地发现采购业务的薄弱环节，优化采购流程。对采购物资的各个环节进行控制，减少了风险事件发生的可能性和风险事件发生时造成的损失。 答案：A

A. 风险点管控法　　　B. 滚动管控法　　　C. 定量管控法　　　D. 定期管控法

791. 库存盘活法的实施措施包括以下内容，其中错误的是（　　）。 答案：D

A. 定期开展全员利库工作，对库存资源进行盘活，加强物资计划提报过程中的利库监控，严把采购关口

B. 执行过程中，库存清盘需要全面到位，科学调配管理全流程

C. 公司建立定期开展利库工作机制，建立周报制，优化物资采购月供应计划和年度采购计划

D. 加强物资采购计划交货期管理，但偶尔也可以弹性管理

792. 强化带电检测为主的状态检修法，能很好地解决（　　）。 答案：A

A. 带电检测流程不闭环、运维检修衔接不到位和工作不严密的问题

B. 带电检测流程闭环、运维检修衔接到位和工作严密的问题

C. 带电检测流程不闭环、运维检修衔接到位和工作不严密的问题

D. 带电检测流程不闭环、运维检修衔接不到位和工作严密的问题

793. 以带电检测为主的状态检修法的实施措施包括（　　）。 答案：C

A. 理论准备、信息化支撑、流程建立、管理保障

B. 理论准备、硬件建设、流程建立、管理保障

C. 理论准备、硬件建设、信息化支撑、流程建立、管理保障

D. 理论准备、硬件建设、技术化支撑、流程建立、管理保障

794. 带电检测状态检修法缩短了设备停、复役时间，提高了检修工作效率和设备利用率，使设备维护管理能力和设备健康运行水平不断提升，实现了资产全寿命周期成本的（　　）。 答案：A

A. 最优化　　　B. 最快化　　　C. 最大化　　　D. 最劣化

795. 抢修标准化管控法的实施措施包括（　　）。 答案：D

A. 成立机构明确职责、建立保障体系

B. 成立机构明确职责、完善配网标准化抢修流程

C. 成立机构明确职责、完善配网标准化抢修流程、去除保障体系

D. 成立机构明确职责、完善配网标准化抢修流程、建立保障体系

796. 电能质量在线检测法的工作思路为采用PDCA闭环质量管理思想，分为（　　）四个步骤，循序渐进、逐层深入地对影响数据准确性的原因进行排查分析及整改完善。 答案：A

A. 计划、执行、评估、改进　　　　　　B. 计划、预测、评估、改进

C. 预测、执行、评估、改进　　　　　　　　D. 计划、执行、预测、改进

797. 电能质量在线检测法的工作思路为采用 PDCA 闭环质量管理思想，循序渐进、逐层深入地对影响数据准确性的原因进行排查分析及整改完善，实现质量管理跟踪的（　　）　答案：A

A. 全过程覆盖和全面管控　　　　　　　　B. 半过程覆盖和全面管控

C. 全过程覆盖和全面监控　　　　　　　　D. 全过程监控和全面覆盖

798. 电能质量在线检测法紧紧围绕（　　）三大要素，以同业对标指标为导向，建立"以系统深入应用促业务协同融合，以体系化管理评价促业务水平提升"的工作思路。　　　答案：D

A. "系统、流程、人员"　　　　　　　　B. "机制、业务、人员"

C. "系统、业务、管理"　　　　　　　　D. "系统、业务、人员"

799. 电能质量在线检测法的实施措施包括以下内容，错误的是（　　）。　　　答案：D

A. 推进公司辖区采集装置的全覆盖，提升了农村范围供电停电事件自动采集率

B. 开展农网供电电压数据自动采集，实现了农村范围供电电压自动集成，并实现了部分监测点供电电压数据采集

C. 加强运维质量监督，制定终端运维管理制度，充分发挥运维团队作用，加强日常运维工作质量

D. 提升数据集成质量，定期开展数据质量分析、交流，完善系统的运维监控功能，开展数据质量提升专题研究，减少系统深化应用工作督查，推进系统实用化

800. 员工安全技术等级体系建设工作按照（　　）的原则，通过完善培训、鉴定、发证、监督各环节的监督，建立与专业岗位任职资格相结合的安全技术等级体系，并形成常态化安全教育培训手段。　　　　　　　　　　　　　　　　　　　　　　　　　　　答案：A

A. "统一管理、分级负责"　　　　　　　　B. "统一负责、分级管理"

C. "统一负责、分级完善"　　　　　　　　D. "统一管理、分级监督"

801. 作业项目安全风险管控"一三五"工作法的实施措施包括以下内容，但不包括（　　）。
　　　　　　　　　　　　　　　　　　　　　　　　　　　　　　　　　　答案：B

A. 系统成一体，实现安全风险全过程管控　　B. 成立机构明确职责，建立保障体系

C. 辨识三步走，规范安全风险辨识评估　　　D. 管控五道关，落实关键节点的管理责任

802. 作业项目安全风险管控"一三五"工作法的实施成效包括以下内容，但不包括（　　）。
　　　　　　　　　　　　　　　　　　　　　　　　　　　　　　　　　　答案：D

A. 完善作业项目风险基础管理　　　　　　B. 强化作业项目安全风险管控力度

C. 提升作业项目安全风险管控效果　　　　D. 巩固资产管理安全水平，但不用进一步提升

803. 基于"图形成票、拓扑防误"智能调度操作安全管控法的实施成效包括以下内容，但不包括（　　）。　　　　　　　　　　　　　　　　　　　　　　　　　　　答案：A

A. 智能调度操作安全管控法虽然没有提高间接经济效益，但有效提高了直接经济效益

B. 投入实际运行后为电网的安全稳定运行做出重要贡献，能产生巨大的社会效益

C. 提前恢复对停电用户的正常供电，提升了公司的社会形象和影响力

D. 提高电网调控能力，加强电力服务手段

804. 计量中心全自动生产作业法的实施成效包括以下内容，但不包括（　　）。　答案：B

A. 建成覆盖全省的统一配送体系

B. 完善作业项目风险基础管理

C. 电能计量全自动生产作业在国内尚无大规模建设先例

D. 省级计量检定配送集约化管理经济效益和社会效益明显

805. 计量装置异常处理"零容忍"考核法的实施成效包括以下内容，但不包括（　　）。

　　　　　　　　　　　　　　　　　　　　　　　　　　　　　　答案：C

A. 针对计量异常处理出台"零容忍"考核制度，建立四级管控体系，明确各级管控单位工作职责及红黄牌预警时限

B. 实现全过程监督、管控和总体考核评价，确保管控不失位、不脱节

C. 计量装置故障或异常数据处理的及时性，对防范偷窃电，电费差错和舆情风险效果不大

D. 大大提高了供电服务能力和服务水平

806. SEC 三个字母的中文含义分别为（　　）。　　　　　　　　答案：A

A. 安全性、效能、全寿命周期成本　　　　　B. 安全性、效率、全寿命周期成本

C. 安全性、效能、资产　　　　　　　　　　D. 安全性、效率、资产

807. SEC 中安全性的内涵是指（　　）。　　　　　　　　　　　答案：A

A. 电力企业资产管理水平的提升必须以确保电网、人身、设备安全为前提的管理目标

B. 电力企业需综合平衡可靠性及利用率最优、以高效资产运行满足供电服务水平要求

C. 电力企业需优化控制公司主要生产性资产的全寿命周期成本，以合理的总投入经营管理公司整体资产，提升经营效率

D. 电力企业需实现全过程监督、管控和总体考核评价，确保管控不失位、不脱节

808. SEC 中效能的内涵是指（　　）。　　　　　　　　　　　　答案：B

A. 电力企业资产管理水平的提升必须以确保电网、人身、设备安全为前提的管理目标

B. 电力企业需综合平衡可靠性及利用率最优、以高效资产运行满足供电服务水平要求

C. 电力企业需优化控制公司主要生产性资产的全寿命周期成本，以合理的总投入经营管理公司整体资产，提升经营效率

D. 电力企业需实现全过程监督、管控和总体考核评价，确保管控不失位、不脱节

809. SEC 中全寿命周期成本的内涵是指（　　）。　　　　　　　答案：C

A. 电力企业资产管理水平的提升必须以确保电网、人身、设备安全为前提的管理目标

B. 电力企业需综合平衡可靠性及利用率最优、以高效资产运行满足供电服务水平要求

C. 电力企业需优化控制公司主要生产性资产的全寿命周期成本，以合理的总投入经营管理公司整体资产，提升经营效率

D. 电力企业需实现全过程监督、管控和总体考核评价，确保管控不失位、不脱节

810. SEC 体现了公司资产全寿命周期管理综合平衡,整体最优的管理导向,SEC 的值（　　）。

　　　　　　　　　　　　　　　　　　　　　　　　　　　　　　答案：A

A. 越小越好　　　　　B. 越大越好　　　　　C. 跟大小无关　　　　　D. 具体情况而定

811. 华北电网在公司内部提出了"四元""4M"的管理理论，成为指导公司管理变革和创新的重要理论基础。其中，"四元"的内容包括（　　）。　　　　　　答案：D

A. 精准的管控模式、精细的流程再造、精益的成本管理、精确的工作标准

B. 精准的管控模式、精细的流程再造、精确的成本管理、精益的工作标准

C. 精细的管控模式、精准的流程再造、精确的成本管理、精益的工作标准

D. 精细的管控模式、精准的流程再造、精益的成本管理、精确的工作标准

812. 华北电网在公司内部提出了"四元""4M"的管理理论，成为指导公司管理变革和创新的重要理论基础。其中，"4M"的主要内容包括（　　）。　　　　　　　　　　答案：A

A. 管理理念，管理机制，管理架构，管理文化

B. 管理理念，管理体系，管理架构，管理文化

C. 管理部门，管理机制，管理架构，管理文化

D. 管理部门，管理体系，管理架构，管理文化

813. 企业模型层次分析法应用策略的实施成效包括以下内容，但不包括（　　）。　答案：D

A. 根据固定资产管理绩效评价的实际情况，合理确定新增资产配置计划并及时调整资产配置预算

B. 通过对绩效考评发现问题的反馈和整改合理配置资源加强财务管理提高固定资产的管理水平和使用效率

C. 为资产管理部门考核固定资产管理绩效水平提供可靠依据

D. 解决绩效评价与实际情况，以及绩效考评问题反馈和整改不合理等问题，也同时让目标计划完全符合实际情况

二、

多选题

1.在会计学中，资产是会计最基本的要素之一，与（　　）共同的构成的会计等式，成为财务会计的基础。　　　　　　　　　　　　　　　　　　　　　　　答案：AB

　　A.负债　　　　　　　B.所有者权益　　　　　C.现金流　　　　　　D.利润

2.在管理学中，对资产的一般性定义为"对组织有实际或潜在价值的项目、事物或实体"。此定义泛指任何类型的资产，包括（　　）等。　　　　　　　　　　　答案：ABCD

　　A.货币金融资产　　　B.实物资产　　　　　　C.人力资源　　　　　D.数据资产

3.人力资产是指对实物资产的性能有影响的（　　）。　　　　　　　　答案：ACD

　　A.劳动力的行为　　　B.劳动力的特点　　　　C.劳动力的知识　　　D.劳动力的能力

4.信息资产是指在编制、优化和实施资产管理计划时必不可少的（　　）。　　答案：BC

　　A.知识　　　　　　　B.数据　　　　　　　　C.信息　　　　　　　D.设备

5.无形资产是指对于基础设施投资、运营策略，以及相关费用有影响的（　　）等。

　　　　　　　　　　　　　　　　　　　　　　　　　　　　　　　　　答案：BC

　　A.组织的行动力　　　B.组织的声誉　　　　　C.组织的形象　　　　D.组织的金融资源

6.资产管理的定位为是组织有系统和有协调的活动与实践，对组织的资产及资产系统进行（　　）的管理，在资产的整个生命周期里管理它们的性能、风险和支出，达到组织战略规划的目标。　　　　　　　　　　　　　　　　　　　　　　　　　　　　　　　答案：BD

　　A.有机统一　　　　　B.最优化　　　　　　　C.最大化　　　　　　D.可持续

7.良好的资产管理能够很好地平衡包括（　　）。　　　　　　　　　　答案：ABD

　　A.资产利用和资产维护　　　　　　　　　　　B.短期的性能发挥和长期的可持续性

　　C.后期的资本投入　　　　　　　　　　　　　D.前期的资本投入和后续的运营成本以及风险

8.资产全寿命周期管理从资产长期经济效益出发，全面考虑资产的规划计划、采购建设、运维检修、退役处置的全过程，在满足（　　）的前提下追求资产全周期成本最优。答案：ABC

　　A.安全　　　　　　　B.效益　　　　　　　　C.效能　　　　　　　D.成本

9.传统设备管理是从设备可靠性出发，对在役期间的设备进行的运行维护管理，传统设备管理体现了设备的物质运动状态，包含设备的（　　）等内容。　　　　答案：ABCD

　　A.安装过程　　　　　B.使用过程　　　　　　C.维护过程　　　　　D.拆换

10.资产管理从企业整个运营的经济性出发，对资产寿命的整个周期各项活动进行管理，资产管理体现了资产的价值运动状态，包含了设备（　　）等一系列的内容。　　答案：ABCD

　　A.购置　　　　　　　B.投资　　　　　　　　C.维修　　　　　　　D.报废

11.现代的设备全寿命周期管理既包含（　　），又包含（　　）。　　　答案：AB

　　A.设备管理的概念　　B.资产管理的概念　　　C.设备购买的概念　　D.资产报废的概念

12.现代的设备全寿命周期管理既有（　　）的管理，也有（　　）的管理。答案：BC

　　A.设备管理的概念　　　　　　　　　　　　　B.设备物质运动状态

　　C.资产价值变动　　　　　　　　　　　　　　D.资产管理的概念

13.英国NG公司资产管理的全寿命周期管理以全过程、全系统为原则，将计划管理、项目管理和数据管理进行有机整合，并贯穿于资产管理各个环节。资产管理包括22个环节，以"（　　）"为起点，以"（　　）"为终点，使整个管理流程形成闭环，使每个项目得到科学有效的运营。　　　　　　　　　　　　　　　　　　　　　　　　　　　　　　答案：AD

　　A.资产状态信息　　　B.资产设备　　　　　　C.项目开启　　　　　D.项目关闭

14. 英国 NG 公司认为计划投资管理对资产全寿命周期的影响最大，因此对计划投资管理非常重视，其比较成熟的经验包括（　　）。　　　　　　　　　　　　　　答案：ABC

A. 分析确定投资战略，提供未来业务计划的框架

B. 通过投资优先顺序排列，提高投资效益，控制投资风险

C. 统筹考虑各类计划的协同性，科学分配资源

D. 研究同行业公司计划投资管理模式，全部照搬引入

15. 从 2009 年开始，国家电网公司充分考虑中国国情和企业属性，紧密结合公司发展战略和工作重点，经过深入研究和不断的修改完善，完成了一些的编制工作，不包括下列（　　）。　　　　　　　　　　　　　　　　　　　　　　　　　　答案：ABC

A.《投资绩效考核办法》　　　　　　　　B.《中华人民共和国电力法》

C.《电力设施保护条例实施细则》　　　　D.《资产全寿命周期管理框架体系》

16. 近年来，国家电网公司引进吸收（　　）国际先进标准和管理理念，并将其与公司资产管理的特点和优秀实践有机结合。　　　　　　　　　　　　　　　　　答案：AB

A. PAS 55　　　　B. IOS 55000　　　　C. SEC　　　　D. LCC

17. 资产全寿命周期管理作为一项复杂系统工程，必须明确梳理资产管理与其他业务管理的关系，从而促进（　　）之间的协同性与有效性。　　　　　　　　　答案：ACD

A. 管理制度　　　　B. 标准　　　　C. 方法　　　　D. 职责

18. 资产全寿命周期管理体系还应符合一致性原则，确保资产管理（　　）与公司发展战略一致，各级目标和计划相互承接，各项资产管理活动符合计划和制度规定的质量、进度要求。　　　　　　　　　　　　　　　　　　　　　　　　　　答案：ABC

A. 目标　　　　B. 策略　　　　C. 计划　　　　D. 预测

19. 需求分析指的是在创建一个新的或改变一个现存的系统或产品时，确定新系统的（　　）时所要做的所有工作。　　　　　　　　　　　　　　　　　　　答案：ABCD

A. 目的　　　　B. 范围　　　　C. 定义　　　　D. 功能

20. 资产全寿命周期管理的（　　）与（　　）的有机结合，对于下阶段的目标、策略、计划、资源统筹的制定及动态调整有重要的意义，他们决定了下阶段企业资产全寿命周期管理的工作方向是否科学、合理以及可持续。　　　　　　　　　　　　　答案：BC

A. 现状规划　　　　　　　　　　　　B. 现状评价

C. 未来需求分析预测　　　　　　　　D. 当前需求分析预测

21. 现状评价按照评价对象可以分为（　　）。　　　　　　　　　　　　答案：AD

A. 资产现状评价　　　　　　　　　　B. 项目现状评价

C. 项目管理现状评价　　　　　　　　D. 资产管理现状评价

22. 资产现状评价是指对公司各类型、各层级的资产资产集现状进行综合评估，全面分析掌握公司资产的（　　）等现状信息，对关键影响因素和主要原因进行追溯分析。　答案：ABCD

A. 绩效　　　　B. 价值规模　　　　C. 寿命分布　　　　D. 状态及风险

23. 电力企业资产的全寿命周期管理的相关法律一般包括电力、资产、全寿命等要素，适用的法律包括（　　），这些法律法规在资产和资产管理现状分析中都需遵守的。　答案：ABC

A.《中华人民共和国电力法》　　　　　B.《电力设施保护条例实施细则》

C.《中华人民共和国企业国有资产法》　　D.《中华人民共和国交通法》

24.资产全寿命周期活动的绩效评估不同于一般意义的绩效评估，它不再局限于对（　　　）的评估，而是关注资产和资产集的状态，以及为企业资产保值、增值的各种活动的效果。　　　答案：ABC

A. 人员和组织的工作绩效　　　　　　　　B. 人员和组织的工作能力

C. 人员和组织的工作态度　　　　　　　　D. 资产和资产集的状态

25.为了更全面地考虑现状评价的要求，现状评价要求可分为（　　　）。　　　　　答案：AD

A. 输入评价要求　　　B. 部分评价要求　　　C. 总评价要求　　　D. 输出评价要求

26.目标特性包括（　　　）。　　　　　　　　　　　　　　　　　　　　　答案：ABCD

A. 目标多样性　　　B. 目标可考核性　　　C. 目标可接受性　　　D. 目标挑战性

27.资产管理绩效目标注重对执行过程的（　　　），旨在通过监测、评价为资产管理水平的持续改进、提升提供支撑，注重监测评价对提升资产管理成效。　　　　答案：BC

A. 预测　　　　　　B. 监测　　　　　　C. 评价　　　　　　D. 实施

28.资产管理绩效目标具体以 SEC 指标体系为基础，选取出与资产管理密切相关的指标组成资产管理目标体系，用以指导整个资产管理活动的（　　　）等。　　　　　答案：ABCD

A. 规划　　　　　　B. 计划　　　　　　C. 执行　　　　　　D. 监督考核

29.基于资产管理总体目标、资产管理绩效目标，各部门根据实际管理需求，综合考虑资源配置、时间节点、风险、资产重要度、实际执行情况等具体要求，制定资产管理执行目标，满足（　　　）的要求。　　　　　　　　　　　　　　　　　　　　　答案：ABCD

A. 可执行　　　　　　B. 可衡量　　　　　　C. 可监测　　　　　　D. 可管控

30.资产全寿命周期管理目标管理的具体做法可以分三个阶段，是（　　　）。　　答案：ABC

A. 目标的设置　　　　　　　　　　　　B. 实现目标过程的管理

C. 测定与评价所取得的成果　　　　　　D. 展示所取得的成果

31.资产管理全寿命周期管理目标承接公司战略目标及利益相关方需求，依据现状分析评价、资产管理特性及运作特点、资源水平、内外部环境、风险等，构建公司资产管理（　　　），以指导资产管理各层级目标的构建。　　　　　　　　　　　　　　　　　　答案：ABC

A. 总体目标　　　　　B. 绩效目标　　　　　C. 执行目标　　　　　D. 预测目标

32.可靠性管理策略，通过分析电网发展规划和监管机构考核要求、可靠性指标现状、管理现状，明确策略制定周期内的可靠性目标，包括（　　　）。　　　　　　答案：ABCD

A. 电网可用系数　　　　　　　　　　　B. 输变电设备可用率

C. 供电可靠性　　　　　　　　　　　　D. 不停电作业率等指标

33.资产管理策略包括（　　　）。　　　　　　　　　　　　　　　　　　　答案：ABD

A. 总体策略　　　　　　　　　　　　　B. 分阶段策略

C. 第一阶段、第二阶段策略　　　　　　D. 实物资产策略

34.策略制定的体系包含（　　　）。　　　　　　　　　　　　　　　　　答案：ABCD

A. 基础分析　　　B. 企业战略　　　C. 业务战略　　　D. 职能战略

35.为加快推进电网发展方式和公司发展方式的改变，国家电网公司提出将资产全寿命周期管理作为全面提升精益管理和科学决策的水平，实现国家电网公司建设（　　　）的目标的重要环节，成为带动工业企业领域资产管理理念的一次革新。　　　　　　　答案：BC

A. 建设国家一流电网　　　　　　　　　B. 建设世界一流电网

C. 建设国家一流企业　　　　　　　　　D. 建设世界一流企业

36. 资产管理计划可分为（　　　）等。　　　　　　　　　　　　　答案：ABCD

A. 中长期资产管理计划　　　　　　　　　B. 年度资产管理计划

C. 资产管理体系改进计划　　　　　　　　D. 实施计划

37. 下列（　　　）是评估可供选择的方案需考虑的因素。　　　　答案：ACD

A. 认真考察每一个计划的制约因素和隐患

B. 要用局部的效益观点来衡量计划

C. 既要考虑到每个计划的有形的、可以数量表示的因素，又要考虑无形的、不能用数量表示出来的因素

D. 动态地考察计划效果，计划执行带来的利益，以及计划执行导致的损失，特别注意一些潜在的、间接的损失

38. 明确电网企业资产全寿命周期管理的总体目标，即统筹协调（　　　）三者的关系，在确保电网安全可靠的同时，提高电网资产质量和使用效率，降低全寿命周期成本。　答案：ABC

A. 安全　　　　　　　B. 效能　　　　　　　C. 周期成本　　　　　D. 质量

39. 公司各类资产管理计划的编制、审核、发布和实施等管理活动要充分考虑（　　　）。

答案：AD

A. 约束条件　　　　B. 管理条件　　　　C. 约束要求　　　　D. 管理要求

40. 下列（　　　）属于计划编制的内部约束条件。　　　　　　　　答案：ABC

A. 企业愿景　　　　B. 社会责任　　　　C. 核心资源　　　　D. 市场环境

41. 在技术环境不断变化的情况下，企业资产全寿命周期管理的决策目标就是在（　　　）三者之间取得动态的平衡。　　　　　　　　　　　　　　　　答案：ABC

A. 安全　　　　　　B. 效能　　　　　　C. 成本　　　　　　D. 质量

42. 企业的核心资源包括（　　　）等。　　　　　　　　　　　　　答案：ABCD

A. 人力资源　　　　B. 技术资源　　　　C. 品牌资源　　　　D. 物质资源

43. 按照资产管理目标、策略和计划的要求，对资产管理活动进行过程管控，保证资产全寿命周期所有阶段成本、风险和资产集的绩效得以监控，下列过程管控应满足的要求包括（　　　）。

答案：ABD

A. 按照计划开展资产管理活动

B. 依据资产管理相关的制度标准对资产管理活动的执行过程进行管控

C. 综合考虑人、财、物等资源配置，并根据内外部环境、资源等因素变化进行调整，与目标、策略和计划尽量保持类似

D. 对活动过程的信息及时记录、保存并满足监测及监控要求

44. 过程管控就是通过使用一组时间方法、技术和工具来策划、控制和改进过程的效果、效率和时间性，通常包括（　　　）。　　　　　　　　　　　　　　答案：ABCD

A. 过程策划　　　　B. 过程实施　　　　C. 过程检测　　　　D. 过程改进

45. 从具体内容来看，业务实施与管控包括（　　　）等内容。　　答案：ABC

A. 设计业务模型　　　　　　　　　B. 业务流程和协同管控方法

C. 建立关键技术方法　　　　　　　D. 风险预测

46. 根据企业资产规划到报废的一般过程，可以将资产全寿命周期管理业务活动细分为（　　　）阶段。　　　　　　　　　　　　　　　　　　　　　答案：ABCD

A. 规划计划　　　　　B. 采购建设　　　　　C. 运维检修　　　　　D. 退役处理

47.（　　）共同构成企业资产全寿命周期管理业务模型，企业的具体业务情况可能与之存在差异，但主要思路原则基本一致。　　　　　　　　　　　　　　　　答案：BC

A. 业务流程　　　　　B. 业务架构　　　　　C. 业务职能　　　　　D. 业务绩效

48. 按照国网资产管理规范要求、公司资产管理业务流程和标准制度，开展资产管理业务活动，保障（　　）的协同一致，确保业务流程执行的横向协同、纵向闭环。　　答案：ACD

A. 实物流　　　　　B. 业务流　　　　　C. 信息流　　　　　D. 价值流

49. 按照国网资产管理规范要求、公司资产管理业务流程和标准制度，开展资产管理业务活动，保障实物流、信息流、价值流的协同一致，确保业务流程执行的（　　）。　　答案：BC

A. 横向闭环　　　　　B. 横向协同　　　　　C. 纵向闭环　　　　　D. 纵向协同

50. 电网规划主要分为（　　）。　　　　　　　　　　　　　　　　　　答案：ABC

A. 近期规划　　　　　B. 中期规划　　　　　C. 长期规划　　　　　D. 短期规划

51. 在采购建设过程管控中，实施计划统筹方面，根据（　　）进行编制。　　答案：ABC

A. 项目投资计划　　　　　　　　　　　B. 综合资源计划

C. 项目进度计划　　　　　　　　　　　D. 项目风险预测

52. 运维检修管理方面，主要包括（　　）等业务以及工器具、仪器仪表的管理。答案：ABCD

A. 设备运行维护　　　　B. 检修　　　　C. 技术改造　　　　D. 抢修

53. 公司各级调度部门遵循电力行业安全标准和运行标准，坚持（　　）原则，开展电网安全稳定分析，编制运行方式，安排电网停电计划，依据年度运行方式，实施电网调度控制，管控过程风险。　　　　　　　　　　　　　　　　　　　　　　　　　　答案：BD

A. 上级服从下级　　　　　　　　　　　B. 下级服从上级

C. 整体服从局部　　　　　　　　　　　D. 局部服从整体

54. 设备停电计划管理按照（　　）的原则优化停电工作方案，切实做好停电计划综合协调管理，尽可能减少设备停电次数、缩短停电时间、避免重复停电。　　　　　答案：ABC

A. "变电结合线路"　　　　　　　　　　B. "二次结合一次"

C. "生产结合基建"　　　　　　　　　　D. "一标三制"

55. 在运行检测中，以全面监视、正常监视和特殊监视三种方式进行设备集中监控；以（　　）为原则，分成信息收集、实时处置、分析处理三个阶段进行监控信息处置。　　答案：AD

A. 分类处置　　　　　B. 统一处置　　　　　C. 开环管理　　　　　D. 闭环管理

56. 下列（　　）是维护检测主要包括的内容。　　　　　　　　　　　　答案：ABD

A. 设备运维管理、状态检修管理　　　　B. 设备检修管理、抢修管理

C. 企业咨询管理　　　　　　　　　　　D. 工具、设施和装配的配置管理

57. 公司应对监测评价环节的（　　）等业务发现的不符合项、不合规性项和安全质量事件采取纠正措施。　　　　　　　　　　　　　　　　　　　　　　　　　　答案：ABD

A. 状态监测　　　　　　　　　　　　　B. 绩效监测

C. 风险预测　　　　　　　　　　　　　D. 合规性评价、审核、事件

58. 资产的状态监测是运营监测的一个重要方面。资产状态监测可获得的关于资产数量、状况、性能等的信息，对（　　）等资产全寿命周期的各个环节都有支撑和参考作用。　答案：ABCD

A. 生产运营　　　　　B. 检修维护　　　　　C. 退役处理　　　　　D. 规划计划

59. 资产管理状态监测是资产全寿命周期管理中（　　　）的一个汇合。　　　　答案：ACD

A. 实物流　　　　　　B. 质量流　　　　　　C. 价值流　　　　　　D. 信息流

60. 在资产全寿命周期管理中，状态检测与分析是密不可分的，状态数据是资产本身和其功能正常、异常或者故障等信息的载体。状态监测包括（　　　）。　　　　答案：ABD

A. 设备信息收集　　　B. 监测及评价　　　　C. 报废及评价　　　　D. 分析及改进

61. 状态监测的要求可分为（　　　）。　　　　答案：ABD

A. 通用要求　　　　　B. 全寿命要求　　　　C. 项目管理要求　　　　D. 状态信息管理要求

62. 状态监测的通用要求也称为数据评价要求，包括下列（　　　）。　　　　答案：BCD

A. 应确定监测指标及周期，采用排除法的形式，大致了解数据来源、采集方法要求等

B. 应与资产绩效评估相衔接、协调一致，为后者提供重要指标和分析结果

C. 状态检测信息的发布应限制在合适范围内，兼顾上级管理机构、利益相关方等的需求

D. 应对状态监测的指标、流程、分析方法等进行评估改进，不断提升监测效果

63. 状态监测应涵盖资产全寿命周期，包括但不限于（　　　）等过程。　　　　答案：ABCD

A. 投运前信息监测　　　　　　　　　　　B. 资产台账信息监测

C. 运行状况监测　　　　　　　　　　　　D. 缺陷和故障信息监测

64. 状态信息应包括设备全寿命周期内表征资产和资产集健康状况的所有（　　　）等内容。

答案：ABC

A. 资料　　　　　　　B. 数据　　　　　　　C. 记录　　　　　　　D. 设备

65. 从监测的连续性可以将状态监测分为（　　　）。　　　　答案：BCD

A. 长期监测　　　　　B. 故障监测　　　　　C. 定期监测　　　　　D. 连续监测

66. 按照监测信息获取的方式，状态监测可分为（　　　）。　　　　答案：ACD

A. 人工巡视　　　　　B. 故障监测　　　　　C. 仪器监测　　　　　D. 在线监测

67. 为了更好地完成监测任务，国家电网公司还使用了许多种在线监测系统，包括（　　　）。

答案：ABC

A. 输变电设备状态在线监测系统　　　　　B. 输电线路在线监测系统

C. 电网系统运行状态实时监测和控制系统　D. LCC 资产管理系统

68. 绩效监测包括（　　　）。　　　　答案：ABD

A. 按照监控阶段来分可分为过程监测和结果监测

B. 按照监控方式的主被动性分为主动监测和被动监控

C. 按照监控时间的长短分为短期监测和长期监控

D. 按照监控层面分为公司级资产管理绩效监测，部门级资产管理绩效监测和岗位级资产管理绩效监测

69. 实行绩效监测的目的包括（　　　）。　　　　答案：ACD

A. 实现资产高效管理的迫切需要　　　　　B. 实现资产无限扩大的迫切需要

C. 提升资产运营效率的迫切需要　　　　　D. 提升资产管理评价体系的迫切需要

70. 在资产管理中，通过（　　　）对各层级进行全过程、全方位的监测。　　　　答案：AC

A. 主动监测　　　　　B. 自动监测　　　　　C. 被动监测　　　　　D. 初级监测

71. 绩效指标体系包括（　　　）。　　　　答案：AD

A. 公司级指标　　　　B. 上级指标　　　　　C. 初级指标　　　　　D. 部门级指标

72. 层次分析法包括（　　　）。　　　　　　　　　　　　　　答案：ABC

A. 建立有序的指标体系，将指标两两比较构造判断矩阵

B. 对判断矩阵进行一致性及数字处理

C. 计算判断矩阵的特征根，得到各个指标的权重值

D. 对判断矩阵直接进行求值

73. 在资产全寿命周期管理中，还有一些阶段性评估方法也具有绩效评估的作用，可以将其纳入绩效评估的范畴，包括（　　　）。　　　　　　　　　　　　答案：ABC

A. 工程施工评价方法　　　　　　　　　B. 同业对标方法

C. 项目后评估方法　　　　　　　　　　D. 电能质量检测法

74. 在应用系统里，事件管理实现的功能有几类模式，包括（　　　）。　　答案：ACD

A. 推断　　　　　　B. 管理　　　　　　C. 决策　　　　　　D. 预测

75. 资产全寿命周期管理体系依据的审核准则是特定的，包括（　　　）等。　答案：ABCD

A. 资产全寿命周期管理方针和目标　　　B. 管理手册

C. 程序、作业文件　　　　　　　　　　D. 法律法规

76. 审核范围可理解为确定所审核的资产全寿命周期管理体系覆盖的（　　　）。　答案：ABC

A. 业务　　　　　　B. 流程　　　　　　C. 场所　　　　　　D. 标准

77. 当出现一些情况时，可追加审核，包括（　　　）。　　　　　　　　答案：ABC

A. 发生严重的资产管理问题或用户有重大投诉

B. 企业的领导层、隶属关系、内部机构、产品、资产管理方针和目标、生产技术及装备以及生产场所等有较大改变或变动

C. 即将进行第二、三方审核或法律、法规规定的审核

D. 出现重大的自然灾害

78. 审核员要以（　　　）的方式开展审核活动，以真诚的态度和规范的做法对待审核对象，通过科学的手段、严谨的作风、规范的程序、专业的能力、优质的服务和可靠的结果取得各方的信任。　　　　　　　　　　　　　　　　　　　　　　　　　　　答案：ABC

A. 公平　　　　　　B. 公正　　　　　　C. 客观　　　　　　D. 公开

79. 下列做好审核工作的条件包括（　　　）。　　　　　　　　　　　　答案：BCD

A. 领导重视不是做好审核工作的关键

B. 管理者代表要亲自抓审核工作

C. 审核的具体工作需要有一个职能部门来管理

D. 组建一支合格的审核员队伍

80. 资产全寿命周期管理体系的合规性评价是指包含与环境因素有关法律法规要求外的"其他应遵守的要求"，即涵盖法律法规、外部监管规定及公司内部管理制度对于企业（　　　）等各方面要求的评价活动。　　　　　　　　　　　　　　　　　　　　　　　答案：ABCD

A. 基础条件　　　　　　　　　　　　　B. 产品和服务、文件规定

C. 人员状态及行为　　　　　　　　　　D. 控制过程及效果

81. 合规性评价的管理特性包括（　　　）。　　　　　　　　　　　　　答案：ABC

A. 具有规范性　　　　　　　　　　　　B. 具有系统性

C. 具有协同性　　　　　　　　　　　　D. 具有差异性

82. 下列关于全面开展合规性评价工作的基本要求正确的包括（　　）。　　　　答案：BCD

A. 建立部分开展合规性评价的工作规范　　　　B. 规定适当的评价的时间、时机和频次

C. 灵活选择评价方式　　　　　　　　　　　　D. 注重评价方法的有效性

83. 下列（　　）是合规性评价常见的问题。　　　　　　　　　　　　　　答案：ABD

A. 有关人员不了解应如何进行"合规性评价"，组织的领导不清楚评价结果

B. 合规性评价记录收集、保存不够全面，甚至有些还不能提供

C. 重视对组织提供的产品、服务造成的环境影响方面的评价和员工精神损害方面的评价

D. 缺少对"其他要求"遵循情况的评价

84. 下列（　　）是合规性评价常见问题的解决对策。　　　　　　　　　　答案：ABD

A. 应建立一个或多个相关评价程序，确保持续按建立的程序进行定期评价，并保存相关记录

B. 根据要求的不同，可确定不同的定期评价的频次

C. 偶尔可以保存评价的记录，以提供遵守法律法规和其他要求的证据

D. 可根据自身特点（规模、类型和复杂程度）、以往的合规性情况及所涉及的具体要求，确定适用的评价方式和频次

85. 纠正和预防的特性包括（　　）。　　　　　　　　　　　　　　　　　答案：ABC

A. 针对性　　　　　　　B. 可操作性　　　　　　C. 可验证　　　　　　D. 无记录

86. 纠正和预防措施的技术途径可单独或组合使用，应根据我们对事物的认识程度、不符合影响评价以及经济性考虑，来选择适宜的手段。下列属于技术途径的是（　　）。　答案：ABC

A. 消除、预防　　　　　　　　　　　　　　　B. 减弱、隔离

C. 连锁、警告　　　　　　　　　　　　　　　D. 维修、报废

87. 为避免类似问题再次发生，纠正和预防措施应针对不符合事件的原因具体制订，其制订过程可按如下程序进行，包括（　　）。　　　　　　　　　　　　　　　　答案：ABC

A. 审核人员提出不符合，受审核部门确认

B. 受审核部门分析不符合产生的原因（需要时可在审核员的帮助下进行）

C. 受审核部门针对原因制订纠正和预防措施计划（需要时可在审核员的帮助下进行）

D. 只有最高管理者可以审批计划的适宜性及可行性和风险等

88. 对企业来说，只有不断地寻求改进的机会，将问题和矛盾消灭在萌芽状态，才能避免突然爆发所造成的损失，包括（　　）。　　　　　　　　　　　　　　　　　答案：ABD

A. 从状态监测和绩效监测中去寻求改进机会　　B. 从审核和合规性评价中去寻求改进机会

C. 从最高管理者中去寻求改进机会　　　　　　D. 从广泛的信息来源头中寻求改进机会

89. PDCA 循环中 P 阶段指计划阶段，其内容可包括四个步骤，下列（　　）是正确的。

答案：ACD

A. 分析现状，找出存在的质量问题

B. 分析产生质量问题的原因并迅速解决

C. 找出影响质量问题的主要原因

D. 针对找出的影响质量的主要原因，制订措施计划

90. PDCA 循环中 A 阶段有 2 个步骤，是（　　）。　　　　　　　　　　答案：CD

A. 找出原因，检查效果　　　　　　　　　　　B. 分析现状，找出原因

C. 总结经验，巩固成绩　　　　　　　　　　　D. 遗留问题，转入下一个循环

91. 按照评审实施的主体不同，可将管理体系评审分为（   ）。   答案：AD

   A. 内部评审   B. 上级评审   C. 初步评审   D. 外部评审

92. 通常，资产管理体系管理评审机制包括（   ）等部分。   答案：ABCD

   A. 评审策划   B. 评审准备   C. 评审实施   D. 评审报告

93. 组织架构的特点包括（   ）。   答案：ABD

   A. 扁平化程度越来越高   B. 专业化分工程度越来越强

   C. 标准化程度越来越低   D. 更加强调专业见横向协同

94. 开展资产全寿命周期管理，需要设计从决策者直到具体执行者之间的（   ）关系的管理层级结构。   答案：ABCD

   A. 决策   B. 管理   C. 执行   D. 审核

95. 通常公司可以组建（   ）来作为资产管理的决策层。   答案：AB

   A. 资产管理委员会   B. 资产管理办公室

   C. 资产管理安监部   D. 资产管理宣传室

96. 资产管理委员会一般是由公司的（   ）组成。   答案：AC

   A. 总经理   B. 部门负责人   C. 相关副总经理   D. 董事长

97. 下列（   ）是资产管理委员会职责。   答案：ABC

   A. 负责公司资产全寿命周期管理体系的建立、保持以及改进

   B. 审批并发布公司资产全寿命周期管理总体目标及策略

   C. 审定公司资产全寿命周期管理体系改进计划

   D. 设立公司各部门领导班子

98. 下列（   ）是安全监察质量部职责。   答案：ABD

   A. 归口管理公司资产全寿命周期管理工作

   B. 归口管理事件管理、应急两个管理子要求

   C. 审批并发布公司资产全寿命周期管理总体目标及策略

   D. 负责按照公司资产全寿命周期管理要求完成本专业工作

99. 根据企业管理人员能力模型的理论，结合企业实际情况，企业资产全寿命周期管理的人员能力评价流程大致可以分为以下几个部分，包括（   ）。   答案：BCD

   A. 对人员进行培训   B. 建立人员能力评价体系

   C. 定期评价   D. 确定对象，划分类别

100. 企业资产全寿命周期管理的培训要求包括（   ）。   答案：ABC

   A. 根据资产管理业务职能、岗位职责以及其他专业的要求，识别员工培训需求

   B. 记录培训过程及考评结果，并建立员工个人培训档案

   C. 通过收集各部门、员工对培训效果的反馈意见等方式评估培训效果，以促进培训课程、培训效果的持续改进

   D. 建立人员能力评价体系

101. 企业针对资产全寿命周期管理的培训工作可以分层次、有重点地开展，有不同层级的培训包括（   ）。   答案：ABC

   A. 决策层培训   B. 管理层培训

   C. 执行层培训   D. 规划层培训

102. 资产全寿命周期管理的培训机制通常由公司人力资源部牵头建立，主要包括（　　）等环节。　　　　　　　　　　　　　　　　　　　　　　　　答案：ABCD

A. 培训需求的识别　　　　　　　　　　　B. 培训计划的制订

C. 培训计划的实施　　　　　　　　　　　D. 培训效果的评价

103. （　　）负责组织与需求部门进行需求目标、需求时间、需求内容的沟通与确认，确保培训的必要性与实效性。　　　　　　　　　　　　　　　　　　答案：AC

A. 培训中心　　　　　　　　　　　　　　B. 安全质量监督部

C. 基层单位人力资源部　　　　　　　　　D. 高层管理者

104. 培训计划提报单位在通过审核后可以编制培训计划可行性说明书,内容包括（　　）等。　　　　　　　　　　　　　　　　　　　　　　　　　　　答案：ABCD

A. 培训项目的规模　　　　　　　　　　　B. 培训项目的资源

C. 培训项目的时间　　　　　　　　　　　D. 培训项目的费用预算

105. 法律法规和其他要求获取的范围以下包括（　　）。　　　　答案：ABC

A. 国家颁发的法律、法规，国家主管机关颁布的条例、规定、办法等

B. 各工程所在地颁发的地方性法规和制度

C. 电力行业主管部门颁发的规章和条例

D. 不相关要求遵循的其他规章和制度

106. 法律法规合规性评价机制的意义包括（　　）。　　　　　　答案：ACD

A. 开展合规性评价，有利于提高普法工作绩效，促进学法与用法的密切结合

B. 开展合规性评价，有利于提高管理层的知识水平

C. 开展合规性评价，有利于提高各方面的满意度，进一步提升企业形象

D. 开展合规性评价，有利于增强企业防范法律风险能力，更好地维护企业权益

107. 电力企业资产的全寿命周期管理的相关法律一般包括电力、资产、全寿命等要素，适用的法律包括（　　）。　　　　　　　　　　　　　　　　　　答案：ABC

A.《中华人民共和国电力法》　　　　　　B.《电力设施保护条例实施细则》

C.《中华人民共和国企业国有资产法》　　D.《中华人民共和国交通法》

108. 标准制度获取的范围包括以下（　　）。　　　　　　　　　答案：ABC

A. 以公司规章制度为主体，以所属各级单位辅助性规章制度为补充

B. 公司规章制度以通用制度为主，以非通用制度为辅

C. 所属各级单位辅助性规章制度包括通用制度差异条款、非通用制度实施细则和本单位补充规章制度三类

D. 国家颁发的法律、法规，国家主管机关颁布的条例、规定、办法等

109. 为了更好地挖掘标准制度的作用，可以通过以下几点进行探索，包括（　　）。　　　　　　　　　　　　　　　　　　　　　　　　　　　　　答案：ABC

A. 正确认识企业文化，孕育符合企业实际　B. 强化对标准制度执行的评价与考核

C. 尽可能流程化与信息化　　　　　　　　D. 尽可能让领导直接管理

110. 风险管理流程应包括（　　）等环节，流程覆盖资产全寿命周期的各个阶段和资产管理活动的各个方面。　　　　　　　　　　　　　　　　　　　答案：ABCD

A. 风险识别、风险分析与评价　　　　　　B. 风险管控、风险监控

C. 风险沟通与记录　　　　　　　　　　D. 风险信息应用

111. 风险管控主要包括（　　）等内容。　　　　　　　　　　答案：ABCD

A. 初始信息收集　　　　　　　　　　B. 风险评估

C. 风险控制　　　　　　　　　　　　D. 监督与改进

112. 下列（　　）属于风险识别。　　　　　　　　　　　　　答案：ABC

A. 资产类风险识别　　　　　　　　　　B. 资产管理类风险识别

C. 环境风险识别　　　　　　　　　　　D. 交通风险识别

113. 下列（　　）属于风险评估。　　　　　　　　　　　　　答案：BCD

A. 交通风险评估　　　　　　　　　　　B. 资产管理类风险评估

C. 环境风险评估　　　　　　　　　　　D. 变更风险评估

114. 下列（　　）属于风险控制。　　　　　　　　　　　　　答案：ABC

A. 资产类安全风险管控　　　　　　　　B. 资产管理类风险管控

C. 环境风险管控　　　　　　　　　　　D. 交通风险管控

115. 风险监控的主要依据包括以下（　　）。　　　　　　　　答案：ABC

A. 风险管理规划　　　　　　　　　　　B. 风险应对计划

C. 环境的变化情况　　　　　　　　　　D. 将来的未知风险

116. 风险预警指标应按照（　　）原则设定，提高预警指标可量化程度。　答案：ABCD

A. 相关性　　　　　B. 敏感性　　　　　C. 可行性　　　　　D. 可衡量性

117. 各类风险归口管理部门在（　　）的过程中应与公司内部与外部相关方进行充分沟通，并将评估结果和需要执行的管控措施告知相关人员。　　　　　　　　答案：BCD

A. 风险预测　　　　B. 风险识别　　　　C. 风险评价　　　　D. 风险监控

118. 在制定应急处置预案时，应当体现出以下几方面的基本要求，包括（　　）。答案：ABC

A. 基本情况清楚　　　　　　　　　　　B. 职责分工明确

C. 指挥决策统一　　　　　　　　　　　D. 善后恢复不重视

119. 事发单位应积极开展突发事件舆情分析和引导工作，按照有关要求，及时（　　）。

答案：ABD

A. 披露突发事件事态发展　　　　　　　B. 应急处置和救援工作的信息

C. 封锁事件报道　　　　　　　　　　　D. 维护公司品牌形象

120. 国家电网公司"五位一体"协同工作体系以资产管理业务标准制度为依据，明确各业务牵头管理部门负责，业务流程（　　）的系统性、整体性的全过程协同，明确部门在协同中的工作内容、职责、标准，并进行监督和考核。　　　　　　　　答案：BD

A. 后端协调前端　　　　　　　　　　　B. 前端协调后端

C. 前端支撑后端　　　　　　　　　　　D. 后端支撑前端

121. 资产管理体系各环节、各要素的协同包括（　　）。　　　答案：ABC

A. 目标、策略和计划的协同　　　　　　B. 业务协同

C. 资产管理要求协同　　　　　　　　　D. 电能质量与成本的协同

122. 在沟通中，需要建立内外部沟通程序，明确识别资产及资产管理体系进行内外部沟通的需求。沟通管理应满足以下要求，包括（　　）。　　　　　　　答案：ABC

A. 明确沟通范围及内容、沟通时效、沟通对象以及明确、清晰及有效的沟通渠道

B. 确保资产管理相关信息能够在管理者、员工以及其他利益相关方之间有效传递和反馈

C. 建立双向交互的沟通方式

D. 在与员工、客户和其他利益相关方沟通重要资产管理信息时，应尽量保密

123. 沟通的方法按沟通渠道分类可以分为以下几种，包括（　　）。　　　　答案：ABC

A. 口头沟通　　　　B. 书面沟通　　　　C. 电子媒介沟通　　　D. 平行沟通

124. 沟通的方法按组织沟通的方向分类可以分为以下几种，包括（　　）。　答案：ABD

A. 上行沟通　　　　B. 下行沟通　　　　C. 书面沟通　　　　D. 斜向沟通

125. 沟通的方法按沟通者的数目分类可以分为以下几种，包括（　　）。　答案：BCD

A. 正式沟通　　　　B. 自我沟通　　　　C. 人际沟通　　　　D. 团队沟通

126. 沟通过程的主要目的是在公司正常运转和制定决策的过程中，确保员工、供应商和其他利益相关方的充分参与，以下沟通的过程包括（　　）。　　　答案：ABC

A. 识别需求阶段　　B. 计划阶段　　　　C. 实施阶段　　　　D. 保密总结阶段

127. 有效沟通的保障措施以下包括（　　）。　　　　　　　　　　　答案：BCD

A. 只建立内部沟通机制　　　　　　　　B. 识别利益相关方

C. 建立沟通效果评价反馈机制　　　　　D. 沟通管理培训管理工作

128. 以下公司内部沟通渠道包括（　　）。　　　　　　　　　　　　答案：ABC

A. 会议、文件、邮件、问卷调查、谈话以及公司报纸、杂志、网络等内部媒体报道等

B. 通过管理层与员工间的沟通，使员工积极参与到资产管理活动中

C. 通过管理层与员工间的沟通，使员工支持资产管理总体目标、策略和计划的实现

D. 通过社会服务网站及报刊、电视电台等社会媒体发布公告等

129. 以下公司外部沟通渠道包括（　　）。　　　　　　　　　　　　答案：ABD

A. 行政文函；管理层拜访、走访活动，新闻发布会、听证会等会议活动

B. 公司门户网站信息发布公告通知，通过社会服务网站、报刊、电视、电台等社会媒体发布公告、通知、新闻通稿等

C. 通过管理层与员工间的沟通，使员工积极参与到资产管理活动中

D. 业务人员、客服受理和咨询

130. 以下公司外部沟通形式包括（　　）。　　　　　　　　　　　　答案：ACD

A. 与政府（含监管机构）的沟通　　　　B. 与公司员工的沟通

C. 与客户的沟通　　　　　　　　　　　D. 与发电企业的沟通

131. 建立企业资产全寿命周期管理体系管理要求以下包括（　　）。　　答案：ACD

A. 目标策略管理要求　　　　　　　　　B. 人力资源管理要求

C. 评价管理要求　　　　　　　　　　　D. 持续改进管理要求

132. 依据资产管理相关的标准制度，须对资产管理活动过程进行记录、维护，确保过程记录能够支撑资产管理活动的开展，以及资产管理体系的评价与完善。过程记录应满足以下要求，包括（　　）。　　　　　　　　　　　　　　　　　　　　　　答案：ABC

A. 资产管理相关的标准制度应明确记录管理职责，制定记录的建立、填写、标识、保管、存储、借阅、处理等管理办法

B. 应识别、收集、整理各种过程记录，包括表单、报告、会议纪要、图纸、合同、执照、指导意见、经验总结等

C. 应保证记录的准确性、完整性、可识别性及可追溯性

D. 明确沟通范围及内容、沟通时效、沟通对象以及明确、清晰及有效的沟通渠道

133. 记录的建立包括三个方面,包括(   )。   答案:ABD

A. 记录清单建立,由公司依据标准表编制"资产管理相关记录清单","归档文件目录"

B. 记录表格的编制和批准,根据实际需求编制记录

C. 记录表格加密

D. 记录表格的更改

134. 以下(   )是资产管理信息系统的目的和要求。   答案:ABC

A. 实现对资产全寿命周期管理基础业务的支撑

B. 实现对资产全寿命周期管理评估、决策类业务的支持

C. 实现各业务的横向集成

D. 提升电能质量管理

135. 基于资产全寿命周期管理框架体系的要求,以资产全寿命周期管理各层次和各阶段过程业务要求对资产全寿命周期管理相关业务系统(如 ERP、PMS 等)进行现状分析,从业务、功能、数据和技术等多个层面进行相关分析,以下正确的是(   )。   答案:ABD

A. 业务覆盖度分析,确定需要新建的业务需求

B. 功能满足度分析,确定需要进行优化和完善的功能需求

C. 数据相近度分析,确定需要进行较为相近的数据对象和编码属性

D. 系统交互需求分析,确定需要进行数据交互的系统及交互内容

136. 资产管理办公室由公司领导、部门负责人组成,下设 1 个体系建设组、7 个业务实施组专业工作组,7 个业务实施组专业工作组中包括有(   )。   答案:ABC

A. 决策管理体系组、业务执行体系组   B. 绩效改进体系组、资产风险管理体系组

C. 制度标准体系组、资产信息体系组   D. 基础保障体系组、经研院研究组

137. 资产管理办公室认真落实包括(   )在内的一系列有效的组织实施措施,协调推进体系建设进程。   答案:ABD

A. 加强计划管控,加强工作协同

B. 建立工作通报及管控机制,组织集中办公

C. 建立绩效监督机制,建立信息共享机制

D. 建立考评机制,建立信息共享机制

138. 国网浙江省电力公司的资产全寿命周期管理体系建设分为(   )阶段。   答案:ACD

A. 试点探索   B. 绩效改进   C. 全面建设   D. 领先创建

139. 在资产全寿命周期管理体系建设的全面建设阶段,国网浙江省电力有限公司完善风险管控体系,定义了(   )3 大类共 21 种风险。   答案:BCD

A. 政策风险   B. 电网和设备风险   C. 管理风险   D. 环境风险

140. 资产管理办公室认真落实一系列有效的组织实施措施,协调推进体系建设进程。为组织集中办公,根据不同工作阶段特点和需要,采用(   ),有效解决了各阶段体系建设重难点问题。   答案:AB

A. 分阶段集中办公   B. 统一长时段集中办公

C. 关键时段集中办公   D. 特殊时段集中办公

141. 国网浙江省电力有限公司围绕资产管理体系建设核心要求，遵循（　　）的基本原则，构建资产管理体系标准，健全资产管理工作机制。　　　　　　　　　　答案：ACD

A. 一致性　　　　　　　B. 协调性　　　　　　　C. 全局性　　　　　　　D. 完整性

142. "一标"指的是一套资产管理体系标准，即在国网公司资产管理体系规范下，基于"职责、流程、制度、标准、考核"的工作要求，对（　　）进行细化和补充。　　　答案：BC

A. 资产管理目标　　B. 管理管理要求　　C. 管理内涵　　D. 管理标准

143. "一标"是公司在吸纳试点单位体系建设经验基础上深化体系建设实施、深入实践探索创新的重要工作成果，解决资产管理体系要求的（　　）的问题。　　　答案：BCD

A. 目标规划　　　　　B. 落地实施　　　　　C. 量化评价　　　　　D. 推广应用

144. 建立一套目标策略要求制定发布公司电网发展、可靠性、资产寿命周期、（　　）等六项资产策略，全面覆盖公司资产管理核心业务。　　　　　　　　　　答案：ABD

A. 投资管理　　　　　　　　　　B. 寿命周期职能

C. 外部环境影响　　　　　　　　D. 资产风险管理

145. 制定一套制度标准要求建立一套以（　　）为主要内容的制度标准体系。　答案：ACD

A. 公司资产管理手册　　B. 评价标准　　C. 程序文件　　D. 支撑文件

146. 强化资源和作业协同，确保资产活动执行统一的具体工作要求包括（　　）。答案：ABC

A. 做好资源计划协同　　　　　　B. 深化作业前后道横向协同

C. 深化协同工作成效的监督评价　　D. 重视资产形成和退出管理

147. 重视计划制订和评价改进，确保业务活动闭环的工作措施包括（　　）。　　答案：CD

A. 强化重点工作闭环管理　　　　B. 深化常态业务闭环管

C. 优化项目闭环管理　　　　　　D. 深化协同工作成效的监督评价

148. 三项工作机制设计融合一套体系标准中涉及的关键内容，具体包含六个要素，包括业务流程、责任分工、规章制度、（　　）。　　　　　　　　　　　　答案：BCD

A. 评价标准　　　　B. 监督控制　　　　C. 评价考核　　　　D. 基础保障

149. 三项工作机制的梳理依据主要来源于（　　）。　　　　　　　　　　答案：BD

A. "一标"要求　　　　　　　　B. 一套资产管理体系标准

C. 资产管理工作要求规范　　　　D. "五位一体"协同机制建设成果

150. 建立一套目标策略要求建立资产管理（　　）动态监测机制，全面监测资产管理指标。

答案：ACD

A. 目标　　　　　　　B. 标准　　　　　　　C. 策略　　　　　　　D. 计划

151. 资产寿命周期策略涉及 7 大类资产，包括（　　）。　　　　　　　答案：ABC

A. 输变电类资产　　　　　　　　B. 配网类资产

C. 继电保护自动化类资产　　　　　　　　　　　　D. 家用电器

152. 制定一套制度标准要求建立一套制度标准体系，其主要内容包括（　　）。答案：ACD

A. 公司资产管理手册　　　　　　B. 评价标准

C. 程序文件　　　　　　　　　　D. 支撑文件

153. 建立"强调统一"的协同工作机制，要围绕（　　）两条主线，强调资产管理决策过程和资产管理业务执行的协调。　　　　　　　　　　　　　　　　　答案：CD

A. 步调一致　　　　　B. 整体协同　　　　　C. 纵向贯通　　　　　D. 横向协同

154.强化资源和作业协同，确保资产活动执行统一的具体工作要求中包括（　　）。

答案：ABC

A. 做好资源计划协同　　　　　　　　B. 深化作业前后道横向协同
C. 深化协同工作成效的监督评价　　　D. 重视资产形成和退出管理

155.下列哪些工作措施属于规范资产形成的管理，健全账卡物联动机制的要求（　　）。

答案：ABC

A. 实施高度集成的设备资产联动机制
B. 构建基于 ERP、PMS 集成的"三码联动"协同机制
C. 严格执行"三个禁止"
D. 加强信息跨部门传输

156.严格执行"三个禁止"的要求包括（　　）。　　　　　　答案：ABD
A. 禁止手工创建固定资产卡片　　　　B. 禁止直接建立需要联动生成的 PM 设备台账
C. 禁止建立对应规则并固化到系统　　D. 禁止在实物管理系统中进行不规范的操作

157.严格资产退出的管理，提升资产使用效率，要规范配电变压器再利用管理，创建（　　）的修复、利旧运作模式。

答案：BCD

A. 统一规划　　　　B. 统一维修　　　　C. 统一招标　　　　D. 统一调配

158.重视计划制定和评价改进，确保业务活动闭环的工作措施包括（　　）。　答案：ABC
A. 强化重点工作闭环管理　　　　　　B. 深化常态业务闭环管理
C. 优化项目闭环管理　　　　　　　　D. 深化协同工作成效的监督评价

159.防控联动的风险管控机制包括（　　）。　　　　　　　答案：ABD
A. 风险信息联动　　　　　　　　　　B. 风险控制联动
C. 风险评价联通　　　　　　　　　　D. 风险应急联动

160.基础保障从三个方面对保障三项机制有效运转提出详细要求，这三个方面包括（　　）。

答案：ACD

A. 信息系统支撑　　　B. 文件规范要求　　　C. 技术原则要求　　　D. 人员技能要求

161.强化风险应急联动，要实施各类风险源动态监测，根据风险事件的（　　），启动针对性应对措施避免重大损失。

答案：CD

A. 发生时间　　　B. 和风险源　　　C. 类型　　　　D. 影响程度

162.国网浙江省电力有限公司"一标三制"建立了与具体业务工作紧密结合的工作机制，其影响包括（　　）。

答案：BCD

A. 加强资产管理业务与体系文档的融合
B. 避免资产管理体系停留纸面和流于形式
C. 确保资产管理理念与体系要求的有效落实
D. 解决资产管理要求的业务执行和持续运行问题

163.资产管理目标是指（　　）。　　　　　　　　　　　答案：ABCD
A. 在各层级资产管理活动中的预期目标
B. 实现资产全寿命周期管理所追求的结果
C. 对企业战略在资产管理领域的具体化落实
D. 电力行业目前所推及的"资产全寿命周期管理体系"建设实施的工作方向

164.为了保证企业资产管理经营活动取得预期的目标，确定资产管理目标时应该符合以下（　　）原则。　　　　　　　　　　　　　　　　　　　　答案：ACD

A."一致性"原则　　　　　　　　　　　　B."全局性"原则

C."现状评价"原则　　　　　　　　　　　D."逐级分解"原则

165.按照目标的层级关系，资产管理目标又分为（　　）。　　　答案：ACD

A.资产管理总体目标　　　　　　　　　　B.资产管理具体目标

C.资产管理执行目标　　　　　　　　　　D.资产管理绩效目标

166.资产管理绩效指标按照内容划分，主要包括（　　）。　　　答案：ABD

A.企业负责人绩效　　　　　　　　　　　B.各单位、各部门绩效

C.同业对标指标　　　　　　　　　　　　D.资产管理补充绩效指标

167.按照资产管理绩效指标分解的层级划分，资产管理绩效指标主要由（　　）构成。　　　　　　　　　　　　　　　　　　　　　　　　　　　答案：CD

A.核心指标　　　B.总指标　　　C.一级指标　　　D.二级指标

168.按照资产管理绩效指标的重要程度划分，资产管理绩效指标分为（　　）。　答案：CD

A.一级指标　　　B.二级指标　　　C.关键绩效指标　　　D.非关键绩效指标

169.资产管理执行目标需满足（　　）的条件。　　　　　　　　答案：ABD

A.可衡量　　　B.可监测　　　C.可反馈　　　D.可管控

170.为了保证企业资产管理经营活动取得预期的目标，确定资产管理目标时应该符合（　　）。　　　　　　　　　　　　　　　　　　　　　　　　　答案：ACD

A."一致性"原则　　　　　　　　　　　　B."全局性"原则

C."现状评价"原则　　　　　　　　　　　D."逐级分解"原则

171.资产管理绩效目标的制定应坚持（　　）的原则。　　　　　答案：BCD

A.稳定　　　B.数量适当　　　C.目标清晰　　　D.可实现

172.资产管理绩效目标的制定应具有（　　）特点。　　　　　　答案：AB

A.阶段性　　　B.周期性　　　C.长期性　　　D.稳定性

173.资产管理执行目标制定原则是：各部门基层单位依据各级资产管理目标进行层层分解，并根据（　　）落实到具体部门班组及岗位。　　　　　　　答案：AC

A.部门职能　　　　　　　　　　　　　　B.利益相关程度

C.岗位工作职责要求　　　　　　　　　　D.目标实现难易程度

174.为确保资产管理目标的实现，要按照电网企业效率影响因素，提出（　　）为核心的管控内容，突出资源和资产的高效利用，落实"更高效"的总体目标。　答案：BC

A.资产使用效率　　　　　　　　　　　　B.人财物等资源利用效率

C.资产负债率　　　　　　　　　　　　　D.劳动生产率

175.为确保资产管理目标的实现，要按照电网企业产品特征，提出（　　）为核心的管控内容。　　　　　　　　　　　　　　　　　　　　　　　　答案：AB

A.电能质量　　　B.服务质量　　　C.电能安全　　　D.电能价格

176.为确保资产管理目标的实现，要按照电网企业可持续发展的要求，提出（　　）为核心的管控内容。　　　　　　　　　　　　　　　　　　　答案：BC

A.环保要求　　　B.电网发展　　　C.企业经营发展　　　D.宏观经济发展

177. 在资产管理策略制定过程中，应遵循的具体原则包括（　　）。　　　　　答案：ABC

A. 资产管理策略应源于公司发展规划及资产管理总体目标、绩效目标和执行目标，并与其保持一致

B. 资产管理策略应与公司其他方针和策略保持一致

C. 资产管理策略的制定应全面考虑资产的相关风险

D. 资产管理策略的制定应该考虑同业对标情况

178. 资产管理策略的核心内容包括（　　）。　　　　　答案：AB

A. 明确增量资产和存量资产的中长期管理原则、方法及思路

B. 界定了开展资产管理各项业务活动的管理原则和核心思路

C. 将资产管理总策略分解落实到由国网公司制定的 17 个资产管理绩效指标

D. 结合业务现状、战略定位和发展趋势预测，制定了绩效指标近期、中期、远期的目标值

179. 寿命周期职能策略涵盖了寿命周期全过程的职能策略内容,由六部分组成,包括（　　）。

答案：BD

A. 资产投资策略　　　　　　　　　　　B. 设计建设策略

C. 风险管控策略　　　　　　　　　　　D. 营销管理策略

180. 资产管理策略是指以（　　）为基础,针对资产全寿命周期管理活动制定的纲领性文件。

答案：AC

A. 公司发展规划　　　　　　　　　　　B. 内外部环境因素

C. 资产管理总体目标　　　　　　　　　D. 国家政策规划

181. 资产管理策略应源于（　　）, 并与其保持一致。　　　　　答案：BCD

A. 公司发展规划　　　　　　　　　　　B. 资产管理绩效目标

C. 资产管理执行目标　　　　　　　　　D. 资产管理总体目标

182. 下列关于资产管理策略制定的方法描述正确的是（　　）。　　　　　答案：ACD

A. 公司往往基于资产管理基础模型进行策略编制

B. 资产管理策略制定后，要分析、评价公司资产现状、管理现状

C. 资产管理策略可依据公司管理和发展需要，不定期滚动修正

D. 资产管理策略通常以五年为一个编制周期，原则上每年定期滚动调整修订

183. 资产管理策略包含六大基本模块，全面覆盖公司资产管理核心业务，包括（　　）。

答案：ABC

A. 电网发展策略　　　　　　　　　　　B. 资产寿命周期策略

C. 寿命周期职能策略　　　　　　　　　D. 资产绩效管理策略

184. 寿命周期职能策略用于指导寿命周期各个主要职能工作的开展，在强调各职能业务横向协同的同时，重点突出本专业职能的（　　）。　　　　　答案：BC

A. 特殊　　　　　B. 发展方针　　　　　C. 执行策略　　　　D. 相关利益

185. 有关电网发展策略的表述正确的一项是：（　　）。　　　　　答案：ABC

A. 需对公司业务范围内电网现状、电源现状、负荷现状展开分析

B. 需根据电源建设、负荷发展等需求预测

C. 需结合公司资产管理总体目标及社会发展规划要求

D. 需确定电网发展需要解决的各类问题或面临的各类风险

186. 有关风险管理策略的表述正确的一项是（　　　）。　　　　　　　　答案：ACD

A. 需明确资产重要性评价标准

B. 需分析和识别资产管理关键阶段活动可能存在的风险

C. 需建立资产管理风险库和资产风险评价模型

D. 需制定风险规避，风险承受，风险转移和风险控制等具体策略

187. 有关制度标准的表述不正确的一项是（　　　）。　　　　　　　　答案：ABC

A. 并非任何企业都需要一套行之有效的制度标准

B. 制度标准便于企业进行外部控制管理

C. 企业制度是企业全体员工在企业生产经营活动中须共同遵守的规定和准则的总称

D. 社会主义市场经济体制下，在国家相关法律范围内发挥市场经济的宏观调控功能

188. 在供电公司的资产管理标准制度体系中，"一套制度标准"具体体现包括（　　　）。

答案：ACD

A. 一本管理手册　　　　　　　　　　B.12 个要素

C. 一张制度标准清单　　　　　　　　D. 一张记录清单

189. 下列不属于"一张制度标准清单"的构成部分的是（　　　）。　　　答案：AC

A. 通用制度差异条款　　　　　　　　B. 国网通用技术标准

C. 国网非通用制度实施细则　　　　　D. 资产全寿命周期管理标准

190. 工作手册要依据公司资产管理手册和（　　　）编制。　　　　　　答案：AD

A. 资产管理手册　　　　B. 通用标准　　　　C. 实施细则　　　　D. 程序文件

191. 工作手册由责任主体、所属业务、工作要求、与资产全寿命周期管理关系四个层次组成，公司员工可在（　　　）中寻找本部门及本岗位需开展的工作要求。　　　答案：AC

A. 第一层责任主体　　　　　　　　　B. 第二层所属业务

C. 第三层工作要求　　　　　　　　　D. 第四层资产全寿命周期管理关系

192. 流程手册主要由（　　　）三部分组成。　　　　　　　　　　　　答案：ABD

A. 资产管理流程手册说明　　　　　　B. 流程地图

C. 流程文件　　　　　　　　　　　　D. 流程图手册

193. 流程手册说明包括（　　　）。　　　　　　　　　　　　　　　　答案：BCD

A. 资产管理目标　　　　　　　　　　B. 资产管理业务流

C. 资产管理价值流　　　　　　　　　D. 资产管理信息流

194. 下列有关流程图手册表述正确的是（　　　）。　　　　　　　　　答案：BCD

A. 包括资产管理业务流、价值流、信息流

B. 对流程总图涉及各个业务环节进行了展开

C. 是对照流程地图的每个业务环节，梳理三级核心流程的具体内容

D. 在每个流程图中都明确了责任主体、流程顺序、业务流向、信息和价值传递的具体内容

195. 下列有关通用技术方法表述正确的是（　　　）。　　　　　　　　答案：ACD

A. 解决了"如何做好"的问题

B. 解决了"怎么做"的问题

C. 是对资产管理体系要求落地实践和应用的总结

D. 使资产管理体系真正落实到实际业务中去，实现与业务的深度融合

196. 通用技术方法体系分为（　　　）。 答案：AC

A. 管理方法　　　　　B. 流程方法　　　　　C. 技术方法　　　　　D. 决策方法

197. 通用技术方法中的管理方法包括（　　　）。 答案：ABC

A. 企业模型层次分析法　　　　　　　　B. 逐级承接分解法

C. 标准工作程序模型　　　　　　　　　D. 关键因素分析法

198. 资产全寿命成本计算公式（$L_{CC}=C_1+C_2+C_3+C_4+C_5$）中的 C_1 为资本性投入成本，包括
（　　　）。 答案：AD

A. 设备的购置费用　　　　　　　　　　B. 周期性检修维护费用

C. 材料成本　　　　　　　　　　　　　D. 安装调试费

199. 资产全寿命成本计算公式（$L_{CC}=C_1+C_2+C_3+C_4+C_5$）中的 C_2 为资产运维成本，包括
（　　　）。 答案：AB

A. 运维人工成本　　　　　　　　　　　B. 材料成本

C. 资产故障处置成本　　　　　　　　　D. 设备的购置费用

200. 资产全寿命成本计算公式（$L_{CC}=C_1+C_2+C_3+C_4+C_5$）中的 C_3 为资产检修成本，包括
（　　　）。 答案：AB

A. 周期性解体检修费用　　　　　　　　B. 周期性检修维护费用

C. 材料成本费用　　　　　　　　　　　D. 设备的购置费用

201. 资产全寿命成本计算公式（$L_{CC}=C_1+C_2+C_3+C_4+C_5$）中的 C_4 为资产故障处置成本，
包括（　　　）。 答案：BD

A. 设备损耗　　　　　　　　　　　　　B. 故障损失费用

C. 周期性解体检修费用　　　　　　　　D. 为设备故障抢修人工、材料、台班成本

202. 资产全寿命成本计算公式（$L_{CC}=C_1+C_2+C_3+C_4+C_5$）中的 C_5 为资产报废处置成本，
不包括（　　　）。 答案：AD

A. 设备损耗　　　　　　　　　　　　　B. 资产提前退役成本

C. 资产报废处置过程成本　　　　　　　D. 报废资产处置收入

203. 关于企业模型层次分析法（EMLA 法）的作用的表述正确的是（　　　）。 答案：ABC

A. 属于通用技术方法中的管理方法　　　B. 可以识别业务能力，构建管理体系

C. 可以完善既有业务流程　　　　　　　D. 以 PDCA 管理模型为基础

204. 下列有关等额年度成本当量法 EUAC 的说法正确的是（　　　）。 答案：ACD

A. EUAC 值为年均资本投入成本（年均折旧费）与年均维持费用之和

B. 随着使用年限的增加，折合到使用阶段每一年所分摊的购置费将逐年增加

C. 资产的运维检修费却其性能的逐步恶化，每年所需的费用将逐年增加

D. EUAC 值会出现在开始一些年份逐年减少，至某一年份达到最小值

205. 根据设备故障浴盆曲线，失效率（故障率）随时间的变化分为（　　　）。 答案：ABC

A. 早期失效期　　　　　　　　　　　　B. 偶然失效期

C. 耗损失效期　　　　　　　　　　　　D. 晚期失效期

206. 根据设备故障浴盆曲线，有关偶然失效期表述正确的是（　　　）。 答案：ACD

A. 产品可靠性指标所对应的时间范围就是偶然失效期

B. 偶然失效期对应的资产全寿命周期管理阶段为基建建设阶段

C. 在偶然失效期资产全寿命周期管理的任务是维修策略的研究

D. 偶然失效期是设备的正常工作期或最佳状态期

207. 关于故障概率计算公式，下列表述正确的是（　　）。 答案：ABD

A. P 代表被评价设备每一评价周期的故障概率　　B. K 代表比例系数

C. C 代表周期长短　　　　　　　　　　　　D. ISE 代表设备状态评价分值

208. 风险评估分为（　　）三个阶段。 答案：ABC

A. 风险识别　　　　　B. 分别分析　　　　　C. 风险评价　　　　　D. 风险管控

209. 下列有关风险评价过程的表述中不正确的是（　　）。 答案：ABC

A. 风险评价可以将风险分析的结果与预先设定的风险准则相比较

B. 风险评价在各种风险的分析结果之间进行比较

C. 风险评价阶段可以确定风险等级

D. 风险评价定性方法包括了头脑风暴法和风险指数法、定量方法一般指风险矩阵法等

210. 下列有关风险值的公式的表述中不正确的是（　　）。 答案：ABD

A. A 代表资产重要性等级

B. A 考虑了设备价值、用户等级和设备所处的地位三个因素

C. F 代表设备风险后果，但不包括社会（人身、环境）因素

D. P 代表设备故障率

211. 行业用电分类统计数据的作用包括（　　）。 答案：ABD

A. 是资产管理中重要的绩效指标之一

B. 是电网发展和投资绩效的重要衡量标准

C. 是电网绩效评价和风险管控的决策依据

D. 是判断各行业经济增长及地区经济增长的重要依据

212. 统计管理过程中，决定统计数据质量的三大要素是（　　）。 答案：ACD

A. 准确性　　　　　　B. 全局性　　　　　　C. 及时性　　　　　　D. 完整性

213. 评价标准的核心原则不包括（　　）。 答案：ACD

A. 关键因素分析原则　　　　　　　　　　B. 梯次改进原则

C. 多方法综合评价原则　　　　　　　　　D. 评价闭环管理原则

214. 在建立工作组织与保障机制的基础上，国网浙江省电力有限公司深度诊断，制定体系建设工作方案。全面开展现状评价，从（　　）等方面对公司十大类资产进行分析。 答案：ABCD

A. 资产规模　　　　　B. 资产效率　　　　　C. 健康水平　　　　　D. 退役报废

215. 资产管理体系的评价标准要分别针对（　　）三个层次制定。 答案：ABC

A. 资产管理体系　　　B. 实物资产　　　　　C. 资产管理活动　　　D. 无形资产

216. 实物资产评价是依据《国家电网公司总部固定资产管理办法》，从（　　）三个方面，对实物资产的基础管理水平进行综合评价。 答案：BCD

A. 实物资产　　　　　B. 实物资产新增　　　C. 实物资产减少　　　D. 信息化管理

217. 下列属于国网浙江省电力有限公司全面宣贯，提高管理理念认识水平的工作措施的是（　　）。 答案：ABCD

A. 建立新闻宣传机制　　　　　　　　　　B. 编制资产管理宣传手册

C. 组织各级人员宣贯培训　　　　　　　　D. 开设资产管理体系网络学习专栏

218.下列有关"协同"的表述中，正确的是（   ）。　　　　　　　　答案：ABC

A. 指协调两个或者两个以上的不同资源或者个体，协同一致地完成某一目标的过程或能力

B. 在日常工作中，协同往往可以带来"1+1>2"的效果

C. 是资产全生命周期管理的核心工作机制

D. 实现资产管理体系落地实施和长效运行是协同的重要保障

219.协同机制覆盖范围中规定了（   ）。　　　　　　　　　　　　答案：ABD

A. 业务范围　　　　B. 流程范围　　　　C. 管理范围　　　　D. 资产范围

220.协同机制的资产范围中，包括了（   ）。　　　　　　　　　　答案：BCD

A. 无形资产　　　　B. 电网业务

C. 人力、信息资产　　D. 企业所辖的与资产管理活动相关的所有固定资产

221.公司管理创新项目实行分层分级管理，项目分为（   ）三个层次。　答案：ABC

A. 重大　　　　　　B. 重要　　　　　　C. 一般　　　　　　D. 不重要

222.要落实决策协同必须分三步走，即（   ）。　　　　　　　　　答案：BCD

A. 保证部门间目标一致、横向协作　　　B. 统一企业目标体系的设计来源

C. 综合平衡跨部门目标指标　　　　　　D. 应用统一原则分解细化目标到具体任务

223.安监部从自动采集数据的（   ）三个方面分解电能质量检测指标，为提高电能质量在线监测指标。　　　　　　　　　　　　　　　　　　　　答案：ABC

A. 及时率　　　　　B. 完整率　　　　　C. 准确率　　　　　D. 一致率

224.为确保总体目标策略与计划的衔接，公司需要建立不同策略与部门年度计划的关联关系，确保目标策略能够有效指导各专业计划，实现（   ）的协同。　答案：ABC

A. 策略与策略　　　B. 策略与计划　　　C. 计划与计划　　　D. 不同部门

225.为实现全省退役配电变压器的"统一招标、统一维修、统一调配"的（   ）运作模式，运检部、物资部、财务部协同，印发了《国网浙江省电力公司退役配电变压器的重新再利用操作细则》。　　　　　　　　　　　　　　　　　　　　答案：CD

A. 退役　　　　　　B. 报废　　　　　　C. 修复　　　　　　D. 利旧

226.计划协同机制的具体含义包括（   ）。　　　　　　　　　　　答案：ABC

A. 将不同策略与各业务部门计划次相关联

B. 强化需求统筹管理，统一平衡基建、技改、大修需求

C. 强化各类实施计划的统筹，实现资源利用率提升

D. 制定企业资产全生命周期管理总体目标

227.执行协同的核心因素包括（   ）。　　　　　　　　　　　　　答案：BCD

A. 注重各类实施计划的统筹

B. 明确资产管理核心业务流程协同点工作要求

C. 强化跨部门流程的衔接与信息共享

D. 强调协同工作监督成效的监督评价

228.在"织里镇中小童装企业燃煤蒸汽锅炉改造为电锅炉"项目中的工作思路不包括（   ）。　　　　　　　　　　　　　　　　　　　　　　　　　答案：ABC

A. 成立了由营销、运检等部门人员组成的电能替代领导小组和工作小组

B. 建立内外部协同工作机制，加强业扩项目跨部门流程的衔接

C. 强化三方合作，深化外部协同

D. 以需求管理为支撑，优化物资计划协同管控

229. 体系保障协同机制在信访工作中的应用，要遵循的原则包括（　　）。　　答案：BCD

A. 整体联动推行社会责任　　　　　　　　B. 内部单位间坚持上下协同，属地负责

C. 内部部门间坚持左右协同，谁主管谁负责　D. 外部坚持协同联动，共同承担维稳责任

230. 下列选项中，属于体系保障协同机制在规章制度管理工作中应用的工作成效的是（　　）。　　答案：ABC

A. 覆盖更加全面　　　　　　　　　　　　B. 体系更加高效

C. 效力更加突出　　　　　　　　　　　　D. 业务提升成效明显

231. 体系保障协同机制在电网风险预警工作的应用中，工作成效包括（　　）。　答案：ACD

A. 有效提升了风险管理水平

B. 开展灾害天气下电网风险控制与应急评估

C. 提升了电网运行安全稳定水平和调控事故响应速度

D. 实现了风险信息共享、风险责任共担、各部门协同合作

232. 下列有关闭环管理的说话中，不正确的是（　　）。　　答案：ACD

A. 闭环管理有益于持续提高企业的经济效益

B. 闭环管理不是应用在日常实践中，应当应用在资产投资阶段

C. 闭环管理是资产全寿命周期管理的重要环节

D. 闭环管理是实现资产管理水平持续提升的必要条件

233. 按照国网《资产管理规范》要求，公司以（　　）为两大主线，基于资产管理过程管控、审核、纠正预防、持续改进等核心要素，建立了闭环管理工作机制。　　答案：CD

A. 投资决策　　　B. 采购规划　　　C. 资产管理活动　　　D. 资产本身

234. 在资产闭环管理方面，需要加强（　　）三个环节的紧密程度，实现真正的闭环。

答案：ACD

A. 资产形成　　　　B. 采购建设　　　C. 资产退出　　　D. 监督评价

235. 在下列有关资产闭环管理的资产退出阶段的说法中，正确的是（　　）。　答案：ACD

A. 强化资产再利用，在全省范围内开展退役配电变压器再利用工作

B. 强化退出决策时综合评估，完善退役资产再利用的机制

C. 强化资产使用效率，强化资产退出决策时对风险、成本、效益的影响分析

D. 强化资产使用效率，提升资产再利用制，动态评价资产资产管理水平

236. 在资产管理活动闭环方面，需要重视（　　）两个环节，彻底解决在业务管理中经常出现的"一头一尾"薄弱的问题，大大提高两头的效率。　　答案：BC

A. 投资决策　　　B. 计划制定　　　C. 评价改进　　　D. 纠正预防

237. 在资产闭环管理中强化工作计划管理，需要侧重落实（　　）等三方面的闭环。

答案：BCD

A. 资产管理　　　B. 重点任务　　　C. 常态业务　　　D. 项目管理

238. 下列有关强化工作计划管理,需要侧重落实的三方面闭环工作内容中,正确的是（　　）。

答案：ABC

A. 重点工作闭环方面，明确年度重点工作计划，并通过督办机制进行落实跟踪

B. 重点工作闭环方面，要尤其重视迎峰度夏等重点项目的闭环

C. 常态业务闭环方面，注重年度目标指标的管理闭环

D. 项目管理闭环方面，跟踪分析弱项指标，通过二十四节气表、专业检查工作实现闭环

239. 价值流闭环的具体含义是关注（ ）价值信息的流程节点，实现价值信息至业务执行的转换，为后续价值信息的精细化管控及价值流的闭环管理提供支撑。 答案：ACD

A. 发生 B. 管理 C. 流转 D. 销毁

240. 下列有关结算工作的说法中，不正确的是（ ）。 答案：ABC

A. 结算工作是工程建设不可缺少的重要环节

B. 结算工作是工程造价控制的关键环节

C. 结算工作也是造价管理最被动的环节

D. 工程建设过程中部分环节的问题会在结算阶段暴露出来

241. 国网浙江省电力有限公司通过以资产闭环管理机制为指导，建立了（ ）"三码"对应标准库。 答案：BCD

A. 电网编码 B. 物料编码 C. 设备分类编码 D. 资产分类编码

242. 下列属于实物流闭环的核心因素的是（ ）。 答案：ABC

A. 关注形成及退出环节，梳理业务来源中所罗列内容是否有相应流程支撑，流程是否规范

B. 关注运维资产运维环节，梳理设备投运、在运、停运、退运等状态转换时上下游业务的衔接和闭环

C. 梳理记录资产和状态归属的流程节点，实现设备状态的追踪

D. 实物流闭环通过梳理并优化实物资产从形成、运维到退出的各个业务节点，实现实物资产的全过程管控

243. 下列选项中，属于实物流闭环在特高压运维中的应用成果的是（ ）。 答案：ABC

A. 完善了特高压站"月、周、日"安全生产工作机制

B. 明确了特高压中心及班组两级的工作例会要求

C. 固化了"日对比、周分析、月总结"工作要求及各专业管理要求

D. 实现了建设项目从立项开始到施工、投产、竣工决算全过程的信息化管理

244. 下列选项中，不属于实物流闭环在特高压运维中的应用成效的是（ ）。 答案：ABC

A. 提升电网安全稳定水平 B. 促进运维工作的有序进展

C. 为电网安全稳定运行提供基本保障 D. 明确特高压中心及班组两级的工作例会要求

245. 目前的物资监测管理制度中，仍存在一些问题，但不包括（ ）。 答案：ABD

A. 未形成物资全过程的闭环模式 B. 缺少持续改进的环节

C. 未涉及状态监测、问题筛选和分析等环节 D. 不能很好地支持物资全过程的监测工作

246. 以闭环工作机制为统领来制定规范化的监测方法和规则，主要通过四个方面展开，其中包括（ ）。 答案：ACD

A. 物资采购规范性监测点 B. 物资捐赠管理监测点

C. 物资采购需求准确性监测点 D. 物资库存及出入库管理监测点

247. 物资采购规范性监测点是指，对于集中采购的物资，根据（ ）具体情况，分别研究制定相应的判定规则。 答案：ACD

A. 集中采购的应用情况 B. 国网标准物料应用情况

C. 集中采购的中标结果　　　　　　　　D. 采购申请的预算

248. 监测分析的流程应贯穿（　　）三大环节。　　　　　　　　答案：ABD

A. 监测　　　　　　B. 分析　　　　　　C. 计划　　　　　　D. 跟踪反馈

249. 监测分析具体可分为数据收集、数据清洗、问题筛选、在线核查、问题追因、影响分析、建议研究、闭环跟踪八个步骤，其中（　　）在时间要求紧张的情况下，可并行开展。

答案：BD

A. 数据收集　　　　B. 影响分析　　　　C. 数据清洗　　　　D. 问题追因

250. 要在企业级指标监测闭环中应用企业级重点工作闭环，工作思路包括（　　）。

答案：ABC

A. 统筹目标实现管理的机制　　　　　　B. 持续优化资产管理目标

C. 全资产管理目标监测机制　　　　　　D. 制定明确的监测方法和规则

251. 在企业级指标监测闭环中应用重点工作闭环时，要统筹目标实现管理的机制，下列措施中不相关的是（　　）。　　　　　　　　答案：ABD

A. 细化对指标底层因子的分析诊断

B. 强化"通过改进管理提升指标水平"的工作机制建设

C. 定期开展弱项指标和重点指标分月预警监控

D. 采用"股份制"方法，树立"指标关联部门要对指标成效尽职"的管理理念

252. 在企业级指标监测闭环中应用重点工作闭环时，要健全资产管理目标监测机制，下列措施中相关的是（　　）。　　　　　　　　答案：ABD

A. 开展对绩效指标体系的监测分析等业务实施工作

B. 编写两期资产管理绩效监测专项季报

C. 强化"通过改进管理提升指标水平"的工作机制建设

D. 组织各地市公司完成两期资产管理绩效监测专项季报

253. 下列有关主营业务闭环的说法中，正确的是（　　）。　　　　答案：ABD

A. 主营业务闭环可以应用在供应商绩效评价结果中

B. 主营业务闭环通过各项专项检查，不断优化当前工作内容

C. 主营业务闭环在供应商绩效评价结果中的应用可以保障采购人的权益，但较难对供应商的行为有形之有效的约束

D. 通过供应商不良行为和绩效评价结果在招投标工作中的应用，可以实现了招标采购环节对供应商的闭环管理

254. 项目闭环的核心因素包括（　　）。　　　　　　　　答案：ABD

A. 项目验收标准的完善

B. 项目实施后评价及投资效益评估改进流程

C. 通过各项目专项检查，不断优化当前工作内容

D. 梳理立项环节项目预期成效分析

255. 下列不属于项目闭环在财务工作中应用的工作措施的是（　　）。　　答案：BCD

A. 梳理关键节点，并进行明确　　　　　B. 固化信息系统，强化节点管控

C. 组织专项检查评价，并监督整改　　　D. 完善评价体系，强化过程考核

256. 项目闭环在财务工作中应用时，要做到固化信息系统，强化节点管控，下列的工作措

施中相关的是（　　）。　　　　　　　　　　　　　　　　　　答案：ABD
    A. 维护项目投产信息　　　　　　　　　B. 部署系统关账时限
    C. 梳理完善评价体系　　　　　　　　　D. 加强项目闭环管理

257. 公司在资产报废管理过程中存在一些不足，包括（　　）。　　答案：BCD
    A. 资产报废计划管理不完善，定期资产报废计划需要完善
    B. 项目产生的非固定资产类物资的拆旧报废审批不完善
    C. 资产报废评估鉴定流程不完善，未对拟报废资产进行评估鉴定
    D. 信息化程度不高，不能达到信息共享

258. 项目产生的非固定资产类物资的拆旧报废审批不完善的影响包括（　　）。　答案：ABC
    A. 导致该类资产的不当报废、报废数量不完整、不准确
    B. 导致可继续利用的资产提前报废
    C. 导致实际报废数量与账面报废数量不符，造成资产流失、失窃
    D. 导致废旧物资的实际入库情况与申请报废情况不相符

259. 废旧物资回收入库流程不完善，未对物资交接转移的过程进行详细规定的不利影响包括（　　）。　　　　　　　　　　　　　　　　　　　　答案：ACD
    A. 容易在废旧物处理滋生舞弊现象
    B. 减少废旧物处理的流程成本
    C. 导致废旧物资的实际入库情况与申请报废情况不相符
    D. 导致废旧物资处理方式不当，造成资产浪费或流失

260. 为实现资产报废管理的绩效最大化全过程管理，国网浙江省电力有限公司的主要做法不包括的是（　　）。　　　　　　　　　　　　　　　　　　答案：BCD
    A. 实现资产全寿命周期内安全、效能、成本的综合最优
    B. 统筹协调资产在规划、设计、采购、建设、运维、改造、报废处置等全寿命周期的管理行为和技术要求
    C. 梳理资产报废的整体流程，紧扣关键风险点和控制点，深入分析并预防风险的发生
    D. 规范资产报废计划管理、强化资产报废鉴定、审批、加强废旧物资的回收入库管理

261. "三审核、两评估"的工作流程中的三审核不包括（　　）。　　　答案：BCD
    A. 资产报废鉴定流程　　　　　　　　　B. 资产报废计划审核流程
    C. 资产报废申请审核流程　　　　　　　D. 废旧物资回收入库审核流程

262. 下列有关资产报废计划审核流程的说法准确的是（　　）。　　　答案：ACD
    A. 资产报废计划包括年度资产报废计划和项目拆旧计划
    B. 年度资产报废计划由资产使用部门于每年年末提报
    C. 项目拆旧计划由项目管理部门在项目立项时编制
    D. 项目拆旧计划经过适当程序审核，作为项目拆旧的依据

263. 下列有关资产报废鉴定流程的说法不准确的是（　　）。　　　　答案：ACD
    A. "三审核、两评估"的第二道评估是资产报废鉴定流程
    B. 资产报废鉴定可存在于多个环节之中
    C. 资产报废鉴定后形成《评估报告》，提交财务部备案
    D. 通过评估，可以使库存废旧物资价值等信息及时反馈

264.下列有关风险管理的说法中正确的是（　　　）。　　　　　　答案：ACD

A.风险管理是社会组织或者个人用以降低风险的消极结果的决策过程

B.风险管理要求用一切代价收获最大的安全保障

C.风险管理的过程包括风险识别、风险估测、风险评价

D.风险管理要求选择与优化组合各种风险管理技术，对风险实施有效控制和妥善处理风险所致损失的后果

265.在风险管理理论中，控制风险的措施包括（　　　）。　　　　　答案：BCD

A.通过最大限度地避免风险发生来控制风险

B.通过降低其损失发生的概率来控制风险

C.控制风险的最有效方法是制定切实可行的应急方案

D.风险发生后，按照预先的方案实施，可将损失控制在最低限度

266.下列不属于强化风险应急联动，确保风险处置及时妥当的工作内容的是（　　　）。

答案：ABD

A.根据风险事件的类型和影响程度，启动针对性应对措施

B.建立风险信息与应急预案的联动关系

C.建立专业管理、跨专业业务、公司内外部风险信息共享平台

D.同步及时修编应急预案，完善公司应急预案体系

267.在构建风险管控机制框架时，按风险类型进行区分，可以分为（　　　）。　　答案：ABC

A.资产类风险　　　　　　　　　　　　B.资产管理类风险

C.环境风险　　　　　　　　　　　　　D.重要风险

268.省地县一体化电网风险管控体系能提前发现局部电网薄弱环节，通过采取（　　　）措施降低电网供电风险，实现了风险预控的全周期、全过程闭环管理。　　　　答案：AB

A.运行方式调整　　　　　　　　　　　B.网架补强

C.应急预案　　　　　　　　　　　　　D.实时监控

269.浙江省电力公司深入分析电网及设备风险，发现一系列薄弱环节，但不包括（　　　）。

答案：BCD

A.物资采购成本过高

B.工程物资采购申请不合理，工程设备、材料不符合工程要求，影响工程施工质量

C.未对设备材料的数量、型号、外观质量等进行检查或检查不到位

D.物资领料单填写不清楚

270.采用科技手段强化重要通道的技防措施，强化特高压重要输电通道的风险控制联动的工作措施包括（　　　）。　　　　　　　　　　　　　　　　答案：BCD

A.联合社会力量实行舆情监测管理

B.大力推行直升机、无人机和人工协同巡检新模式

C.注重在线监测应用，强化检验严格把好入网关

D.实行重要输电通道"四个标准化"巡视

271.资产管理类风险防控机制的核心因素不包括（　　　）。　　　　答案：ABC

A.对各类事件（事故）及时采取应对措施　　B.调查分析事件发生的根本原因

C.制定、落实预防和控制事件措施　　　　　D.努力做到消除一切事件

272. 资产管理类风险防控机制要求,识别资产全寿命周期管理相关的规章制度和技术标准,及时更新并公布现行有效的(　　)。　　　　　　　　　　　　答案:BC

A. 利益相关方清单　　　B. 制度清单　　　　　C. 标准清单　　　　　　　D. 法律法规

273. 在信访风险管控中建立各部门横向协同、各单位纵向互联的立体防范工作体系,要求各部门、单位分工负责,办公室应负责(　　)。　　　　　　　　　　答案:AC

A. 信访风险管控

B. 法律风险管控

C. 24h 值班及相关信息收集

D. 舆情风险管控,开展与稳定风险相关的舆情监测和辨识

274. 在资金支付风险管控中,相关的工作措施包括(　　)。　　　　　　答案:ACD

A. 加强对数字证书的保管工作

B. 建立舆情应对处置案例库,编制各类警示案例

C. 完善 SAP 日常供应商收款账户信息工作

D. 规范电子报账系统一次性供应商收款账户信息工作

275. 环境类风险防控机制的核心因素不包括(　　)。　　　　　　　　答案:ABC

A. 基于资产全寿命周期管理的风险管理方法,对重要输电通道风险评估

B. 针对风险评估结果,建立风险专项治理,逐项采取措施整治

C. 对重要通道制定了专项整治方案和三年治理计划,并预排入技改、大修项目

D. 进行严格的闭环,有风险就进行识别、监测和流程优化,有事故就进行改进和后期监督

276. 要落实决策协同必须分三步走,即(　　)。　　　　　　　　　　答案:BCD

A. 保证部门间目标一致、横向协作　　　　B. 统一企业目标体系的设计来源

C. 综合平衡跨部门目标指标　　　　　　　D. 应用统一原则分解细化目标到具体任务

277. 在企业中,资产管理方法是对企业生产经营活动所需各种资产的取得、保管、运用等一系列(　　)等管理工作的总称。　　　　　　　　　　　　　　答案:ABC

A. 计划　　　　　　　B. 组织　　　　　　C. 控制　　　　　D. 装修

278. 运用全寿命周期管理理念需要进一步明确各专业工作开展的方法,通过应用资产全寿命周期的(　　)等技术理论,闭环管理、逐层分解等管理模型,形成一套资产全寿命周期管理方法论,确保实际业务开展切实落实资产管理要求。　　　　　　　　答案:ACD

A. 绩效　　　　　　　B. 数量　　　　　　C. 风险　　　　　D. 成本

279. 形成一套资产全寿命周期管理方法论,可以确保实际业务开展切实落实资产管理要求,各个专业"看问题、办事情"有例可援,实现资产管理决策的(　　),促进资产管理向精益化、标准化的方向发展。　　　　　　　　　　　　　　　　　　答案:AB

A. 定量化　　　　　　B. 科学化　　　　　C. 精益化　　　　D. 标准化

280. 资产全寿命周期管理方法根据国家电网公司资产管理体系实施工作要求和公司自身业务开展特点,进行提炼消化总结,形成一整套体系化的决策、管控、评价方法,涵盖资产管理业务(　　)的全过程以及管理支撑业务。　　　　　　　　　　　　答案:ABCD

A. 决策　　　　　　　B. 执行　　　　　　C. 评价　　　　　D. 改进

281. 资产全寿命周期管理技术方法是指资产全寿命周期各环节中应用的技术性操作方法,技术方法包括(　　)。　　　　　　　　　　　　　　　　　　　答案:BC

A. 常用技术方法 　　　　　　　　　　B. 专业技术方法

C. 通用技术方法 　　　　　　　　　　D. 特殊技术方法

282. 通用技术方法是指资产全寿命周期各个环节通用的技术操作方法，包括（　　　）。

答案：ABC

A. 风险评估模型 　　　　　　　　　　B. 资产状态评价模型

C. 资产全寿命周期成本模型 　　　　　D. 总结评估模型

283. 资产全寿命周期管理方法是指资产全寿命周期各专业工作中管理性工作使用到的方法，下列（　　　）属于资产全寿命周期管理方法。　　　　　　　　　　答案：ABC

A. 企业模型层次分析法 　　　　　　　B. 逐级承接分解法

C. 标准工作程序模型 　　　　　　　　D.SWOT 分析法

284. 通用技术方法是以（　　　）为核心的综合模型。　　　　　答案：BCD

A. 投资风险理论 　　　　　　　　　　B. 风险管理理论

C. 全寿命周期成本理论 　　　　　　　D. 设备技术状态评价理论

285. 通用技术方法是一种适用于（　　　）等各阶段工作的通用量化技术模型。　答案：ABC

A. 规划、计划、采购 　　　　　　　　B. 建设、运行、维护

C. 检修、改造、退役处置 　　　　　　D. 初级、中级、高级

286. 下列属于专业技术方法的是（　　　）。　　　　　　　　　　答案：ACD

A. 规划计划技术方法 　　　　　　　　B. 项目管理技术方法

C. 物资采购技术方法 　　　　　　　　D. 运维检修技术方法

287. 英国 NG 公司将其资产的管理主要阶段分为（　　　）。　　　答案：ABCD

A. 网络规划设计 　　　　　　　　　　B. 电网建设

C. 资产策略制定 　　　　　　　　　　D. 电网资产绩效表现评估

288. 2005 年，上海市电力公司启动了资产管理项目，该项目通过国际对标，在全寿命周期（　　　）等工作上取得了一定的成就。　　　　　　　　　　答案：ABC

A. 成本 　　　　　　　　　　　　　　B. 资产清理

C. 设备监造抽检 　　　　　　　　　　D. 投资

289. 江苏省电力公司开展了资产全寿命"双维模型分析法"研究，从全口径项目管理和全过程管理两个维度，着手构建资产管理数据模型和资产信息收集管理平台，在（　　　）方面推进了精益化管理。　　　　　　　　　　　　　　　　　答案：ABD

A. 全口径 　　　B. 全过程 　　　C. 全周期 　　　D. 全价值

290. 最近几年 LCC 技术逐渐在电力系统推广应用，比较成熟的公司主要集中在（　　　），主要用于核电站、发电机、发配电线路等建设项目。　　　　　　　　答案：AB

A. 美国 　　　　B. 欧洲 　　　C. 非洲 　　　D. 亚洲

291. 我国 LCC 研究应用的进程可分为（　　　）。　　　　　　　答案：ACD

A. 引进、消化、吸收阶段 　　　　　　B. 观望阶段

C. 理论研究逐步深入，应用逐步开展阶段 D. 在 2000 年后进入顶层推动阶段

292. 全寿命周期成本的计算方法有（　　　）。　　　　　　　　　答案：BCD

A. 成本估计法 　　　　　　　　　　　B. 工程估算法

C. 参数估算法 　　　　　　　　　　　D. 类比估计法

293. 全寿命周期成本管理的特点有（   ）。   答案：ABC

A. 追求寿命周期费用最经济

B. 从经济、技术、管理三个方面进行综合管理和研究

C. 应用可靠性工程和维修性工程技术

D. 不需要各种信息的反馈

294. 从全寿命周期过程（   ）的角度进行成本分析，可以广泛应用于工程建设、道路交通、电网管理等各领域。   答案：BC

A. 高成本   B. 低成本   C. 高效率   D. 低效率

295. 全寿命周期划分的阶段有（   ）。   答案：ABCD

A. 项目前期准备阶段   B. 项目建造阶段

C. 项目运营管理阶段   D. 废弃处置阶段

296. 电力设备全寿命周期成本管理从狭义上指的是在设备经济寿命周期内所支付的总费用，涉及的阶段主要包括（   ）等过程。   答案：ABD

A. 可研论证、采购   B. 安装、运行

C. 计划、规划   D. 维护、报废回收

297. 全寿命周期成本理论可以应用于电网全过程各阶段，包括（   ）等各环节。

答案：ABCD

A. 规划计划   B. 采购建设   C. 运行维护   D. 退役处置

298. 对于设备的检修大致分为（   ）。   答案：BCD

A. 随机检修   B. 事故检修   C. 定期检修   D. 状态检修

299. 设备状态评估是指综合考虑（   ）等方面的风险，确定设备风险程度。   答案：ABC

A. 设备安全性   B. 经济性   C. 社会影响   D. 设备好评度

300. 随着现代社会和经济的发展，对能源的巨大需求促进了电力工业的飞速发展，使得电力系统向（   ）方向发展。   答案：ABD

A. 大容量   B. 超高压   C. 单区域   D. 跨区域

301. 在电力方面，（   ）给人们的生产和现代生活所带来的影响越来越大。   答案：ABC

A. 系统容量的增大   B. 电网规模的扩大

C. 电力设备故障   D. 交通拥堵

302. 随着（   ）的发展，使得对庞大的配电网络进行（   ）成为可能。   答案：BD

A. 安装技术   B. 在线监测技术   C. 社会经济   D. 通信技术

303. 设备的可靠性从投入到报废呈现一定规律，按时间变化可分为（   ）。   答案：ACD

A. 早期失效期   B. 长期失效期   C. 偶然失效期   D. 耗损失效期

304. 设备技术状态评估模型通过对设备特征参量的收集和分析、确定设备状态和发展趋势，可以广泛应用于各领域。主要有（   ）的应用。   答案：ABCD

A. 在配电网中   B. 在智能变电站中   C. 在水电厂中   D. 在冶金业中

305. 电网发展往往受（   ）等诸多客观条件的影响，具有很大的不可预见性和随机性，使电网发展面临着较大的风险，因此对电网项目进行风险综合评价研究具有十分重要的意义。

答案：ABCD

A. 技术   B. 经济   C. 政策   D. 自然

306. 风险评估分为（　　）。　　　　　　　　　　　　　　　　　　答案：ACD

A. 风险识别　　　　　　B. 风险预测　　　　　C. 风险分析　　　　　D. 风险评价

307. 风险的识别过程包括（　　）。　　　　　　　　　　　　　　　答案：CD

A. 预测风险环节　　　　　　　　　　　B. 了解风险环节

C. 感知风险环节　　　　　　　　　　　D. 分析风险环节

308. 风险识别的步骤主要包括（　　）。　　　　　　　　　　　　　答案：ABCD

A. 收集数据资料或信息　　　　　　　　B. 分析不确定性

C. 确定风险事件　　　　　　　　　　　D. 编制工程项目风险识别报告

309. 常用的风险识别方法包括（　　）。　　　　　　　　　　　　　答案：ABC

A. 检查表法、流程图法　　　　　　　　B. 头脑风暴法、德尔菲法

C. 情景分析法、故障树分析法　　　　　D. SWOT 分析法、波士顿矩阵法

310. 下列（　　）是常用的风险识别方法。　　　　　　　　　　　　答案：ACD

A. 检查表法　　　　　　B. 动态图法　　　　　C. 故障树分析法　　　D. 情景分析法

311. 风险分析中的定性方法包括（　　）的方式。　　　　　　　　　答案：AB

A. 德尔菲法　　　　　　　　　　　　　B. 事件树分析

C. 危险分析与关键控制点法　　　　　　D. 历史数据统计

312. 风险分析中的定量方法包括（　　）方法等。　　　　　　　　　答案：BD

A. 德尔菲法　　　　　　　　　　　　　B. 危险分析与关键控制点法

C. 事件树分析　　　　　　　　　　　　D. 历史数据统计

313. 风险评价包括将风险分析的结果与预先设定的风险准则相比较，或者在各种风险的分析结果之间进行比较，确定风险的等级。定性方法包括了（　　）。　　答案：AD

A. 头脑风暴法　　　　B. 风险指数法　　　　C. 德尔菲法　　　　D. 风险矩阵法

314. 变电设备改造是延长老旧变电所服务寿命的最有效的途径，以此（　　），提高了供电可靠性、提升供电质量。　　　　　　　　　　　　　　　　答案：AB

A. 改造更换老旧设备　　　　　　　　　B. 引进新设备、新工艺、新技术

C. 直接废弃旧设备　　　　　　　　　　D. 坚持长时间使用老设备

315. 变电设备改造项目风险评价内容及流程分为（　　）。　　　　　答案：BCD

A. 自然环境分析　　　B. 工程环境分析　　　C. 样本数据分析　　　D. 确定指标权重值

316. 资产墙广泛应用于电力企业资产管理中，分析资产的规模、价值等内容，对资产（　　）提供重要指导。　　　　　　　　　　　　　　　　　　答案：BC

A. 报废预测　　　　　　B. 技改预测　　　　　C. 运维预测　　　　　D. 风险预测

317. 资产管理规划计划方面的专业技术方法有（　　）。　　　　　　答案：ABD

A. 项目优先级排序法　　　　　　　　　B. 项目评价法

C. 项目时间排序法　　　　　　　　　　D. 项目后评估法

318. 从对电网规划项目评价技术研究的总体趋势来看，主要特点是（　　）。　答案：AD

A. 定量化、模型化的分析　　　　　　　B. 定量化、标准化的分析

C. 由组合模型向单一模型发展　　　　　D. 由单一模型向组合模型发展

319. 项目评价管理侧重项目进行过程中的管控，包括（　　）等。　　答案：ABCD

A. 业务评价　　　　　　B. 价值评价　　　　　C. 信息评价　　　　　D. 协同评价

320. "四全"工作法是指（　　）的"四全"工作体系。　　　　答案：ABCD
A. 全员参与　　　　B. 全过程控制　　　　C. 全方位管理　　　　D. 全口径核算

321. 按照国网公司、省公司有关工程结算的管理规定，结算管理工作的要求是（　　）。
答案：ABCD
A. 全面性　　　　B. 及时性　　　　C. 准确性　　　　D. 合理性

322. 为了强化结算管理工作，按照"积极主动、关口前移"的管理理念，采取组织措施和技术手段建立起（　　）的工作体系，提高工程结算质量。　　　答案：ABCD
A. 全员参与　　　　B. 全过程控制　　　　C. 全方位管理　　　　D. 全口径核算

323. 下列（　　）是物资采购方面的专业技术方法。　　　　答案：ABC
A. 订货管理方法、供应商评价管理办法　　　B. 供应链集成联动法、集约化配送法
C. 风险点管控法、利库盘活法　　　　D. 销售分散法、降低库存法

324. 订货管理方法有（　　）。　　　　答案：AC
A. 定量订货法　　　B. 长期订货法　　　C. 定期订货法　　　D. 滚动订货法

325. 供应链内的流转包含（　　）等。　　　　答案：BCD
A. 物资传输的速度　　　B. 物资传输的及时度　　　C. 准确度　　　D. 配送服务程度

326. 集约化配送是依托信息化的一体式平台，实现基础数据含（　　）等的统一管理，通过同步更新、相辅相成的信息联动机制，覆盖物资的申请、入库、出库、借用、退库、盘库等各流程。　　　　答案：ABCD
A. 物料　　　　B. 储位　　　　C. 区域　　　　D. 标识

327. 下列属于运维检修方面的专业技术方法的有（　　）。　　　　答案：ABC
A. 以带电检测为主的状态检修法　　　B. 抢修体系标准化管控法
C. 电能质量在线检测法　　　　D. 订货管理方法

328. 退役设备再利用方面的专业技术方法有（　　）。　　　　答案：BC
A. 电能质量在线检测法　　　　B. 退役处置过程管控方法
C. 退役变压器修复再利用法　　　D. 订货管理方法

329. 退役变压器修复再利用法由运检部牵头会同物资部按照（　　）运作模式在全省开展退役配电变压器的重新再利用工作，确保退役配电变压器"修的好、用的出"。　答案：BCD
A. 统一订购　　　B. 统一招标　　　C. 统一维修　　　D. 统一调配

330. 配变利旧主要有四个步骤，下列步骤正确的是（　　）。　　　　答案：ABC
A. 确定利旧范围和利旧原则
B. 协同物资部讨论明确配变利旧流程，明确配变维修费用和资产移交细节
C. 统一开展招投标，确定配变利旧委托修复单位
D. 运检部牵头会同物资部每年对各单位退役变压器重新再利用情况进行分析统计，统计每年拆除配电变压器和入库配电变压器，加强管控。

331. 下列属于安全能力方面的专业技术方法的有（　　）。　　　　答案：BCD
A. "统一订购、统一维修、统一调配"管理法
B. 员工安全技术管理"五个人"分级法
C. 作业项目安全风险管控"一三五"工作法
D. 基于"图形成票、拓扑防误"智能调度操作安全管控法

332. 公司安全技术能力评价方法业务全面覆盖变电、输配电、调度、通信自动化、营销和基建安装等共 16 个专业，按照（　　）的工作原则在公司系统实施培训、鉴定工作。答案：BD

A. 统一维修　　　　　B. 统一管理　　　　　C. 统一订购　　　　　D. 分级负责

333. 下列是计量方面的专业技术方法的有（　　）。　　　　　　　　答案：BCD

A. 抢修体系标准化管控法　　　　　　　　B. 计量资产信息化管控法

C. 计量中心全自动生产作业法　　　　　　D. 计量装置异常处理"零容忍"考核法

334. 计量中心全自动生产作业法按照国家电网公司（　　）的总体要求提出。答案：ABCD

A. 集团化运作　　　　　　　　　　　　　B. 集约化发展

C. 精细化管理　　　　　　　　　　　　　D. 标准化建设

335. 国网浙江省电力有限公司结合近年来计量自动化技术的快速发展、智能化仓储和现代化物流的广泛应用，以（　　）为手段，建设全省集中、独立运作、整体授权的"国内领先、高度智能化"的省级计量中心。　　　　　　　　　　　　　答案：BCD

A. 机械化　　　　　B. 智能化　　　　　C. 自动化　　　　　D. 信息化

336. 国网浙江省电力有限公司结合近年来计量自动化技术的快速发展、智能化仓储和现代化物流的广泛应用，创新全省计量器具（　　）的集约化管理新模式。　　答案：ABCD

A. 集中检定　　　　B. 集中仓储　　　　C. 统一配送　　　　D. 统一监督

337. 层次分析法是将决策问题按（　　）直至具体的备投方案的顺序分解为不同的层次结构，然后得用求解判断矩阵特征向量的办法，求得每一层次的各元素对上一层次某元素的优先权重，最后归并各备择方案对总目标的最终权重。　　　　　　　答案：ABD

A. 总目标　　　　　　　　　　　　　　　B. 各层子目标

C. 各层子策略　　　　　　　　　　　　　D. 评价准则

338. 下列属于逐级承接分解法的特点的是（　　）。　　　　　　　　答案：ABC

A. 充分沟通，确保共识　　　　　　　　　B. 分解落实，共同承诺

C. 沟通辅导，审慎应变　　　　　　　　　D. 集约化发展、精细化管理

339. SEC 的实质就是在公司资产全寿命管理的基础上，通过对资产的（　　）进行综合评价和分析，促进公司资产管理的安全、效益、周期成本三者的综合平衡和有机统一，提高公司资产管理水平。　　　　　　　　　　　　　　　　　答案：ABD

A. 安全　　　　　B. 效益　　　　　C. 质量　　　　　D. 周期成本

340. 年度安全效能成本指标评价体系分为（　　）两类。　　　　　　答案：AD

A. 结果性指标　　　B. 目的性指标　　　C. 周期性指标　　　D. 过程性指标

341. 为实现资产的（　　）的有机联系、相互统一，电力企业积极开展了资产全寿命周期管理的相关工作。　　　　　　　　　　　　　　　　　　　答案：AB

A. 技术管理　　　　B. 经济管理　　　　C. 项目管理　　　　D. 过程管理

342. 年度计划编制、业务执行、评价等工作中按照现有管理策略要求开展，但是存在的问题也很多，包括（　　）。　　　　　　　　　　　　　　　　答案：ABC

A. 各部门对策略的理解不够，缺乏资产整体策略制定及协调机制

B. 决策管理流程及决策方法有待完善

C. 尚未从资产全寿命视角进行决策，未形成可以指导资产管理计划制定的资产中长期策略

D. 公司自上而下形成了一套完善的管理方案

343. 现有资产管理各相关业务部门的计划，尚未完全覆盖资产管理计划范围，具体包括了（　　）等。　　　　　　　　　　　　　　　　　　答案：ABC

A. 资产退役计划　　　　　　　　　　B. 资产报废计划

C. 资产管理体系改进计划　　　　　　D. 资产价值估算计划

344. 随着形势的发展和规划工作的深入，电网在规划过程中遇到了一定的困难和挑战，主要困难包括（　　）。　　　　　　　　　　　　　　　　　答案：ABC

A. 电网规模扩大后，短路电流超标日益突出　　B. 电网建设外部条件面临的环保压力大

C. 电网规划项目落地困难　　　　　　D. 设备质量提高，使用寿命延长

345. 近年来，随着工业经济快速发展，电网项目增多，电网各类资源短缺，造成因电网项目立项而积累的问题也越来越多，主要体现在以下方面，包括（　　）。　　答案：ABD

A. 战略失误　　　　　　　　　　　　B. 审批不严，管理规范缺乏

C. 有合理的立项预算或预算编制　　　D. 立项规范不统一，错失良机

346. 与国际上先进的投资管理模式相比，我国电力企业的管理模式有其自身特点，基本采用以下模式，包括（　　）。　　　　　　　　　　　　　　　　　答案：ABC

A. 以项目施工图预算控制投资成本模式

B. 以项目施工预算控制人物等资源消耗的模式

C. 以"内部定额"编制投资计划的模式

D. 以"先进技术"降低投资成本的模式

347. 电网建设项目后评估存在以下问题，包括（　　）。　　　　　　　答案：ABD

A. 缺乏后评估基础数据　　　　　　　B. 缺少量化评估

C. 有合理的立项预算或预算编制　　　D. 结构应用单一

348. 电网工程建设过程中主要包括的阶段有（　　）。　　　　　　　　答案：ABD

A. 决策阶段、设计准备阶段　　　　　B. 设计阶段、施工阶段

C. 失效阶段、动用后评价阶段　　　　D. 动用前准备阶段、保修阶段

349. 下列（　　）不是工程管理业务中存在的突出问题。　　　　　　　答案：ACD

A. 减少建设成本　　　　　　　　　　B. 在一定程度上阻碍工程进度

C. 有合理的立项预算或预算编制　　　D. 结构应用丰富

350. 产生工程管理业务中的问题的主要原因有很多，包括（　　）。　　　答案：ABC

A. 土地保护意识缺乏　　　　　　　　B. 环境保护意识缺乏

C. 规划设计考虑不足；借款手续相对烦琐　　D. 政策处理人员过多

351. 电网运行维护的关键环节一般包括（　　）。　　　　　　　　　　答案：AD

A. 状态评价　　　　　B. 停电评价　　　　C. 设备管理　　　　D. 停电管理

352. 电力企业的检修策略主要是确定设备资产所需实施的检修项目和执行周期。检修策略一般包括（　　）等一系列检修模式。　　　　　　　　　　　　　　答案：ABCD

A. 故障检修、定期检修　　　　　　　B. 状态检修

C. 预测检修　　　　　　　　　　　　D. 以可靠性为中心的检修

353. 以可靠性为中心的检修的收益通常包括（　　）。　　　　　　　　答案：ABD

A. 提高设备可靠性、避免故障削弱电网健壮性　　B. 减少停电检修时间

C. 提高检修成本　　　　　　　　　　D. 掌握设备故障根源证据

354. 公司营销管理在组织管理、决策管理、业务流程、规章制度、协调机制等方面主要存在以下问题，包括（ ）。　　　　　　　　　　　　　答案：ABC

A. 营销项目未开展项目后评估工作

B. 客户用电需求等信息缺乏快速传递、共享渠道，业扩年度计划上报的准确性

C. 营销部门对电网配套工程建设等环节缺乏有效管控

D. 几乎所有的 95598 后台接单人员专业知识不全面，业务综合水平不高

355. 电力企业在账卡物联动工作上展开了一系列的工作，已经全面完成电网资产、信息通信资产清查工作任务，建立（ ）两者的对应关系。　　　　　　答案：AB

A. 设备实物　　　　　　　　　　　　B. 资产价值

C. 资产成本　　　　　　　　　　　　D. 虚拟设备

356. 目前财务物资管理存在的问题很多，包括（ ）。　　　　　　答案：ABC

A. 配网设备资产联动工作有待进一步提升

B. 台账在 PMS 和 ERP 中信息有不一致的现象，账卡物还无法达到完全的联动

C. 需进一步完善数据管理的评价方法、评价标准及评价维度

D. 物资采购管理已经完全体现后端业务要求

357. 目前电力企业评价改进管理存在的问题包括（ ）。　　　　　　答案：BCD

A. 配网设备资产联动工作有待进一步提升

B. 尚未建立健全诊断、反馈、培训、整改、验收的闭环机制

C. 尚未建立资产管理审核及管理评审的管理机制，业务要求需进一步明确

D. 对于资产管理绩效缺少评价和改进记录

358. 电力企业一直加强电网安全风险管理体系，主要从（ ）等主要专业进行建设。

答案：ABCD

A. 安全监督管理　　　　　　　　　　B. 应急管理

C. 质量监督管理　　　　　　　　　　D. 消防与治安保卫管理

359. 下列安全质量管理业务存在的问题包括（ ）。　　　　　　答案：ABD

A. 目前的安全风险管理体系侧重于对历史上的电网、设备、人身安全事故管理，对未来风险考虑不足

B. 风险评价方法多以定性为主，缺乏定量分析

C. 风险识别及评价结果信息与资产管理计划紧密结合

D. 风险评估与业务脱节，并未形成对业务的指导

360. 由于经济社会快速发展等内外部因素，电力企业人资管理也存在一定问题，包括（ ）。

答案：ABD

A. 劳动用工管理方面，企业及其集体企业劳务派遣用工比例仍然较高，防范用工风险压力较大，外部舆论环境严峻

B. 人力资源发展方面，部分企业受困于一线员工年龄结构不断老化，管理人员、技术人员中坚力量出现断层

C. 对于资产管理绩效缺少评价和改进记录

D. 在人才培训上未覆盖全员，县级供电企业对资产全寿命周期管理的要求理解不到位，落实与要求差距较大

361. 在制度管理工作中，各级单位严格执行（　　），规范制度发文流程，同时组织制度宣贯培训，严格制度检查考核。　　　　　　　　　　　　　　　　答案：BD

A.《全寿命周期成本管理》

B.《国家电网公司规章制度管理办法》

C.《浙江省电力公司 2013 年电网固定资产清查工作方案》

D.《国家电网公司通用制度差异条款管理细则》

362. 法制与制度管理业务存在部分问题，包括（　　）。　　　　　　答案：ABC

A. 资产管理制度标准体系在企业层面不完善

B. 规章制度尚未完全覆盖资产管理体系所有业务

C. 部分规章制度需要新增、完善

D. 资产管理法律法规管理中，完全明确识别与资产管理业务相关的法律法规

363. 行政事务管理业务存在的主要问题包括（　　）。　　　　　　答案：ABC

A. 业务流程需要进一步梳理完善，企业应按照资产管理体系建设的总体要求，做好管理支撑工作

B. 品牌建设方面，一是在品牌传播上，中央权威媒体的传播质量和密度有待突破提升；二是在选题策划上，与基层单位信息沟通不够紧密

C. 车辆服务方面，车辆编制缺乏，不能满足生产需要

D. 目前的安全风险管理体系侧重于对历史上的电网、设备、人身安全事故管理，对未来风险考虑不足

364. 国网浙江省电力有限公司资产管理部具体职责包括（　　）。　　答案：ABCD

A. 体系建设，标准管理　　　　　　　　B. 策略管理，风险管控

C. 协调机制　　　　　　　　　　　　　D. 绩效管理

365. 资产管理委员会工作小组的职责包括（　　）。　　　　　　答案：ABCD

A. 体系建设、标准管理　　　　　　　　B. 策略管理

C. 风险管理　　　　　　　　　　　　　D. 协调机制管理

366. 标准工作程序模型在实物资产管理中的应用策略的工作思路为以 PDCA 模型为基础，从方向、目标、策略、评价、计划、实施、监控、改进八个方面对资产管理逐次开展，建立（　　）的可持续发展的资产管理新型模式。　　　　　　　　答案：BCD

A. 机械化　　　　　　B. 标准化　　　　　C. 流程化　　　　　　D. 制度化

367. 在实物资产管理中，目标分为（　　）。　　　　　　　　　　答案：BCD

A. 项目管理总体目标　　　　　　　　　B. 资产管理总体目标

C. 资产管理绩效目标　　　　　　　　　D. 资产管理执行目标

368. 资产管理策略主要分为（　　）。　　　　　　　　　　　　答案：ACD

A. 电网发展策略、资产寿命周期策略　　B. 资产项目管理策略、资产预算策略

C. 寿命周期职能策略、资产风险管理策略　D. 可靠性策略、投资策略

369. 资产全寿命周期管理过程管控工作承接资产管理目标、策略和计划，管控资产全寿命周期活动实施过程，确保监控资产全寿命周期管理所有阶段（　　）的绩效。　　答案：ABCD

A. 成本　　　　　　B. 风险　　　　　　C. 资产　　　　　　D. 资产集

370. 实物资产管理评价包括对（　　）的改进效果评价。　　　　　答案：ABC

A. 资产和资产集　　　　　　　　　　　B. 资产管理体系

C. 新方法和新技术　　　　　　　　　　D. 资产计划目标

371. 通过标准工作程序模型的应用，能够有效梳理资产管理各业务流程；能够明确各个部门、岗位的职责，有效避免（　　　）的局面。　　　　　　　　　　　　　答案：ABC

A. 资产管理中责任不清　　　　　　　　B. 效率不高

C. 质量参差不齐　　　　　　　　　　　D. 资产管理有条有理

372. 根据资产墙分析、企业内外部环境、资产现状及未来压力预测，提出了实物资产管理的改善建议，包括（　　　）。　　　　　　　　　　　　　　　　　　　　　答案：ABC

A. 推进全过程技术监督，确保电网资产质量

B. 全面推进输电设备远程化管控区建设，实现电网资产运维检修管理模式的创新和优化，降低运维检修成本

C. 在状态检修体系下，以综合检修为原则，统筹兼顾，优化电网资产检修策略

D. 改进资产和资产集、资产管理体系以及新方法和新技术

373. 设备状态评估在实物资产管理中的应用可以遵循以下几个步骤，包括（　　　）。

答案：ABCD

A. 获取设备状态信息　　　　　　　　　B. 管理设备状态信息

C. 评估算法　　　　　　　　　　　　　D. 评估结果验证

374. 以 LCC 理念为指导，业务管理可划分为多个环节，具体概括为（　　　）。　答案：ABCD

A. 规划计划　　　　B. 物资采购　　　　C. 运行维护　　　　D. 退役报废

375. 资产管理中的采购阶段主要任务是根据计划部门下达的项目计划制定采购方案进行物资采购。采购管理按照业务流程的顺序可以细分为（　　　）等。　　　　　答案：ABCD

A. 采购需求管理　　　　　　　　　　　B. 采购实施管理

C. 合同管理　　　　　　　　　　　　　D. 订单管理

376. 工程建设管理按照业务流程的顺序可以将工程建设管理继续细分为（　　　）等环节。

答案：ABCD

A. 安装调试　　　　B. 连接上线　　　　C. 竣工决算　　　　D. 项目成本管理

377. 运行维护管理是指决算完成之后，责任部门对资产在报废消亡之前对资产进行精细化管理的业务管理流程。运行维护管理按照实际业务情况可以细分为（　　　）等管理环节。

答案：ABCD

A. 资产增加　　　　B. 设备调拨　　　　C. 设备维修　　　　D. 资产组件管理

378. 按照业务流程顺序，退役报废管理可以继续细分为（　　　）等管理环节。　答案：ABCD

A. 设备盘点、盘点差异处理　　　　　　B. 资产报废

C. 固定资产减少　　　　　　　　　　　D. 项目投资后评价

379. 通过全过程可视化管控，可以促进项目管理标准化与规范化，依托（　　　），不断提升项目管理能力，提高项目管理效率，保障公司电网建设质量，增强公司综合效益。　答案：ACD

A. 新技术　　　　　　B. 新概念　　　　　　C. 新措施　　　　　　D. 新机制

380. 项目全过程可视化管控法主要从（　　　）方面入手，实行集约管控。　　　答案：ABC

A. 工程设计可视化　　　　　　　　　　B. 施工方案编制与交底可视化

C. 施工现场可视化　　　　　　　　　　D. 施工操作可视化

381. 项目全过程可视化管控法的实施成效有（   ）。　　　　答案：ABCD
A. 管理能力提升　　　　　　　　　　B. 管理效率提高
C. 管理指标提升　　　　　　　　　　D. 综合效益显著

382. 物资采购方面的应用策略中的订货管理方法有（   ）。　　答案：ACD
A. 定量订货法　　　B. 随机订货法　　　C. 定期订货法　　　D. 滚动订货法

383. 供应链集成联动法的实施措施包括以下内容，包括（   ）。　答案：ABD
A. 搭建集成管理模型，形成计划管理与过程监控的闭环结构
B. 通过信息整合进行物资需求预测，保障物资的及时出库供应，保障需求物资的及时入库储存，严格控制库存，优化仓储
C. 对采购合同加强管理，细化执行节点，完善物资调配流程，科学安排配送，但合同签订后不用对履行情况和执行情况进行有效的管理
D. 监控物资状态，通过信息化建设实现流程可追踪，实现物资传输的可视化和可监控化，对供应链整体执行标准化管理

384. 集约化配送法的实施措施包括以下内容，包括（   ）。　　答案：ABC
A. 及时更新系统数据，定期清点排查，实现数据信息与实物相匹配
B. 明确配送相关部门人员岗位分工，各司其职，有据可循，有责可担
C. 依托信息化一体式平台，对配送全过程实施管控，合理安排入库、出库、盘库等计划，保证业务有序开展
D. 尽量减少利用现代科技手段，运用传统组织和管理方式，并进行社会一体化协作经营的新体制物流配送

385. 库存盘活法的实施措施包括（   ）。　　　　　　　　　答案：ABC
A. 定期开展全员利库工作，对库存资源进行盘活，加强物资计划提报过程中的利库监控，严把采购关口
B. 执行过程中，库存清盘需要全面到位，科学调配管理全流程
C. 公司建立定期开展利库工作机制，建立周报制，优化物资采购月供应计划和年度采购计划
D. 加强物资采购计划交货期管理，但偶尔也可以弹性管理

386. 强化带电检测为主的状态检修法，能很好地解决（   ）的问题。答案：BCD
A. 带电检测流程闭环　　　　　　　　B. 带电检测流程不闭环
C. 运维检修衔接不到位　　　　　　　D. 工作不严密题

387. 以带电检测为主的状态检修法的实施措施包括（   ）。　答案：ABCD
A. 理论准备　　　　　　　　　　　　B. 硬件建设
C. 信息化支撑　　　　　　　　　　　D. 流程建立和管理保障

388. 抢修标准化管控法的实施措施包括（   ）。　　　　　　答案：ABD
A. 成立机构明确职责　　　　　　　　B. 完善配网标准化抢修流程
C. 去除保障体系　　　　　　　　　　D. 建立保障体系

389. 电能质量在线检测法的工作思路为采用 PDCA 闭环质量管理思想，分（   ）几个步骤，循序渐进、逐层深入地对影响数据准确性的原因进行排查分析及整改完善。答案：AB
A. 计划、执行　　　　　　　　　　　B. 评估、改进
C. 预测、观望　　　　　　　　　　　D. 模仿、调查

390. 电能质量在线检测法紧紧围绕（　　　），以同业对标指标为导向，建立"以系统深入应用促业务协同融合，以体系化管理评价促业务水平提升"的工作思路。　　　答案：ABD

A. 系统　　　　　　　B. 业务　　　　　　　C. 报废　　　　　　　D. 人员

391. 电能质量在线检测法的实施措施包括（　　　）。　　　答案：ABC

A. 推进公司辖区采集装置的全覆盖，提升了农村范围供电停电事件自动采集率

B. 开展农网供电电压数据自动采集，实现了农村范围供电电压自动集成，并实现了部分监测点供电电压数据采集

C. 加强运维质量监督，制定终端运维管理制度，充分发挥运维团队作用，加强日常运维工作质量

D. 提升数据集成质量，定期开展数据质量分析、交流，完善系统的运维监控功能，开展数据质量提升专题研究，减少系统深化应用工作督查，推进系统实用化

392. 员工安全技术等级体系建设工作按照"统一管理、分级负责"的原则，通过完善（　　　）各环节的监督，建立与专业岗位任职资格相结合的安全技术等级体系，并形成常态化安全教育培训手段。　　　答案：ABCD

A. 培训　　　　　　　B. 鉴定　　　　　　　C. 发证　　　　　　　D. 监督

393. 作业项目安全风险管控"一三五"工作法的实施措施包括（　　　）。　　　答案：ACD

A. 系统成一体，实现安全风险全过程管控　　　B. 成立机构明确职责；建立保障体系

C. 辨识三步走，规范安全风险辨识评估　　　D. 管控五道关，落实关键节点的管理责任

394. 作业项目安全风险管控"一三五"工作法的实施成效包括（　　　）。　　　答案：ABC

A. 完善作业项目风险基础管理　　　　　　　B. 强化作业项目安全风险管控力度

C. 提升作业项目安全风险管控效果　　　　　D. 巩固资产管理安全水平，但不用进一步提升

395. 基于"图形成票、拓扑防误"智能调度操作安全管控法的实施成效包括（　　　）。

答案：BCD

A. 智能调度操作安全管控法虽然没有提高间接经济效益，但有效提高了直接经济效益

B. 投入实际运行后为电网的安全稳定运行做出重要贡献，能产生巨大的社会效益

C. 提前恢复对停电用户的正常供电，提升了公司的社会形象和影响力

D. 提高电网调控能力，加强电力服务手段

396. 计量中心全自动生产作业法的实施成效包括（　　　）。　　　答案：ACD

A. 建成覆盖全省的统一配送体系

B. 完善作业项目风险基础管理

C. 电能计量全自动生产作业在国内尚无大规模建设先例

D. 省级计量检定配送集约化管理经济效益和社会效益明显

397. 计量装置异常处理"零容忍"考核法的实施成效包括（　　　）。　　　答案：ACD

A. 针对计量异常处理出台"零容忍"考核制度，建立四级管控体系，明确各级管控单位工作职责及红黄牌预警时限

B. 实现全过程监督、管控和总体考核评价，确保管控不失位、不脱节

C. 计量装置故障或异常数据处理的及时性，对防范偷窃电，电费差错和舆情风险效果不大

D. 大大提高了供电服务能力和服务水平

398. SEC 三个字母的中文含义为（　　　）。　　　答案：ABD

A. 安全性   B. 效能

C. 资产   D. 全寿命周期成本

399. 华北电网在公司内部提出了"四元""4M"的管理理论，成为指导公司管理变革和创新的重要理论基础。其中，"4M"的主要内容包括（   ）。   答案：ABCD

A. 管理理念   B. 管理机制

C. 管理架构   D. 管理文化

400. 企业模型层次分析法应用策略的实施成效包括（   ）。   答案：ABC

A. 根据固定资产管理绩效评价的实际情况，合理确定新增资产配置计划并及时调整资产配置预算

B. 通过对绩效考评发现问题的反馈和整改合理配置资源加强财务管理提高固定资产的管理水平和使用效率

C. 为资产管理部门考核固定资产管理绩效水平提供可靠依据

D. 解决绩效评价与实际情况，以及绩效考评问题反馈和整改不合理等问题，也同时让目标计划完全符合实际情况

三、

填空题

1. 在会计学中，（　　　　　）是会计最基本的要素之一，与负债、所有者权益共同构成会计等式，成为财务会计的基础。答案：资产

2. 在管理学中，对资产的一般性定义为"对组织有实际或潜在价值的项目、事物或实体"。此定义泛指（　　　　　），包括货币金融资产、实物资产、人力资源、数据资产等。答案：任何类型的资产

3. 信息资产是指在编制、优化和实施资产管理计划时必不可少的（　　　　　）。答案：数据和信息

4. （　　　　　）是指对于基础设施投资、运营策略，以及相关费用有影响的组织声誉和形象等。答案：无形资产

5. 对企业资产进行安全高效管理，延长资产使用寿命，使资产投资收益最大化，具有十分重要的意义，（　　　　　）就是实现该目标的一种管理体系。答案：资产全寿命周期管理

6. 资产全寿命周期管理从资产长期经济效益出发，全面考虑资产的规划计划、采购建设、运维检修、退役处置的全过程，在满足安全、效益、效能的前提下追求资产全周期（　　　　　）最优。答案：成本

7. 20 世纪 70 年代以来，首先在英国提出"设备综合管理"的理念，认为设备管理要以设备的一生作为研究对象，以（　　　　　）作为评价设备管理的重要经济指标，追求全寿命周期成本的最优化。答案：全寿命周期成本

8. 为了推进资产全寿命周期成本管理的应用，上海公司以世博变电站主设备招投标及泰和 220kV 变电站 GIS 设备改造等项目为切入点，对（　　　　　）进行了应用。答案：全寿命周期理念

9. 河南省电力公司在 110kV 金谷园变电站整站改造项目中应用了（　　　　　）的创新功能。答案：数字化变电站

10. 江苏省电力公司开展了资产全寿命周期"双维模型分析法"研究，从（　　　　　）和全过程管理两个维度出发，着手构建资产管理数据模型和资产信息收集管理平台，在全口径、全过程和全价值三个方面推进精益化管理。答案：全口径项目管理

11. 浙江省电力公司探索建立了技术专家评价、运行质量评价、高级专家评价的（　　　　　）。同时，技术谈判在变压器采购时的应用使 5% 的投资增加额带来了 50% 的过载管理，资产效能水平提升，带来的经济效益明显。答案：多层次供应商评估体系

12. 国家电网公司从 2003 年开始对国内外资产全寿命周期管理的理念和方法进行跟踪研究，华东电网内的有关单位进行了设备的全寿命周期成本管理的研究和实践，从控制设备的全寿命周期成本入手，开始了（　　　　　）的探索。答案：资产全寿命周期管理

13. 2008 年，国家电网公司提出在资产管理方面梳理全寿命周期管理的理念，将资产全寿命周期管理作为一项全局性、（　　　　　）的管理创新工程，列为公司当时一段时期的重点工作任务。答案：系统性

14. 近年来，国家电网公司引进吸收（　　　　　）国际先进标准和管理理念，并将其与公司资产管理的特点和优秀实践有机结合。答案：PAS55 和 IOS 55000

15. 资产全寿命周期管理体系还应符合（　　　　　）原则，确保资产管理目标、策略、计划与公司发展战略一致，各级目标和计划相互承接，各项资产管理活动符合计划和制度规定的质量、进度要求。答案：一致性

16.（　　　　　　）指的是在创建一个新的或改变一个现存的系统或产品时，确定新系统的目的、范围、定义和功能时所要做的所有工作。　　　　　　答案：需求分析

17.现状评价按照评价对象可以分为（　　　　　　）现状评价和（　　　　　　）现状评价。
答案：资产；资产管理

18.（　　　　　　）是指对公司各类型、各层级的资产集现状进行综合评估，全面分析掌握公司资产的绩效、价值规模、寿命分布、状态及风险等现状信息，对关键影响因素和主要原因进行追溯分析。　　　　　　答案：资产现状评价

19.资产和资产管理现状分析必须考虑通过技术、管理等领域的创新，打造资源节约型、环境友好型资产，努力与周边环境（　　　　　　）。　　　　　　答案：协调一致

20.资产管理总体目标与企业其他管理体系的方针（　　　　　　），包括质量方针、环境和职业健康安全方针等。　　　　　　答案：保持一致

21.资产管理绩效目标注重对执行过程的（　　　　　　），旨在通过监测、评价为资产管理水平的持续改进、提升提供支撑，注重监测评价对提升资产管理的成效。　答案：监测及评价

22.资产管理绩效目标具体以（　　　　　　）指标体系为基础，选取出与资产管理密切相关的指标组成资产管理目标体系，用以指导整个资产管理活动的规划、计划、执行、监督考核等。
答案：SEC

23.下图为（　　　　　　）的框架。　　　　　　答案：资产管理策略

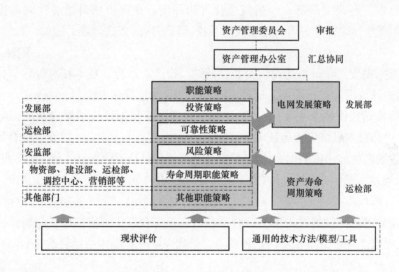

24.电网发展策略主要是通过分析电网现状、电源及用电现状、主要在建工程及进度、电力需求预测、电力电量平衡等，明确电网存在的风险及相关制约因素，根据（　　　　　　）明确未来五年的电网发展策略，指导基建项目计划及投资计划。　　　　　　答案：电网发展目标

25.投资策略，是综合平衡电网结构、外来电接入、电网设备安全可靠运行、客户需求、新能源接入、能力及资源现状等需求，结合财务投资能力测算明确投资总盘，并确定项目的优先级排序标准，综合优化（　　　　　　），指导投资计划。　　　　　　答案：投资重点及方向

26.（　　　　　　）主要包括变压器、断路器及组合电器、输电线路、配网设备、电缆、自动化、继电保护和电能计量装置等电网一、二次设备。　　　　　　答案：实物资产

27.策略制定的过程中，（　　　　　　）是战略制定的基石。　　　　　　答案：基础分析

28. 随着电力市场改革对设备精益化管理要求不断提高，国家电网公司提出了建设（　　　　　）电网的重大决策。　　　　　　　　　　　　　　答案："一强三优"

29. 资产管理计划的中长期计划原则上以（　　　　　）为一个编制周期。　答案：五年

30. 在技术环境不断变化的情况下，企业资产全寿命周期管理的决策目标就是在（　　　　　）三者之间取得动态的平衡。　　　　　　答案：安全、效能、成本

31. 一个组织应以一种有利于社会的方式进行经营和管理，（　　　　　）通常是指组织承担的高于组织自己目标的社会义务。　　　　　　　　答案：社会责任

32. 资产全寿命周期管理需构建业务流程体系并层层分解，使独立的业务之间建立独立关联，保证企业内部运作的（　　　　　　）。　　　　　答案：一致性与统一性

33. 基于（　　　　　），把资产全寿命周期各个阶段纳入统一管理，以实现对全过程的控制和整体优化。　　　　　　　　　　　　　　　　答案："三流一体"

34. 根据国家电网公司资产管理一级业务模型，过程管控业务范围涵盖规划计划、采购建设、运维检修、退役处置四大阶段，按照（　　　　　　）原则，对资产管理业务实施过程管控。
　　　　　　　　　　　　　　　　　　　　　　　　答案：分层分级管理

35. 按照国网资产管理规范要求、公司资产管理业务流程、标准制度，开展资产管理业务活动，保障实物流、信息流、价值流的协同一致，确保业务流程执行的横向（　　　　　　）、纵向（　　　　　）。　　　　　　　　　　　　　　答案：协同；闭环

36. 立项方面，各级发展部、经研院强化可研深度，在评价项目经济性成本投入时，引入（　　　　　）理念，综合考虑项目建设成本及投运转资后的资产运维、检修、抢修及报废成本。
　　　　　　　　　　　　　　　　　　　　　　　　答案：全寿命周期

37. 建立招标模型，在设备建设、安装、调试、投产、运行、成本核算等环节，对作为招标采购参考依据的评价因素进行细化，这是（　　　　　　）招投标方法。　答案：LCC

38. 运维检修阶段需要采用（　　　　　　），即以设备状态评价结果为基础，综合利用状态评价、需求评价和技术经济评价等技术手段。　　　　答案：综合辅助决策方法

39. 公司各级调度部门遵循电力行业（　　　　　），坚持下级服从上级、局部服从整体原则，开展电网安全稳定分析，编制运行方式，安排电网停电计划，依据年度运行方式，实施电网调度控制，管控过程风险。　　　　　　　　　　答案：安全标准和运行标准

40. 纠正预防管理活动通过识别不符合项和潜在不符合项、制定措施、分析原因、实施和评估措施等过程对资产管理活动开展纠正和预防，以确保资产管理体系运转的（　　　　　　）。
　　　　　　　　　　　　　　　　　　　　　　　　答案：有效性

41. 按照管理要求，各资产管理部门对本部门负责的资产状态开展监测评价工作，形成资产状态评价报告上报给（　　　　　），由其在公司范围内发布，具体评价周期依据相关规定及设备实际状态情况而定。　　　　　　　　　　答案：资产管理委员会

42. 状态信息收集应按照（　　　　　）的原则开展，并应与运行环境信息、风险评估信息等相结合。　　　　　　　　　　　　　　　答案："谁主管、谁负责"

43. 状态信息管理要求落实各级设备信息管理责任，健全设备全过程状态信息管理工作机制，确保（　　　　　）状态信息的规范、完整和准确。　　　答案：设备全寿命周期

44. （　　　　　）是一个相对成熟且不断发展的学科。早在20世纪60年代末，美国政府开始阿波罗计划后，就根据执行过程中的经验教训，深刻认识到了（　　　　　　）技术的重要性。

答案：状态监测

45.（　　　　　　）有许多种实施形式，有灵活的人工检测、记录和报送方式，也可以依托信息化技术的在线监测方式。　答案：全资产状态监测

46. 绩效监测，不同于字面意义上进行单纯的监测，它不仅包括了绩效指标体系的建立，对绩效指标体系内指标的监测，还包括对（　　　　　　）的评价。　答案：资产和资产集状态

47. 关键绩效指标必须符合（　　　）原则，反映最能有效影响企业价值创造的关键驱动因素，并逐步扩展到相关影响因素。　答案：SMART

48. 公司依据国家电网公司（　　　）指标体系，通过"关键成功因素"定位支撑资产管理目标实现、风险管控的举措选取指标，形成部门级资产管理指标，并通过正式文件发布予以明确。　答案：SEC

49.（　　　）的建立需考虑指标的设置、数据和信息的预处理、数据的统一规范化、不同量纲指标的折算，并通过历史数据的验证，尽量使计算结果具备一定的物理意义及趋势指挥作用。　答案：评估模型

50.（　　　）是指为获得资产全寿命周期管理体系活动和其有关结果的证据，对其进行客观地评价，以确定满足资产全寿命周期管理体系审核准则的程度所进行的系统的、独立的并形成文件的过程。　答案：审核

51. 审核员要以（　　　）的方式开展审核活动，以真诚的态度和规范的做法对待审核对象，通过科学的手段、严谨的作风、规范的程序、专业的能力、优质的服务和可靠的结果取得各方的信任。　答案：公平、公正、客观

52. 在市场经济条件下，企业面临着诸多风险，其中包括（　　　），而其他风险最终也可能转化为这种风险。　答案：法律风险

53. 通过提高认识，深入领会合规性评价要求，周密策划及有关各方协调合作，才能够有效开展（　　　）活动，确保实现遵守法律法规和其他要求的承诺。　答案：合规性评价

54. 审核组在现场审核中发现不符合项时，除要求受审核部门负责人确认不符合事实外，还应要求调查分析造成不符合的原因，如果受审核部门坚持不同意对不符合的判定，也不肯提出纠正措施建议，则应提交（　　　）仲裁。　答案：管理者代表

55. PDCA 循环方法是美国质量管理专家戴明发明的，因而又被称为（　　　），PDCA循环很好地体现了资产全寿命周期管理的思想方法和工作步骤。　答案："戴明循环"

56. PDCA 循环中 D 阶段只有一个步骤，是（　　　）。　答案：实施计划

57. PDCA 循环中 C 阶段只有一个步骤，是（　　　）。　答案：检查效果

58.（　　　）是一种提高职员对工作的热诚和参与的管理方法。利用小组活动，职员可以增加本身对工作的认识，对事物有更广阔的看法，对问题可遵循系统的方法去处理。

答案：工作改善小组

59. 管理评审是（　　　）为评价管理体系的适宜性、充分性和有效性所进行的活动。

答案：高层管理者

60. 按照评审实施的主体不同，可将管理体系评审分为（　　　）两大类。

答案：内部评审和外部评审

61. 通常公司可以组建资产管理委员会和（　　　）来作为资产管理的决策层。

答案：资产管理办公室

62. 资产管理委员会一般是由公司的总经理和（　　　　　　）组成。　答案：相关副总经理

63. 公司资产管理办公室一般由主管副总经理、副总工程师以及各部门主要负责人组成，办公室主任由（　　　　　　）担任，日常工作由资产管理专业部门归口负责。　答案：副总经理

64. 企业（　　　　　　）是资产全寿命周期管理中最重要的决定性因素之一。　答案：决策层

65. 资产全寿命周期管理活动开展的主体是（　　　　　　）。　答案：执行层

66. （　　　　　　）与基层单位人力资源部负责组织与需求部门进行需求目标、需求时间、需求内容的沟通与确认，确保培训的必要性与实效性。　答案：培训中心

67. （　　　　　　）依据培训需求分析报告与沟通确认情况，根据需求的紧急程度和重要程度对培训需求进行审核，确定年度培训需求。　答案：省公司人力资源部

68. 培训中心与基层单位培训主管部门可依据自身实际情况，在（　　　　　　）向公司本部人力资源部提出计划调整申请，经批准后方可进行计划调整。　答案：规定时间内

69. 规章制度是指用人单位制定的组织劳动过程与进行劳动管理的规则和制度的总和，也称（　　　　　　），是企业内部的"法律"。　答案：内部劳动规则

70. 国际上通行的资产管理体系标准是国际标准化组织正式发布的（　　　　　　）系列标准。
答案：ISO 55000

71. （　　　　　　）是资产全寿命周期管理的重要内容和特征，应有效用于企业资产战略目标计划制定阶段，对资产及资产全寿命周期管理相关的风险进行全面识别、评估和管控。
答案：风险管理

72. 各类风险归口管理部门在风险识别、风险评价、（　　　　　　）的过程中应与公司内部与外部相关方进行充分沟通，并将评估结果和需要执行的管控措施告知相关人员。
答案：风险监控

73. 按照生命周期理论，突发事件分为（　　　　　　）阶段，我国《突发事件应对法》据此划分了"预防与应急准备""检测与预防""应急处置与救援""事后恢复与重建"四个阶段。
答案：事前、事中和事后

74. 根据预测分析结果，对可能发生和可以预警的突发事件进行预警。公司预警分为一级、二级、三级和四级，分别用红色、橙色、黄色和蓝色表示，一级为（　　　　　　）级别。
答案：最高

75. 协同方案执行过程中，由各资产管理业务的归口管理部门主导，相关部门、单位配合，按照（　　　　　　）要求落实各自负责的工作，并提交工作成果。　答案：5W1H

76. 协同效果评价过程中，资产管理办公室负责协同管理的监督、检查、总结和完善协同管理活动开展情况，各业务环节部门要对前后端业务部门的协同活动进行（　　　　　　），根据存在的问题和不足，形成协同效果评价报告，提出改进需求和完善建议。　答案：评价

77. （　　　　　　）是企业在资产全寿命周期管理活动中，将资产全寿命周期管理的利益相关方信息传递和反馈的过程，也是实现资产全寿命周期管理目标的一种手段。　答案：沟通

78. 资产全寿命周期管理信息化系统，简称（　　　　　　）。　答案：LCAM 信息化系统

79. 国网浙江省电力公司的资产全寿命周期管理体系建设分为三个阶段进行，分别是（　　　　　　）、（　　　　　　）和（　　　　　　）。　答案：试点探索，全面建设，领先创建

80. 在资产全寿命周期管理体系建设的全面建设阶段，国网浙江省电力有限公司以国网公司资产管理规范为依据，组织制定以（　　　　　　）为核心的公司资产管理总体目标。

答案："五个更"

81. 2009 年以来，国网公司全面开展以统筹（   ）和（   ）管理模式为主要内容的"三集五大"体系建设。   答案：核心资源，核心业务

82. 国网浙江省电力有限公司围绕资产管理体系建设核心要求，遵循（   ）性、（   ）性、（   ）的基本原则，构建资产管理体系标准，健全资产管理工作机制。   答案：全局，完整，一致

83. 工作机制是（   ）与（   ）的有机联系和有效运转，是实现资产管理体系与实际业务深度融合的桥梁。   答案：体系标准，实际工作

84. 将一套资产管理体系标准中的内容进一步细化，要基于目标策略、计划、监测评价、改进、协同、过程管控、风险与应急等资产管理核心要素，以（   ）协同工作机制为载体。   答案：五位一体

85.（   ）指的是一套资产管理体系标准，即在国网公司资产管理体系规范下，基于"职责、流程、制度、标准、考核"的工作要求，对资产管理要求和管理内涵进行细化和补充。   答案："一标"

86. "三制"指的是三项资产管理的（   ），通过总结资产管理体系核心要求与本质特征，结合目前管理实际问题，提出确保体系有效运转的工作机制。   答案：核心工作机制

87. "三制"即（   ）的协同工作机制、重视两头的闭环管理机制和防控联动的风险管控机制。   答案：强调统一

88. "三制"即强调统一的协同工作机制、（   ）的闭环管理机制和防控联动的风险管控机制。   答案：重视两头

89. "三制"即强调统一的协同工作机制、重视两头的闭环管理机制和（   ）防控联动的风险管控机制。   答案：防控联动

90. 防控联动的风险管控机制以（   ）与（   ）为主线。   答案：风险预防，控制工作

91. 建立"强调统一"的协同工作机制，要围绕（   ）两条主线，强调资产管理决策过程和资产管理业务执行的协调。   答案：纵向贯通、横向协同

92. 省公司各部门根据自身资产、业务特色，以（   ）导向分析薄弱环节，选取1~2 个关键业务为切入点，应用机制设计成果开展资产全寿命周期管理工作。   答案：问题

93. 重视资产形成和退出管理要求严格执行（   ），包括禁止手工创建固定资产卡片、禁止直接建立需要联动生成的 PM 设备台账、禁止在实物管理系统中进行不规范的操作。   答案："三个禁止"

94.（   ）是风险管理机制的核心，能够有效解决风险信息应用不到位、风险管理不闭环、风险预控意识不强等问题。   答案："防控联动"

95. 三项工作机制设计以（   ）协同工作机制为基础，融合一套体系标准中涉及的关键内容，具体包含业务流程、责任分工、规章制度、监督控制、评价考核、基础保障六个要素。   答案："五位一体"

96. 国网浙江省电力公司资产管理总体目标为"五个更"，即（   ）。   答案：更安全、更高效、更优质、更和谐、更卓越

97. 要在全面梳理"五位一体"协同机制的基础上，以（   ）为另一重要输入来源，

将体系文件的相关条款及内容放入三项工作机制业务框架中。　　　　答案：资产管理体系标准

98.（　　　　　　）是指在各层级资产管理活动中的预期目标，是实现资产全寿命周期管理所追求的结果，是对企业战略在资产管理领域的具体化落实。　　　　答案：资产管理目标

99. 公司目标的制定要遵循（　　　　　　）原则。目标的制定必须承接公司发展战略，通过明确资产管理总体目标为中长期资产管理工作开展的指明总体方向和原则性要求。

答案："一致性"

100. 公司目标的制定遵循（　　　　　　）原则。总体目标的制定必须开展现状评价，在综合考虑公司总体战略目标、发展阶段、利益相关方的要求以及资产管理面临的内外部环境变化等因素后做出。　　　　答案："一致性"

101. 公司目标的制定要遵循（　　　　　　）原则。在资产管理总体目标的基础上设定公司资产管理的绩效目标，包括中长期目标以及年度绩效指标的选择和目标值设定，并将其按照关键影响因素逐级分解到各部门、各单位、各岗位，形成执行绩效目标。　　答案："逐级分解"

102. 按照目标的层级关系，资产管理目标又分为（　　　　　　）。

答案：资产管理总体目标、资产管理绩效目标、资产管理执行目标

103. 资产管理总体目标一般以（　　　　）为一个周期制定，并依据资产管理评审结果对照原有资产管理总体目标确定是否需要修订，如有修订由资产管理委员会进行批准，重新发布实施。　　　　答案：5 年

104. 资产全寿命周期管理综合绩效 SEC 是结果性指标的核心，用以反映年度内全部或某一部分资产（　　　　　　）三方面的整体表现。　　答案：安全、效能、成本

105.（　　　　　　）包括设计建设、物资管理、电网运行、营销管理、运维检修、资产退出处置、科技创新管理策略七部分。　　　　答案：寿命周期职能策略

106.（　　　　　　）是指以公司发展规划和资产管理总体目标为基础，针对资产全寿命周期管理活动制定的一系列的管理原则、技术策略、配置标准和规范等纲领性文件。

答案：资产管理策略

107.（　　　　　　）包含六大基本模块：电网发展策略、资产寿命周期策略、寿命周期职能策略、可靠性管理策略、资产风险管理策略、投资策略，全面覆盖公司资产管理核心业务。

答案：资产管理策略

108. 在供电公司的资产管理标准制度体系中，（　　　　　　）具体体现为"一本管理手册、26 份程序文件、一张制度标准清单、一张记录清单"。　　　答案："一套制度标准"

109.（　　　　　　）主要由资产管理流程手册说明、流程地图、流程图手册三部分组成。

答案：流程手册

110. 在公司的"五位一体"体系中，（　　　　　　）处于中心地位。　　答案：流程

111.（　　　　　　）是基于一级业务模型，将二级端到端流程结合三级核心流程汇编形成的一张总图。　　　　答案：流程地图

112.（　　　　　　）对流程总图涉及各个业务环节进行了展开，在每个流程图中都明确了责任主体、流程顺序、业务流向、信息和价值传递的具体内容。　　　　答案：流程图手册

113.（　　　　　　）全面考虑设备或系统的规划、设计、建造、购置、运行、维护、更新、改造，直至报废的全过程，从系统最优的角度考虑成本管理问题。　答案：全寿命周期成本（L_{CC}）管理

114. 资产全寿命成本计算公式是（　　　　　　）。　　　答案：$L_{CC}=C_1+C_2+C_3+C_4+C_5$

115. 采用（   ）进行分析时,对应于年均总费用最小的年份,便是从经济角度看"有效使用"的期限,称为经济使用寿命。

答案：等额年度成本当量法 EUAC（equivalent uniform annual cost）

116. 采用等额年度成本当量法 EUAC（equivalent uniform annual cost）进行分析时,对应于年均总费用最小的年份,便是从经济角度看"有效使用"的期限,称为（   ）。

答案：经济使用寿命

117. 下图中的曲线名称叫作（   ）。　　　　　　答案：设备故障浴盆曲线

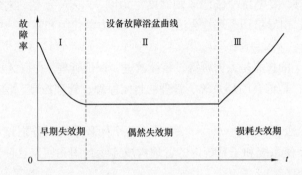

118. 根据设备故障浴盆曲线,设备失效率（故障率）随时间的变化分为三个阶段,其中失效率最低的一个阶段是（   ）。　　　　　　答案：偶然失效期

119.（   ）是指产品从投入到报废为止的整个寿命周期内,其可靠性的变化呈现一定的规律。　　　　　　答案：设备故障浴盆曲线

120. 根据设备故障浴盆曲线,早期失效期表明产品在开始使用时,失效率很高,但随着产品工作时间的增加,失效率迅速（   ）。　　　　　　答案：降低

121.（   ）是在经济效益和社会效益、风险和费用三者之间寻求达到风险最小、效益最大的目标。　　　　　　答案：风险评估模型

122.《国家电网公司总部固定资产管理办法》,从实物资产新增、减少以及（   ）三个方面,对实物资产的基础管理水平进行综合评价。　　　　　　答案：信息化管理

123.（   ）是依据国家电网公司资产管理业务模型、对资产管理体系建设要求在各项业务中的落地应用的符合性、有效性、先进性进行全面评价。　　　　　　答案：资产管理活动评价

124. 从资产全生命周期入手,（   ）可分为目标协同、策略协同、计划协同、执行协同以及体系保障协同共五个方面。　　　　　　答案：协同工作机制

125. 目标协同、策略协同、计划协同合称为（   ）。　　　　　　答案：决策协同

126.（   ）要求在资产全生命周期管理执行阶段,达成资产、需求、计划的协调和平衡,确保资产管理各环节的有效串接,实现流程运转顺畅。　　　　　　答案：执行协同

127. 国网浙江省电力有限公司按照国网总部"三集五大"成效建设要求,建立起（   ）的评价激励机制,从而确保指标相关部门共同关注指标过程管控成效,积极采取措施提升归口因子。　　　　　　答案："责权利"对等

128. 策略协同的核心因素是注重与（   ）的承接和对（   ）的指导。

答案：目标,计划

129. 科学合理的（   ）是落实资产全生命周期管理思想和要求的关键。

答案：资产策略

130.（   ）的核心因素是注重策略与各业务部门计划关联关系，以计划导向促进业务协同，以计划流程管理促进后续流程改进。　　　　　　答案：计划协同

131.（   ）的核心因素是自上而下按企业、部门、岗位层层分解落实资产管理要求，明确资产管理核心业务流程协同点工作要求。　　　　　　答案：执行协同

132.（   ）向上承接企业整理资产策略，落实目标和计划等管理决策，向下衔接及绩效评估，以实施过程和结果监测评估数据支撑资产管理改进和持续提升。　　答案：执行协同

133.在信访工作中，要坚持"法律原则制度"为刚，"以人为本，文化关心"为柔，采取（   ）的政策，引导信访人理性合法反映诉求，力争化解和解决一批信访疑难积案。

答案：刚柔并济

134.（   ）的核心是人力资源、持续改进、评价管理。　　答案：体系保障协同

135.（   ）是综合闭环系统、管理的封闭原理、管理控制、信息系统等原理形成的一种管理方法。　　　　　　　　　　　　　　　　　　答案：闭环管理

136.闭环管理把全公司的（   ）作为一个闭环系统，并把该系统中的各项专业管理如作为闭环子系统，使系统和子系统内的管理构成连续封闭和回路且使系统活动维持在一个平衡点上。　　　　　　　　　　　　　　　　　答案：供—产—销管理过程

137.闭环管理主要考虑从两个方面入手，一方面是实物资产本身的（   ）及（   ）要实现闭环管理；另一方面，应构建资产管理活动的闭环。　　答案：价值流，实物流

138.闭环管理主要考虑从两个方面入手，一方面是实物资产本身的价值流及实物流要实现闭环管理；另一方面，应构建（   ）的闭环。　　　　答案：资产管理活动

139.在资产闭环管理中，需要加强资产形成、资产退出和（   ）三个环节的紧密程度，实现真正的闭环。　　　　　　　　　　　　　　　答案：监督评价

140.在资产管理活动闭环方面，需要重视（   ）两个环节彻底解决在业务管理中经常出现的"一头一尾"薄弱的问题，大大提高两头的效率。　答案：计划制定、评价改进

141.（   ）的具体含义是关注发生、流转及销毁价值信息的流程节点，实现价值信息至业务执行的转换，为后续价值信息的精细化管控及价值流的闭环管理提供支撑。

答案：价值流闭环

142.（   ）通过梳理并优化实物资产从形成、运维到退出的各个业务节点，实现实物资产的全过程管控。　　　　　　　　　　　　　　答案：实物流闭环

143.（   ）通过完善并执行项目预期成效分析、验收标准、实施后评价及投资效益评估等流程，实现项目的闭环管理。　　　　　　　　　答案：项目闭环

144.（   ）是通过风险识别、风险估测、风险评价，对风险实施有效控制和妥善处理风险所致损失的后果，从而以最小的成本收获最大的安全保障。　答案：风险管理

145.在电力企业中，（   ）包括运行维护、检修试验、设备状态评价、继电保护及自动化设备反措、电网运行风险预警管理、电网年度运行方式分析、计量装置在线监测、负荷预测等在内的 23 项业务中识别出的风险。　　　　　　　答案：资产类风险

146.在企业中，（   ）是对企业生产经营活动所需各种资产的取得、保管、运用等一系列计划、组织、控制等管理工作的总称。　　　　　　答案：资产管理方法

147.（   ）管理强调对资产寿命周期全过程的管理，要求确立统一的资产管理理念

和目标，改变传统条块分割、分而治之的管理方式，从资产管理的源头抓起，统筹规划、建设、生产运行、退役、设备采购、物资采购等各环节。　　　　　　　　　　答案：资产全寿命周期

148. 通过应用资产全寿命周期的绩效、风险和成本等技术理论，闭环管理、逐层分解等管理模型，形成一套（　　　　　　　）方法论，确保实际业务开展切实落实资产管理要求。

答案：资产全寿命周期管理

149.（　　　　　　　）方法根据国家电网公司资产管理体系实施工作要求和公司自身业务开展的特点，进行提炼消化总结，形成一整套体系化的决策、管控、评价方法，涵盖资产管理业务"决策、执行、评价、改进"的全过程以及管理支撑业务。　　　　答案：资产全寿命周期管理

150. 资产全寿命周期管理技术方法是指资产全寿命周期各环节中应用的技术性操作方法，技术方法包括（　　　　　　　）和（　　　　　　　）。　　答案：通用技术方法；专业技术方法

151. 通用技术方法是指资产全寿命周期各个环节通用的技术操作方法，包括（　　　　　　　）模型、资产状态评价模型、风险评估模型。　　　　　　答案：资产全寿命周期成本

152.（　　　　　　　）是指在资产全寿命周期各个专业中使用到的专业性技术方法。

答案：专业技术方法

153. General Model of Technology 是指（　　　　　　　）。　　　答案：通用技术方法

154.（　　　　　　　）是以设备技术状态评价理论、风险管理理论和全寿命周期成本理论三大基础理论为核心的综合模型。　　　　　　　　　　　　　　答案：通用技术方法

155.（　　　　　　　）是一种适用于规划、计划、采购、建设、运行、维护、检修、改造、退役处置等各阶段工作的通用量化技术模型。　　　　　　　　　　答案：通用技术方法

156. 专业技术方法包括（　　　　　　　）、工程建设技术方法、物资采购技术方法、运维检修技术方法。　　　　　　　　　　　　　　　　　　　　　　答案：规划计划技术方法

157. 国外对固定资产管理方法及应用研究较早。1950 年，（　　　　　　　）对设备寿命周期成本进行评价。　　　　　　　　　　　　　　　　　　　　　　　　　　答案：美国

158. 1960 年以来，美国国防部一项研究发现，军事技术装备系统五年内的运行维护费用为其购置成本的十多倍，所以设备研究应该集中于设备寿命周期的运行维护费用最小化领域，由此出现了（　　　　　　　）方法。　　　　　　　　　　　　答案：设备寿命周期成本评估

159. 1970 年以来，固定资产管理进入了（　　　　　　　）的新阶段。这个时期，固定资产全寿命周期理念和方法得到了各界的广泛认同和应用。　　　　　　　　　答案：现代管理

160. 英国 NG 公司将其资产的管理分为网络规划设计、（　　　　　　　）、资产策略制定和电网资产绩效表现评估四个主要阶段。　　　　　　　　　　　　　　答案：电网建设

161. 在美国，也有很多企业，尤其是（　　　　　　　）企业采用固定资产全寿命周期管理方法。

答案：电力

162. 瑞典的 Vattedfall 公司在 1980 年就开始进行（　　　　　　　）方面的研究和实践工作。

答案：LCC

163. 1980 年以来，（　　　　　　　）开始在我国军队和地方某些单位得到应用，成绩喜人。

答案：全寿命周期成本的理念和方法

164. 1987 年，中国设备管理协会成立了（　　　　　　　），将国外设备全寿命周期成本管理的理念和先进经验引入我国，对我国设备管理产生了重要影响，并带来巨大效益。

答案：设备寿命周期费用委员会

165.（　　　　　）从 2003 年开始对国内外资产全寿命周期管理的理念和方法进行跟踪研究，启动了 LCC 系列课题。　　　　　　　　　　　　　　答案：华东电网有限公司

166. 2005 年，（　　　　　）启动了资产管理项目，该项项目通过国际对标，在全寿命周期成本、资产清理、设备监造抽检等工作上取得了一定的成就。　　　答案：上海市电力公司

167.（　　　　　）开展了资产全寿命"双维模型分析法"研究，从全口径项目管理和全过程管理两个维度，着手构建资产管理数据模型和资产信息收集管理平台，在全口径、全过程和全价值三个方面推进了精益化管理。　　　　　　　　　　答案：江苏省电力公司

168. Life Cycle Cost，简称 LCC，是指（　　　　　）管理。　　答案：全寿命周期成本

169.（　　　　　）是国际上目前较为前沿的建设成本管理理论。答案：全寿命周期成本管理

170. 全寿命周期成本管理的基本含义就是在满足可靠性要求的基础上，使设备和系统在全寿命周期内拥有成本为（　　　　　）的管理。　　　　　　　　　　　　答案：最低

171.（　　　　　）将一般工程建设成本的外延扩大，要求人们从工程项目全寿命周期出发去考虑成本问题，它覆盖了工程项目的全寿命周期，考虑的时间范围更长，也更合理。

答案：全寿命周期成本管理

172. 全寿命周期成本理论,按照寿命周期成本（　　　　　）以及效能（　　　　　）的原则，选择最佳的投资方案，从而实现更为科学的建设设计，更加合理的选择配套设备，以便在确保设计质量的前提下，实现工程项目寿命周期成本相对最小化的目标。　　答案：最小化；最大化

173. 全寿命周期成本理论，选择最佳的投资方案，实现更为科学的建设设计，更加合理的选择配套设备，以便在确保设计质量的前提下，实现工程项目寿命周期成本相对（　　　　　）的目标。　　　　　　　　　　　　　　　　　　　　　　　　　答案：最小化

174. 20 世纪 70 年代末和 80 年代初，由英美的一些工程界学者和实际工作者提出了（　　　　　）。　　　　　　　　　　　　　　　　　　　　　　答案：全寿命周期管理

175. 最近几年（　　　　　）技术逐渐在电力系统推广应用，比较成熟的公司主要集中在美国和欧洲（瑞典为主），主要用于核电站、发电机、发配电线路等建设项目。　　答案：LCC

176. 我国 LCC 研究应用的进程可分为（　　　　　）个阶段。第一阶段为引进、消化、吸收阶段；第二阶段为理论研究逐步深入，应用逐步开展阶段；第三阶段是在 2000 年后进入顶层推动阶段。　　　　　　　　　　　　　　　　　　　　　　　　　　　　答案：三

177. 全寿命周期成本的三个计算方法有参数估算法、（　　　　　）、类比估计法。

答案：工程估算法

178. 资产全寿命成本的通用模型 $L_{CC}=C_I+C_O+C_M+C_F+C_D$ 中 C_I 为（　　　　　）。

答案：资本性投入成本

179. 资产全寿命成本的通用模型 $L_{CC}=C_I+C_O+C_M+C_F+C_D$ 中 C_O 为（　　　　　）。

答案：资产运维成本

180. 资产全寿命成本的通用模型 $L_{CC}=C_I+C_O+C_M+C_F+C_D$ 中 C_M 为（　　　　　）。

答案：资产检修成本

181. 资产全寿命成本的通用模型 $L_{CC}=C_I+C_O+C_M+C_F+C_D$ 中 C_F 为（　　　　　）。

答案：资产故障处置成本

182. 资产全寿命成本的通用模型 $L_{CC}=C_I+C_O+C_M+C_F+C_D$ 中 C_D 为（　　　　　）。

答案：资产退役处置成本

183. 从全寿命周期过程（　　　　　　　）和高效率的角度进行成本分析，可以广泛应用于工程建设、道路交通、电网管理等各领域。　　　　　　　　　　　答案：低成本

184. 全寿命周期划分为以下四个阶段：第一阶段为（　　　　　　　）；第二阶段为项目建造阶段；第三阶段为项目运营管理阶段；第四阶段为废弃处置阶段。　　答案：项目前期准备阶段

185. 电力设备全寿命周期成本管理从狭义上指的是在设备经济寿命周期内所支付的（　　　　　　　），涉及的阶段主要包括可研论证、采购、安装、运行、维护、报废回收等过程。
　　　　　　　　　　　　　　　　　　　　　　　　　　　　　　　　答案：总费用

186. 对于设备的检修大致分为三个阶段：（　　　　　　　）、定期检修、状态检修。
　　　　　　　　　　　　　　　　　　　　　　　　　　　　　　　　答案：事故检修

187.（　　　　　　　）是指综合考虑设备安全性、经济性和社会影响等方面的风险，确定设备风险程度。　　　　　　　　　　　　　　　　　　　　　　答案：设备状态评估

188. 随着现代社会和经济的发展，对能源的巨大需求促进了电力工业的飞速发展，使得电力系统向（　　　　　　　）、超高压、跨区域方向发展。　　　　　答案：大容量

189. 系统容量的增大和电网规模的扩大，（　　　　　　　）故障给人们的生产和现代生活所带来的影响越来越大。　　　　　　　　　　　　　　　　　　答案：电力设备

190. 随着在线监测技术和通信技术的发展，使得对庞大的配电网络进行（　　　　　　　）成为可能。　　　　　　　　　　　　　　　　　　　　　　　答案：状态评估

191. 设备的可靠性从投入到报废呈现一定规律，按（　　　　　　　）变化可分为早期失效期、偶然失效期和耗损失效期。　　　　　　　　　　　　　　　　　答案：时间

192. 电网发展往往受技术、经济、政策、自然等诸多客观条件的影响，具有很大的不可预见性和随机性，使电网发展面临着较大的风险，因此对电网项目进行（　　　　　　　）研究具有十分重要的意义。　　　　　　　　　　　　　　　　　　答案：风险综合评价

193.（　　　　　　　）分为风险识别、风险分析、风险评价三个阶段。　答案：风险评估

194. 风险的（　　　　　　　）过程包括两个环节：感知风险环节和分析风险环节。答案：识别

195.（　　　　　　　）的步骤主要包括：①收集数据资料或信息。②分析不确定性。③确定风险事件。④编制工程项目风险识别报告。　　　　　　　　　　答案：风险识别

196. 风险分析中的（　　　　　　　）方法包括德尔菲法、事件树分析的方式；（　　　　　　　）方法包括危险分析与关键控制点法、历史数据统计方法等。　　答案：定性；定量

197. 设备风险评估是在可靠性评价的基础上，将潜在的风险在社会、经济等方面的影响进行（　　　　　　　），考虑成本、环境与安全等多个方面。　　　　　答案：量化

198.（　　　　　　　）是延长老旧变电所服务寿命的最有效的途径，以此改造更换老旧设备，引进新设备、新工艺、新技术，提高了供电可靠性、提升供电质量。　答案：变电设备改造

199.（　　　　　　　）项目风险评价内容及流程分为三个阶段，分别是工程环境分析、样本数据分析、确定指标权重值。　　　　　　　　　　　　　　　　答案：变电设备改造

200.（　　　　　　　）用于开展资产运维、技改规模预测，并对资产策略制定提供依据。
　　　　　　　　　　　　　　　　　　　　　　　　　　　　　　答案：资产墙分析模型

201.（　　　　　　　）广泛应用于电力企业资产管理中，分析资产的规模、价值等内容，对资产技改预测、运维预测提供重要指导。　　　　　　　　　　　答案：资产墙

202. 资产管理规划计划方面的专业技术方法有项目（　　　　　　　）排序法，项目评价法，

项目后评估法。 答案：优先级

203. 从对电网规划项目评价技术研究的总体趋势来看，主要有两个特点：一是定量化、模型化的分析；二是由（　　　　　）模型向组合模型发展。 答案：单一

204. "全员参与、全过程控制、全方位管理、全口径核算"是（　　　　　　）工作法的体系。 答案：四全

205. 按照国网公司、省公司有关工程结算的管理规定，结算管理工作有四个方面的要求：一是（　　　　），二是及时性，三是准确性，四是合理性。 答案：全面性

206. 订货管理方法有定量订货法，定期订货法，（　　　　　　）。 答案：滚动订货法

207. 集约化配送是依托信息化的（　　　　）平台，实现基础数据含物料、储位、区域、标识等的统一管理，通过同步更新、相辅相成的信息联动机制，覆盖物资的申请、入库、出库、借用、退库、盘库等各流程。 答案：一体式

208. 配送集约化管理整合了采购方、供应方、运输、库存、人力等资源，基于后台的大数据汇总和处理，对库存、采购、合同执行等信息进行描述，奠定了仓储定额、物资周转工作开展的基础，实现物资采购的（　　　　　）和（　　　　　）。 答案：科学性；及时性

209. （　　　　　）是优化公司库存资源管理，实现资源的科学调配和高效利用的一项有力措施。 答案：利库盘活工作

210. 落实需求计划准确管控机制，形成（　　　）机制、动态储备定额管理机制，制定物资采购规定，加强仓储日结日清的管控措施。 答案：先利库，后采购

211. 带电检测技术是能够在（　　　　）的情况下反映电力设备某一方面的性能和状况，发现某一方面的缺陷。 答案：不停电

212. 随着电网规模的不断扩大和公司对于电网设备资产全寿命周期的精益化管理要求不断提升，实施以带电检测为主的状态检修管理，是现阶段实现国网浙江省电力有限公司检修模式转型升级的（　　　　）。 答案：必然选择

213. 推行（　　　　）为主的状态检修管理，是提升电网各项重要指标的必要手段。 答案：带电检测

214. 退役变压器修复再利用法由运检部牵头会同物资部按照"统一招标、统一维修、统一调配"运作模式在全省开展退役配电变压器的重新再利用工作，确保退役配电变压器（　　　　）。 答案："修的好、用的出"

215. 公司安全技术能力评价方法业务全面覆盖变电、输配电、调度、通信自动化、营销和基建安装等共（　　　　）个专业，按照"统一管理、分级负责"的工作原则在公司系统实施培训、鉴定工作。 答案：16

216. 计量方面的专业技术方法有：计量资产信息化管控法、计量中心全自动生产作业法、计量装置异常处理（　　　　）考核法。 答案："零容忍"

217. 通过计量异常处理（　　　　）管控体系建设应用，确保计量异常处理率100%，避免电量流失，减少用户纠纷，提高线损管理，强化营销精益化管理，提升优质服务水平。 答案："零容忍"

218. 企业模型层次分析法是将一个复杂的多目标决策问题作为一个系统，将目标分解为多个（　　　　），进而分解为多指标（或准则、约束）的若干层次，通过定性指标模糊量化方法算出层次单排序（权数）和总排序，以作为目标（多指标）、多方案优化决策的系统方法。 答案：目标或准则

219. 层次分析法的基本原理是（　　　　　　）的原理，及最终将各种方法排除优劣次序，作为决策的依据。　　　　　　　　　　　　　　　　　　　答案：排序

220. 下图为（　　　　　　）的结构模型。　　　　　答案：层次分析法

221. 层次分析法是将决策问题按总目标、各层子目标、评价准则直至具体的备投方案的顺序分解为不同的层次结构，然后得用求解判断矩阵特征向量的办法，求得每一层次的各元素对上一层次某元素的（　　　　　　），最后归并各备择方案对总目标的最终权重。　答案：优先权重

222. 下图为（　　　　　　）的结构模型。　　　　　答案：逐级承接分解法

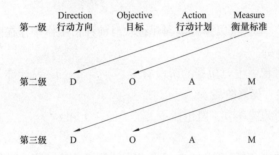

223.（　　　　　　）主要运用于企业目标或任务的细化分解领域，凝聚企业上下层力量，确保工作方向一致。　　　　　　　　　　　　　　　答案：逐级承接分解法

224. 标准工作程序模型是以（　　　　　　）模型为基础，全新定义方向、目标、策略、评价、计划、实施、监控、改进八个步骤的新型工作模型，主要应用在具体管理体系建设和业务管理中。
　　　　　　　　　　　　　　　　　　　　　答案：PDCA 管理

225. 下图为（　　　　　　）模型。　　　　　　答案：PDCA 管理

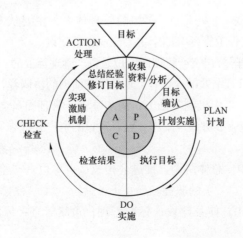

226. 任何一个 PDCA 循环，都会形成一个大环套小环，一环扣一环，互相制约，互为补充的有机整体。在 PDCA 循环中，上一级的循环是下一级循环的（　　　　　），下一级的循环是上一级循环的（　　　　　）。　　　　　　　　　　　　　　答案：依据；落实和具体化

227. 标准工作程序模型（SWP）基于（　　　　　）的思想，可以综合运用于电力企业管理的如资产管理、业务管理等各项业务中。　　　　　　　　　　答案：闭环改进

228. SEC 是（　　　　　）的英文简称，表示在安全、效能水平相当情况下，单位（容量）资产每单位有效利用时间对应的总成本，单位是元 /kVA。　　　答案：年度安全效能成本指标

229. 年度安全效能成本指标（SEC）是一种（　　　　　）指标，即计算周期内全部或某一部分资产范围内，单位售电收入所需花费总成本。　　　　　　　　答案：结果性

230. 年度安全效能成本指标评价体系分为（　　　　　）指标和（　　　　　）指标两类。

答案：结果性；过程性

231. 实现资产的技术管理和经济管理的有机联系、相互统一，电力企业积极开展了（　　　　　）的相关工作。　　　　　　　　　　　　　答案：资产全寿命周期管理

232. 电网规划是所在供电区域国民经济和社会发展的重要组成部分，同时也是电力企业自身长远发展规划的重要组成部分，电网规划对于电网建设、运行和供电保障具有（　　　　　）作用。　　　　　　　　　　　　　　　　　　　　　　答案：先导和决定

233. 通过（　　　　　），可以弥补电网建设项目前评估工作中存在的一些缺陷，如一般只注重对项目的技术经济分析。　　　　　　　　　　　　　答案：后评估

234. 电网工程建设过程中主要包括的阶段有（　　　　　）、设计准备阶段、设计阶段、施工阶段、动用前准备阶段、保修阶段。　　　　　　　　　答案：决策阶段

235. 电网运行维护的关键环节一般包括（　　　　　）和（　　　　　）。

答案：状态评价；停电管理

236.（　　　　　）在一定程度上减少了不必要的例行试验工作，而停电管理通过对停电计划的安排进行统筹协调，对临时停电、故障停电进行有效管理，捆绑安排计划工作，实现缩短设备停电时间、提高设备可靠性的目标。　　　　　　　　　答案：状态评价

237. 电力企业在账卡物联动工作上展开了一系列的工作，已经全面完成电网资产、信息通信资产清查工作任务，建立设备实物和（　　　　　）的对应关系。　　答案：资产价值

238. 目前电力企业账卡物联动工作已经基本实现全覆盖，实现（　　　　　）。

答案：账卡物一致

239. 电力企业一直加强（　　　　　）风险管理体系，主要从安全监督管理、应急管理、质量监督管理、消防与治安保卫管理等四个主要专业进行建设。　　答案：电网安全

240. 国网浙江省电力有限公司资产管理部定位是资产管理标准的（　　　　　）、资产管理体系的（　　　　　）、资产管理绩效的设计者、资产管理活动的协调者。　答案：制定者；推动者

241. 在原有管理体制、工作机制基础上，应加强资产管理委员会的职责与职权，建立资产管理体系，并负责资产管理业务协调及工作开展。这里的资产管理委员会包括（　　　　　）。

答案：领导小组及工作小组

242. 资产管理委员会中，总体协调、推进公司及试点单位资产管理工作以及资产管理工作组内部协调工作是（　　　　　）的职责。　　　　　　　答案：领导小组

243. 资产管理委员会中，体系建设；标准管理；策略管理；风险管理；协调机制管理是

（　　　　　　）的职责。 答案：工作小组

244. 标准工作程序模型在实物资产管理中的应用策略的工作思路为以 PDCA 模型为基础，从方向、目标、策略、评价、计划、实施、监控、改进八个方面对资产管理逐次开展，建立（　　　　　　）的可持续发展的资产管理新型模式。 答案：标准化、流程化、制度化

245. 资产全寿命周期管理活动须全面承接、逐级分解资产管理目标，确保资产管理目标落实到资产管理活动中，实现资产全寿命周期管理活动目标的（　　　　　　）。 答案：一致性

246. 各地市公司根据省公司总体目标和实际情况，应加强省公司各类资产管理策略的细化和应用工作，使其落实到本单位具体的（　　　　　　）中。 答案：工作计划和工作方案

247. 资产全寿命周期管理过程管控工作承接资产管理目标、策略和计划，管控资产全寿命周期活动实施过程，确保监控资产全寿命周期管理所有阶段（　　　　　　）、风险、资产和资产集的绩效。 答案：成本

248. 为更好地完善实物资产管理，确保管理中的问题及时整改，需不断对工作进行（　　　　　　）。 答案：评价和改进

249. 资产墙模型是时间序列预测法的一种应用，将历史数据按照时间的顺序排列成时间序列，资产墙的横坐标是（　　　　　　），纵坐标是（　　　　　　）。
答案：资产的投运年限；资产原值规模、技术规模

250. 资产管理风险评估是解决资产系统安全问题的有效方法之一，资产管理风险评估是企业能否做好资产管理的（　　　　　　），也是资产管理的（　　　　　　）。 答案：前提条件；核心内容

251. （　　　　　　）能够及时地发现采购业务的薄弱环节，优化采购流程。对采购物资的各个环节进行控制，减少了风险事件发生的可能性和风险事件发生时造成的损失。
答案：风险点管控法

252. 强化（　　　　　　）为主的状态检修法，能很好地解决带电检测流程不闭环、运维检修衔接不到位和工作不严密的问题。 答案：带电检测

253. 带电检测状态检修法缩短了设备停、复役时间，提高了检修工作效率和设备利用率，使设备维护管理能力和设备健康运行水平不断提升，实现了资产全寿命周期成本的（　　　　　　）。
答案：最优化

254. 电能质量在线检测法紧紧围绕（　　　　　　）三大要素，以同业对标指标为导向，建立"以系统深入应用促业务协同融合，以体系化管理评价促业务水平提升"的工作思路。
答案：系统、业务、人员

255. 员工安全技术等级体系建设工作按照（　　　　　　）的原则，通过完善培训、鉴定、发证、监督各环节的监督，建立与专业岗位任职资格相结合的安全技术等级体系，并形成常态化安全教育培训手段。 答案：统一管理、分级负责

256. SEC 三个字母的中文含义分别为（　　　　　　）。 答案：安全性、效能、全寿命周期成本

257. SEC 体现了公司资产全寿命周期管理综合平衡，整体最优的管理导向，SEC 的值（　　　　　　）。 答案：安全性、效能、全寿命周期成本

258. 华北电网在公司内部提出了以精细的管控模式、精准的流程再造、精益的成本管理、精确的工作标准为基准的（　　　　　　）管理理论。 答案："四元"

259. 华北电网在公司内部提出了以管理理念、管理机制、管理架构、管理文化为基准的（　　　　　　）管理理论。 答案："4M"

四、
判断题

1. 在会计学中，资产是会计最基本的要素之一，与负债、所有者权益共同构成会计等式，成为财务会计的基础。（　　）　　　　　　　　　　　　　　　答案：√

2. 在法学中，资产通常表述为财产权利，一般指权利人对有形物的所有权、对他人的债权以及对无形资产拥有的知识产权等，是特定主体所享有的代表一定经济利益的现时权利，该权利包含着可直接或间接转化为货币的能力。（　　）　　　　　　　答案：√

3. 在管理学中，对资产的一般性定义为"对组织有实际或潜在价值的项目、事物或实体"。此定义泛指任何类型的资产，包括货币金融资产、实物资产、人力资源、数据资产等。（　　）

答案：√

4. 人力资产是指对实物资产的性能有影响的劳动力的行为、知识和能力。（　　）　答案：√

5. 信息资产是指在编制、优化和实施资产管理计划时没有价值的数据和信息。（　　）

答案：×

6. 无形资产是指对于基础设施投资、运营策略以及相关费用有影响的组织的声誉和形象等。（　　）　　　　　　　　　　　　　　　　　　　　　　　答案：√

7. 资产管理的定位为是组织有系统和有协调的活动与实践，对组织的资产及资产系统进行较为合理的管理，在资产的整个生命周期里管理它们的性能、风险和支出，达到组织战略规划的目标。（　　）　　　　　　　　　　　　　　　　　　　答案：×

8. 良好的资产管理能够很好地平衡包括资产利用和资产维护、短期的性能发挥和长期的可持续性、前期的资本投入和后续的运营成本以及风险。（　　）　　　　　答案：√

9. 对企业资产进行安全高效管理，延长资产使用寿命，使资产投资收益最大化，具有十分重要的意义，资产全寿命周期管理就是实现该目标的唯一管理体系。（　　）　　答案：×

10. 资产全寿命周期管理从资产长期经济效益出发，全面考虑资产的规划计划、采购建设、运维检修、退役处置的全过程,在满足安全、效益、效能的前提下追求资产全周期成本最高。（　　）

答案：×

11. 20世纪70年代以来首先在日本提出"设备综合管理"的理念，认为设备管理要以设备的一生作为研究对象，以全寿命周期成本作为评价设备管理的重要经济指标，追求全寿命周期成本的最优化。（　　）　　　　　　　　　　　　　　　　　答案：×

12. 传统设备管理是从设备可靠性出发，对在役期间的设备进行的运行维护管理，传统设备管理体现了设备的物质运动状态，包含设备的安装过程、使用过程、维护过程和拆换等内容。（　　）

答案：√

13. 资产管理从企业整个运营的经济性出发，对资产寿命的整个周期各项活动进行管理，资产管理体现了资产的价值运动状态，包含了设备购置、投资、维修、报废等一系列的内容。（　　）

答案：√

14. 现代的设备全寿命周期管理既包含设备管理的概念，又包含资产管理的概念。（　　）

答案：√

15. 现代的设备全寿命周期管理只有设备物质运动状态的管理。（　　）　答案：×

16. 加拿大 Hydro One 公司资产管理计划制定的流程主要包括确定服务水平目标、未来需求与状态预测、风险评估、制定资产全寿命周期管理计划、风险防范与预防、准备资金计划、监控资产业绩、准备资产管理改进计划八个步骤。（　　）　　　　　　答案：×

17. 为了克服总部与区域两层分散的管理模式的弊端，从 1998 年开始，英国国家电网开始引入资产全寿命周期管理模式。（　　）　　　　　　　　　　　答案：×

18. 加拿大 Hydro One 公司依据核心业绩指标重要度与风险容忍度计算得出风险值大小，从而对资产重要性进行排序，并建立了基于风险管理的核心业绩指标评估体系，从财务、可靠性与客户影响、竞争力、声誉、法律和健康与安全等 6 个方面对资产进行风险评估。（　　）

答案：√

19. 2007 年 ITOMS 国际输电运行维护研究协会对标综合绩效最佳实践公司是澳大利亚 Powerlink 公司。（　　）　　　　　　　　　　　答案：√

20. 英国 NG 公司资产管理的全寿命周期管理以全过程、全系统为原则，将计划管理、项目管理和数据管理进行有机整合，并贯穿于资产管理各个环节。（　　）　　答案：√

21. 英国 NG 公司认为计划投资管理对资产全寿命周期的影响最大，因此对计划投资管理非常重视，其比较成熟的经验包括分析确定投资战略，提供未来业务计划的框架；通过投资优先顺序排列，提高投资效益，控制投资风险；统筹考虑各类计划的协同性，科学分配资源。（　　）

答案：√

22. 为了推进资产全寿命周期成本管理的应用，上海公司以奥运变电站主设备招投标及泰和 220kV 变电站 GIS 设备改造等项目为切入点，对全寿命周期理念进行了应用。（　　）答案：×

23. 上海市电力公司在 110kV 金谷园变电站整站改造项目中应用了数字化变电站的创新功能。（　　）　　　　　　　　　　　　答案：×

24. 2008 年，河北省电力公司出台《投资绩效考核办法》，针对单项工程效益和区域投资效益制定了考核指标。（　　）　　　　　　　答案：√

25. 江苏省电力公司开展了资产全寿命周期"双维模型分析法"研究，从全口径项目管理和全过程管理两个维度出发，着手构建资产管理数据模型和资产信息收集管理平台，在全口径、全过程和全价值三个方面推进精益化管理。（　　）　　答案：√

26. 浙江省电力公司探索建立了技术专家评价、运行质量评价、高级专家评价的多层次供应商评估体系。同时，技术谈判在变压器采购时的应用使 5% 的投资增加额带来了 90% 的过载管理，资产效能水平提升，带来的经济效益明显。（　　）　　　答案：×

27. 国家电网公司从 2010 年开始对国内外资产全寿命周期管理的理念和方法进行跟踪研究，华东电网内的有关单位进行了设备的全寿命周期成本管理的研究和实践，从控制设备的全寿命周期成本入手，开始了资产全寿命周期管理的探索。（　　）　　　答案：×

28. 2008 年，国家电网公司提出在资产管理方面梳理全寿命周期管理的理念，将资产全寿命周期管理作为一项全局性、系统性的管理创新工程，列为公司当时一段时期的重点工作任务。（　　）　　　　　　　　　　　　答案：√

29. 从 2009 年开始，国家电网公司充分考虑中国国情和企业属性，紧密结合公司发展战略和工作重点，经过深入研究和不断的修改完善，完成了《资产全寿命周期管理框架体系》的编制工作。（　　）　　　　　　　　　　　　答案：√

30. 近年来，国家电网公司引进吸收 PAS 55 和 IOS 55000 国际先进标准和管理理念，并将其与公司资产管理的特点和优秀实践有机结合。（　　）　　　答案：√

31. 资产全寿命周期管理作为一项简单系统工程，只要明确梳理资产管理与其他业务管理的关系，就能促进管理制度、方法、职责之间的协同性与有效性。（　　）　　答案：×

32. 资产全寿命周期管理体系的所有资产管理活动必须遵循包括目标策略、计划、过程管控、监控评价、改进、组织等 8 项基本要求。（　　）　　　　　　　答案：×

33. 资产全寿命周期管理体系还应符合一致性原则，确保资产管理目标、策略、计划与公司发展战略一致，各级目标和计划相互承接，各项资产管理活动符合计划和制度规定的质量、进度要求。（　　）　　　　　　　答案：√

34. 需求分析指的是在创建一个新的或改变一个现存的系统或产品时，确定新系统的目的、范围、定义和功能时所要做的所有工作。（　　）　　　　　　　答案：√

35. 资产全寿命周期管理的现状评价与未来需求分析预测的有机结合，对于下阶段的目标、策略、计划、资源统筹的制定及动态调整有重要的意义，他们决定了下阶段企业资产全寿命周期管理的工作方向是否科学、合理以及可持续。（　　）　　　　　　　答案：√

36. 现状评价按照评价对象可以分为资产现状评价和设备现状评价。（　　）　　答案：×

37. 资产管理现状评价是在资产现状评价的基础上，对资产各项业务、职能工作进行评估，全面了解其管理现状、工作绩效、存在问题，并对关键影响因素和主要原因进行追溯分析。（　　）

答案：√

38. 电力企业资产的全寿命周期管理的相关法律一般包括电力、资产、全寿命等要素，适用的法律例如有《中华人民共和国电力法》《电力设施保护条例实施细则》《中华人民共和国企业国有资产法》《中华人民共和国税收法》。（　　）　　　　　　　答案：×

39. 企业的核心资源包括人力资源、财务资源、技术资源、品牌资源、物资资源等，在现状分析中必须考虑核心资源的匹配性与支持作用，使其能够充分发挥核心资源的优势。（　　）

答案：√

40. 资产和资产管理现状分析必须考虑通过技术、管理等领域的创新，打造资源节约型环境友好型资产，努力与周边环境形成差异。（　　）　　　　　　　答案：×

41. 为了更全面地考虑现状评价的要求，现状评价要求可分为输入评价要求和输出评价要求。（　　）　　　　　　　答案：√

42. 资产现状评价输入信息主要包含法律法规及政策监管要求、资产及资产集状态及绩效结果、资产管理绩效结果、状态监测结果、公司资源水平、已识别的风险、绿色环保、低碳及可持续发展要求等信息。（　　）　　　　　　　答案：√

43. 资产现状评价的输出要求是对所有实物资产结构、资源、质量、寿命、内外部环境影响、运行设备存在的问题等多方面展开分析，得到全面、充分、准确并具有时效性的数据。（　　）

答案：√

44. 目标的特性包括目标的多样性，目标的可考核性，目标的可接受性，目标的挑战性。（　　）

答案：√

45. 资产管理总体目标应与企业其他管理体系的方针保持差异，包括质量方针、环境和职业健康安全方针等。（　　）　　　　　　　答案：×

46. 资产管理绩效目标注重对执行过程的监测及评价，旨在通过监测、评价为资产管理水平的持续改进、提升提供支撑，注重监测评价对提升资产管理的成效。（　　）　　答案：√

47. 资产管理绩效目标具体以 ISO 指标体系为基础，选取出与资产管理密切相关的指标组成资产管理目标体系，用以指导整个资产管理活动的规划、计划、执行、监督考核等。（　　）

答案：×

48.基于资产管理总体目标、资产管理绩效目标,各部门根据实际管理需求,综合考虑资源配置、时间节点、风险、资产重要度、实际执行情况等具体要求,制定资产管理执行目标,满足可执行、可衡量、可监测、可管控的要求。(　　　)　　　　　　　　答案:√

49.资产全寿命周期管理目标管理的具体做法可分为三个阶段,分别是目标的设置,实现目标过程的管理,测定与评价所取得的成果。(　　　)　　　　　　　　答案:√

50.通过将资产管理总体目标、绩效目标、执行目标逐级分解,落实到部门、岗位,与利益相关方进行充分沟通、发布,并确保与业务活动及内外部需求相适应,保障其合规性和持续改进,实现资产管理目标、策略、方法、流程、要求、绩效评价、岗位职责的七个统一。(　　　)
答案:√

51.下图为资产管理策略的框架。(　　　)　　　　　　　　答案:√

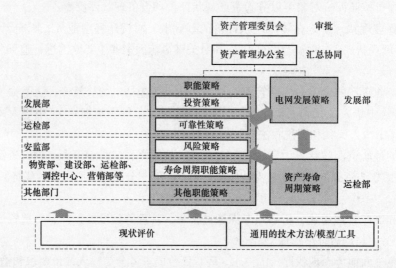

52.电网发展策略主要是通过分析电网现状、电源及用电现状、主要在建工程及进度、电力需求预测、电力电量平衡等,明确电网存在的风险及相关制约因素,根据电网发展目标明确未来十年的电网发展策略,指导基建项目计划及投资计划。(　　　)　　　　答案:×

53.资产风险管理策略,主要分析各专业存在的重大风险和管理现状,根据国网全面风险管理与内部控制工作要求、资产风险管理目标,结合资产管理各业务活动,制定资产风险管理中长期策略。(　　　)　　　　　　　　　　　　　　　　　答案:√

54.投资策略,是综合平衡电网结构、外来电接入、电网设备安全可靠运行、客户需求、新能源接入、能力及资源现状等需求,结合财务投资能力测算明确投资总盘,并确定项目的优先级排序标准,综合优化投资重点及方向,指导投资计划。(　　　)　　　答案:√

55.资产管理策略包括总体策略、分阶段策略、实物资产策略。(　　　)　　答案:√

56.资产管理总体策略应承接资产管理总体目标,结合资产管理各环节管理要求,明确策略的编制方法,关键目标,通用技术方法,运作流程,策略与通用制度的关系,策略评估与持续改进等内容,指导资产管理各层级目标的制定及各项资产管理活动的开展。(　　　)　　答案:√

57.总资产主要包括变压器、断路器及组合电器、输电线路、配网设备、电缆、自动化、继电保护和电能计量装置等电网一、二次设备。(　　　)　　　　　　答案:×

58.策略制定的体系可以包含四个层面,分别是基础分析、企业战略、业务战略以及职能战略。

（　　） 答案：√

59. 策略制定的过程中，基础分析是战略制定的基石。（　　） 答案：√

60. 策略制定的过程中，基础分析是战略制定的结果。（　　） 答案：×

61. 随着电力市场改革对设备精益化管理要求不断提高，国家电网公司提出了建设"一强三优"电网的重大决策。（　　） 答案：√

62. 资产管理计划可分为中长期资产管理计划、年度资产管理计划、资产管理体系改进计划、实施计划等。（　　） 答案：√

63. 资产管理计划的中长期计划原则上以十为一个编制周期。（　　） 答案：×

64. 明确电网企业资产全寿命周期管理的总体目标，即统筹协调安全、效能和周期成本三者的关系，在确保电网安全可靠的同时，提高电网资产质量和使用效率，降低全寿命周期成本。（　　） 答案：√

65. 公司各类资产管理计划的编制、审核、发布和实施等管理活动要充分考虑约束条件和管理要求。（　　） 答案：√

66. 企业愿景是对企业前景和发展方向的一个高度概括的描述。由企业核心理念、核心价值观、核心目的和对未来的展望构成。（　　） 答案：√

67. 在技术环境不断变化的情况下，企业资产全寿命周期管理的决策目标就是在安全、效能、成本三者之间取得动态的平衡。（　　） 答案：√

68. 一个组织应以一种有利于社会的方式进行经营和管理，社会责任通常是指组织承担的高于组织自己目标的社会义务。（　　） 答案：√

69. 过程管控就是使用一组时间方法、技术和工具来策划、控制和改进过程的效果、效率和时间性，通常包括过程策划、过程实施、过程检测和过程改进四个部分。（　　） 答案：√

70. 从具体内容来看，业务实施与管控包括设计业务模型、业务流程和协同管控方法、建立关键技术方法等内容。（　　） 答案：√

71. 资产全寿命周期管理业务模型是通过抽象的理论观点来系统化概括企业资产全寿命周期管理的运作过程。（　　） 答案：×

72. 根据企业资产规划到报废的一般过程，可以将资产全寿命周期管理业务活动细分为规划计划、采购建设、运维检修和退役处理四个阶段。（　　） 答案：√

73. 业务架构和业务职能共同构成企业资产全寿命周期管理业务模型，企业的具体业务情况可能与之存在差异，但主要思路原则基本一致。（　　） 答案：√

74. 资产全寿命周期管理需构建业务流程体系，并层层分解，使得独立的业务之间建立独立关联，保证企业内部运作的一致性与统一性。（　　） 答案：√

75. 基于"三流一体"，把资产全寿命周期各个阶段纳入统一管理，以实现对全过程的控制和整体优化。（　　） 答案：√

76. 根据国家电网公司资产管理一级业务模型，过程管控业务范围涵盖规划计划、采购建设、运维检修、退役处置四大阶段，按照分层分级管理原则，对资产管理业务实施过程管控。（　　）
答案：√

77. 按照国网资产管理规范要求、公司资产管理业务流程、标准制度，开展资产管理业务活动，保障实物流、信息流、价值流的协同一致，确保业务流程执行的横向协同、纵向闭环。（　　）
答案：√

78. 电网规划主要分为近期和长期规划。(　　)　　　　　　　　　答案：×

79. 立项方面，各级发展部、经研院强化可研深度，在评价项目经济性成本投入时，引入全寿命周期理念，综合考虑项目建设成本及投运转资后的资产运维、检修、抢修及报废成本。(　　)　　　　　　　　　答案：√

80. 在采购建设过程管控中，实施计划统筹方面，根据项目投资计划、综合资源计划、项目进度计划进行编制。(　　)　　　　　　　　　答案：√

81. 建立招标模型，在设备建设、安装、调试、投产、运行、成本核算等环节，对作为招标采购参考依据的评价因素进行细化，这是 PDCA 招投标方法。(　　)　　　　答案：×

82. 运维检修管理方面，主要包括设备运行维护、检修、技术改造、抢修等业务以及工器具、仪器仪表的管理。(　　)　　　　　　　　　答案：√

83. 运维检修阶段需要采用单一决策方法，即以设备状态评价结果为基础，综合利用状态评价、需求评价和技术经济评价等技术手段。(　　)　　　　　　　　　答案：×

84. 公司各级调度部门遵循电力行业安全标准和运行标准，坚持下级服从上级、整体服从局部原则，开展电网安全稳定分析，编制运行方式，安排电网停电计划，依据年度运行方式，实施电网调度控制，管控过程风险。(　　)　　　　　　　　　答案：×

85. 设备停电计划管理按照"变电结合线路""二次结合一次""生产结合基建"的原则优化停电工作方案，切实做好停电计划综合协调管理，尽可能减少设备停电次数、缩短停电时间、避免重复停电。(　　)　　　　　　　　　答案：√

86. 在运行检测中，以全面监视、正常监视和特殊监视三种方式进行设备集中监控；以"分类处置、闭环管理"为原则，分成信息收集、实时处置、分析处理三个阶段进行监控信息处理。(　　)　　　　　　　　　答案：√

87. 根据抢修管理规定，快速到达现场，管控抢修现场工作风险、进度等，对抢修工作及时进行总结和评价并持续改进，保证恢复短时间供电源。(　　)　　　　　　答案：×

88. 公司需不定期对各单位设备使用、维护进行检查评价，必要时下达整改通知，严格落实《国家电网公司电网备品备件管理规定》要求，保障设备状态良好。(　　)　　　答案：√

89. 根据设备退役、废旧物资处置等管理办法，对电网一次设备和二次设备、电力通信设备、电能计量装置、生产性车辆、生产性房屋资产进行退役处置过程管控。(　　)　　答案：√

90. 公司应对监测评价环节的状态监测、绩效监测、合规性评价、审核、事件等业务发现的不符合项、不合规性项和安全质量事件采取纠正措施。(　　)　　　　　　　答案：√

91. 监测评价归口单位对发现的不符合项，建立相应纠正预防实施管控跟踪表，对识别出的不符合项进行开环跟踪管控。(　　)　　　　　　　　　答案：×

92. 资产的状态监测是运营监测的一个重要方面。资产状态监测可获得的关于资产数量、状况、性能等的信息，对生产运营、检修维护、退役处置、规划计划、采购招标等资产全寿命周期的各个环节都有支撑和参考作用。(　　)　　　　　　　　　答案：√

93. 资产管理状态监测是资产全寿命周期管理中实物流、价值流和信息流的一个汇合。(　　)　　　　　　　　　答案：√

94. 按照管理要求，各资产管理部门对本部门负责的资产状态开展监测评价工作，形成资产状态评价报告上报给资产管理委员会，由其在公司范围内发布，具体评价周期依据相关规定及设备实际状态情况而定。(　　)　　　　　　　　　答案：√

95. 状态监测的要求可分为三类分别是通用要求，全寿命要求和状态信息管理要求。（　　）　　　　　　　　　　　　　答案：√

96. 状态信息应包括设备全寿命周期内表征资产和资产集健康状况的所有资料、数据、记录等内容。（　　）　　　　　　　　　　　　　答案：√

97. 状态信息收集应按照"谁主管、谁负责"的原则开展，并应与运行环境信息、风险评估信息等相结合。（　　）　　　　　　　　　　　　　答案：√

98. 状态信息管理要求落实各级设备信息管理责任，健全设备全过程状态信息管理工作机制，确保设备全寿命周期内状态信息的规范、完整和准确。（　　）　　　　答案：√

99. 状态监测是一个相对成熟且不断发展的学科。早在 20 世纪 60 年代末，英国政府开始阿波罗计划后，就由执行过程中的经验教训深刻认识到了状态监测技术的重要性。（　　）
答案：×

100. 全资产状态监测有许多种实施形式，有灵活的人工检测、记录和报送方式，也有可以依托信息化技术的在线监测方式。（　　）　　　　　　　　　答案：√

101. 从监测的连续性可以将状态监测分为故障监测、定期监测、连续监测三种模式。（　　）
答案：√

102. 按照监测信息获取的方式，状态监测可分为人工巡视、仪器监测、在线监测三种方式。
（　　）　　　　　　　　　　　　　　　　　　　　　　　　答案：√

103. 公司级资产管理绩效监测是对公司资产管理整体绩效开展全过程、全方位监测，评价公司资产管理整体绩效及资产管理体系的有效性。（　　）　　　答案：√

104. 目前国内电网资产增速较快，资产运营效率及质量已达到国际先进水平。（　　）
答案：×

105. 在资产管理中，通过主动监测和被动监测两种方式对各层级进行全过程全方位的监测。
（　　）　　　　　　　　　　　　　　　　　　　　　　　　答案：√

106. 绩效指标体系包括公司级指标和部门级指标。（　　）　　　　　答案：√

107. 关键绩效指标必须符合 LCC 原则，反映最能有效影响企业价值创造的关键驱动因素，并逐步扩展到相关影响因素。（　　）　　　　　　　　　　　答案：×

108. 公司依据国网 SMART 指标体系，通过"关键成功因素"定位支撑资产管理目标实现、风险管控的举措选取指标，形成部门级资产管理指标，并通过正式文件发布予以明确。（　　）
答案：×

109. 评估模型的建立需考虑指标的设置、数据和信息的预处理、数据的统一规范化、不同量纲指标的折算，通过历史数据的验证，尽量使计算结果具备一定的物理意义及趋势指挥作用。
（　　）　　　　　　　　　　　　　　　　　　　　　　　　答案：√

110. 在应用系统里，事件管理实现的功能有几类模式，包括推断、决策、预测。（　　）
答案：√

111. 审核是指为获得资产全寿命周期管理体系活动和其有关结果的证据，对其进行客观地评价，以确定满足资产全寿命周期管理体系审核准则的程度所进行的系统的、独立的并形成文件的过程。（　　）　　　　　　　　　　　　　　　　　　　答案：√

112. 资产全寿命周期管理体系依据的审核准则是特定的，包括资产全寿命周期管理方针和目标、管理手册、程序、作业文件、法律法规等。（　　）　　　　答案：√

113. 企业初步建立资产全寿命周期管理体系并试运行一段时间后，为了验证体系是否符合标准，需要审核工作。（　　）　　　　　　　　　　　　　　答案：√

114. 审核范围可理解为确定所审核的资产全寿命周期管理体系覆盖的业务、流程和场所。（　　）　　　　　　　　　　　　　　　　　　　　　　　　答案：√

115. 审核员要以公平、公正、客观的方式开展审核活动，以真诚的态度和规范的做法对待审核对象，通过科学的手段、严禁的作风、规范的程序、专业的能力、优质的服务和可靠的结果取得各方的信任。（　　）　　　　　　　　　　　　　　答案：√

116. 在市场经济条件下，企业面临着诸多风险，其中包括财务风险，而其他风险最终也可能转化为这种风险。（　　）　　　　　　　　　　　　　　　　答案：×

117. 通过提高认识，深入领会合规性评价要求，周密策划及有关各方协调合作，才能够有效开展合规性评价活动，确保实现遵守法律法规和其他要求的承诺。（　　）　答案：√

118. 在资产全寿命周期管理体系中，纠正和预防是指各部门针对业务范围内不同的管理活动，通过资产管理体系内部审核、专项合规性评价、日常管理活动、资产绩效监测和数据分析的结果和趋势判断结果等，以确保资产管理体系运转的有效性。（　　）　答案：√

119. "纠正"是指对已存在的不符合事件所采取补救措施；"纠正措施"是指在不符合事件发生后，为防止其再次发生而采取的行动。"预防措施"是在可能不符合事件发生之前，预先采取的根除手段防止其发生。（　　）　　　　　　　　　答案：√

120. 采取"纠正"的依据主要是检验和试验报告、产品不合格报告、内审或外审不符合项报告等。（　　）　　　　　　　　　　　　　　　　　　　　答案：√

121. 纠正和预防的特性包括针对性、可操作性、可验证性。（　　）　　答案：√

122. 审核组在现场审核中发现不符合项时，除要求受审核部门负责人确认不符合事实外，还应要求他们调查分析造成不符合的原因，如果受审核部门坚持不同意对不符合的判定，也不肯提出纠正措施建议，则应提交管理者代表仲裁。（　　）　　　答案：√

123. PDCA 循环方法是英国质量管理专家戴明发明的，因而又被称为"戴明循环"，PDCA循环很好地体现了资产全寿命周期管理的思想方法和工作步骤。（　　）　答案：×

124. PDCA 循环中 D 阶段只有一个步骤，是实施计划。（　　）　　答案：√

125. PDCA 循环中 C 阶段只有一个步骤，是检查效果。（　　）　　答案：√

126. "工作改善小组"是一种提高职员对工作的热诚和参与的管理方法。利用小组活动，职员可以增加本身对工作的认识，对事物有更广阔的看法，对问题可循着有系统的方法去处理。（　　）　　　　　　　　　　　　　　　　　　　答案：√

127. 管理评审是低层管理者为评价管理体系的适宜性、充分性和有效性所进行的活动。（　　）　　　　　　　　　　　　　　　　　　　　　　　答案：×

128. 按照评审实施的主体不同，可将管理体系评审分为上级评审和下级评审两大类。（　　）　　　　　　　　　　　　　　　　　　　　　　　　答案：×

129. 通常，资产管理体系管理评审机制可分为评审策划、评审准备、评审实施、评审报告和评审跟踪五个部分。（　　）　　　　　　　　　　　　　答案：√

130. 开展资产全寿命周期管理，需要设计从决策者直到具体执行者之间的决策、管理、执行关系的管理层级结构。（　　）　　　　　　　　　　　　答案：√

131. 资产全寿命周期管理体系贯彻整体资产观念，自下而上推进管理体系的构建，并进行

相应的组织机构设置与职权匹配。（　　）　　　　　　　　　　　　　答案：×

132. 通常公司可以组建资产管理委员会和资产管理办公室来作为资产管理的决策层。（　　）　　　　　答案：√

133. 资产管理委员会一般是由公司的总经理和相关副总经理组成。（　　）　　答案：√

134. 公司资产管理办公室一般由主管副总经理、副总工程师以及各部门主要负责人组成，办公室主任由副总经理担任，日常工作由资产管理专业部门归口负责。（　　）　答案：√

135. 企业执行层是资产全寿命周期管理中最重要的决定性因素之一。（　　）　　答案：×

136. 资产全寿命周期管理活动开展的主体是决策层。（　　）　　　　　　　　答案：×

137. 资产全寿命周期管理的培训机制通常由公司人力资源部牵头建立，主要包括培训需求的识别、培训计划的制定、培训计划的实施和培训效果的评价等环节。（　　）　答案：√

138. 培训质量的管理是对资产全寿命周期管理的各个环节进行管理与控制，以满足相关管理人员能力提升要求的过程。（　　）　　　　　　　　　　　　　　　　答案：√

139. 培训中心与基层单位人力资源部负责组织与需求部门进行需求目标、需求时间、需求内容的沟通与确认，确保培训的必要性与实效性。（　　）　　　　　　　答案：√

140. 省公司人力资源部依据培训需求分析报告与沟通确认情况，根据需求的紧急程度和重要程度对培训需求进行审核，确定年度培训需求。（　　）　　　　　　　　答案：√

141. 培训计划提报单位在通过审核后可以编制培训计划可行性说明书，内容包括培训项目的规模、资源、时间及费用预算等。（　　）　　　　　　　　　　　　　　答案：√

142. 培训中心与基层单位培训主管部门可依据自身实际情况，在长时间内向公司本部人力资源部提出计划调整申请，经批准后方可进行计划调整。（　　）　　　　　　答案：×

143. 规章制度是指用人单位制定的组织劳动过程和进行劳动管理的规则和制度的总和，也称内部劳动规则，是企业内部的"法律"。（　　）　　　　　　　　　　　　答案：√

144. 国际上通行的资产管理体系标准是国际标准化组织正式发布的 ISO 9001 系列标准。（　　）　　　　　　　　　　　　　　　　　　　　　　　　　　　　答案：×

145. 风险管理是资产全寿命周期管理的重要内容和特征，应有效用于企业资产战略目标计划制定阶段，对资产及资产全寿命周期管理相关的风险进行全面识别、评估和管控。（　　）

答案：√

146. 风险管理流程应包括风险识别、风险分析与评价、风险管控、风险沟通与记录、风险监控、风险信息应用等环节，流程覆盖资产全寿命周期的各个阶段和资产管理活动的各个方面。（　　）

答案：√

147. 风险管控主要包括初始信息收集、风险评估、风险控制、监督与改进等内容。（　　）

答案：√

148. 风险预警指标应按照相关性、敏感性、可行性、可衡量性原则设定，提高预警指标可量化程度。（　　）　　　　　　　　　　　　　　　　　　　　　　　　答案：√

149. 各类风险归口管理部门在风险识别、风险评价、风险监控的过程中应与公司内部与外部相关方进行充分沟通，并将评估结果和需要执行的管控措施告知相关人员。（　　）答案：√

150. 按照生命周期理论，突发事件分为事前、事中阶段，我国《突发事件应对法》据此划分了"预防与应急准备""检测与预防""应急处置与救援""事后恢复与重建"四个阶段。（　　）

答案：×

151. 根据预测分析结果，对可能发生和可以预警的突发事件进行预警。公司预警分为一级、二级、三级和四级，分别用红色、橙色、黄色和蓝色表示，一级为最小级别。（　　） 答案：×

152. 事发单位应积极开展突发事件舆情分析和引导工作，按照有关要求，及时披露突发事件事态发展、应急处置和救援工作的信息，维护公司品牌形象。（　　）　　　　答案：√

153. 在"三集五大"体系建设基础上，识别资产管理业务协同需求，明确协同职责及要求，建立或完善跨流程、跨业务、跨专业、跨部门及跨单位的协同工作机制，指导协同工作的开展。（　　）　　　　答案：√

154. 国家电网公司"三集五大"协同工作体系是基于"制度、流程、职责、标准、考核评价"五位一体协同原则。（　　）　　　　答案：×

155. 协同方案执行过程中，由各资产管理业务的归口管理部门主导，相关部门、单位配合，按照 5W1H 要求落实各自负责的工作，并提交工作成果。（　　）　　　　答案：√

156. 协同效果评价过程中，资产管理办公室负责协同管理的监督、检查、总结和完善协同管理活动开展情况，各业务环节部门要对前后端业务部门的协同活动进行评价，根据存在的问题和不足，形成协同效果评价报告，提出改进需求和完善建议。（　　）　　　　答案：√

157. 评价是企业在资产全寿命周期管理活动中，将资产全寿命周期管理的利益相关方信息传递和反馈的过程，也是实现资产全寿命周期管理目标的一种手段。（　　）　　　　答案：×

158. 沟通的方法按组织沟通的方向分类可以分为上行沟通、下行沟通、书面沟通、斜向沟通。（　　）　　　　答案：×

159. 建立企业资产全寿命周期管理体系管理要求包括目标策略管理要求、人力资源管理要求。（　　）　　　　答案：×

160. 实现对资产全寿命周期管理基础业务的支撑，对资产全寿命周期管理评估、决策类业务的支撑，各业务的横向集成都是资产管理信息系统的目的和要求。（　　）　　　　答案：√

161. 资产全寿命周期管理信息化系统，简称 LCAM 信息化系统。（　　）　　　　答案：√

162. 国网浙江省电力公司的资产全寿命周期管理体系建设分为三个阶段进行，分别是试点探索，全面建设和领先创建。（　　）　　　　答案：√

163. 国网浙江省电力有限公司编制工作手册形成一套实时操作的规范，充分融合资产管理规范要求与实际业务，按照"资产管理业务－对应岗位－对应部门－实施工作要求"，进一步细化分解形成各级岗位对应的资产管理具体业务工作要求。（　　）　　　　答案：×

164. 业务人员在工作开展过程中无须从目标策略、工作手册、评价标准等体系文档中一一查找相关工作要求，三项工作机制已将业务对应的工作流程、规章制度、评价标准等各方面要求进行整合。（　　）　　　　答案：√

165. "三制"即重视两头的协同工作机制、强调统一的闭环管理机制和防控联动的风险管控机制。（　　）　　　　答案：×

166. 防控联动的风险管控机制以防控与联动为主线。（　　）　　　　答案：×

167. 三项工作机制设计以"一标三制"协同工作机制为基础，具体包含业务流程、责任分工、规章制度、监督控制、评价考核、基础保障六个要素。（　　）　　　　答案：×

168. 基础保障从三方面对保障三项机制有效运转提出详细要求，这三方面是信息系统支持、技术原则要求、文件规范要求。（　　）　　　　答案：×

169. "三制"建设是对"一标"要求的落实保障。（　　）　　　　答案：√

170. 按照目标的层级关系，资产管理目标又分为资产管理短期目标、资产管理中期目标、资产管理长期目标。（　　） 答案：×

171. 资产管理绩效目标为年度目标，每年进行滚动修订，指导着公司的年度工作方向。（　　） 答案：√

172. 国网浙江省电力有限公司根据目标管理理论，按照《国家电网公司资产全寿命周期管理体系规范》建立了资产管理目标管理机制。（　　） 答案：√

173. 资产管理绩效指标按照内容划分，主要由企业负责人绩效，各单位、各部门绩效，资产管理补充绩效指标构成。（　　） 答案：×

174. 按照资产管理绩效指标的重要程度划分，资产管理绩效指标分为关键绩效指标和非关键绩效指标。（　　） 答案：√

175. 资产管理执行目标需满足可衡量、可监测、可管控的条件。（　　） 答案：√

176. 资产管理绩效目标应源自于企业目标，但并不一定要与其保持一致。（　　） 答案：×

177. 资产管理绩效目标的制定应坚持数量适当、目标清晰、可实现的原则。（　　） 答案：√

178. 资产管理执行目标制定原则是：各部门基层单位依据各级资产管理目标进行层层分解，并根据部门职能、岗位工作职责要求落实到具体部门 / 班组及岗位。（　　） 答案：√

179. 目前，国网浙江省电力公司资产管理总体目标要求确保 110kV 及以上电网 $N-1$ 通过率达到 80% 及以上，输变电系统可用系数达到 90% 及以上。（　　） 答案：×

180. 目前，国网浙江省电力公司资产管理总体目标要求确保 3 级以上事件次数为零，严防重大安全事件发生。（　　） 答案：×

181. 企业负责人绩效指标的目标设置，以综合计划等渠道下达值保持一致，明确具体的数值，确保资产管理目标与企业负责人绩效指标的协同一致。（　　） 答案：√

182. 为确保资产管理目标的实现，要按照电网企业产品特征，提出以价格为核心的管控内容。（　　） 答案：×

183. 资产管理目标分解时，采用关键因素分析法。（　　） 答案：√

184. 资产管理策略通常以五年为一个编制周期，原则上每年定期滚动调整修订。可依据公司管理和发展需要，不定期滚动修正。（　　） 答案：√

185. 资产管理策略只需要明确存量资产的中长期管理原则、方法及思路。（　　） 答案：×

186. 寿命周期职能策略要确保各专业职能全面支撑全寿命周期管理工作。如由物资部负责采购管理策略、报废处置管理策略的编制；由建设部负责营销管理策略的编制。（　　） 答案：×

187. 作为市场经济中的一个组成部分，任何企业都需要一套行之有效的制度标准，便于企业进行内部控制管理。（　　） 答案：√

188. 在电力行业中需要有一套行之有效的工作标准，对资产管理业务进行明确要求，确保工作任务"有责可落"。（　　） 答案：√

189. 控制风险的最有效方法就是制定数量足够多的应急方案，最大限度地对企业所面临的风险做好充分的准备。（　　） 答案：×

190. 控制风险的最有效方法就是制定切实可行的应急方案，编制多个备选的方案，最大限度地对企业所面临的风险做好充分的准备。（　　） 答案：√

191. "防控联动"的风险管理机制要求及时掌握风险动态变化，加强风险信息共享，但不要求事后及时总结，完善应急处置方案体系，全面提升舆情风险管理水平。（　　）　　　答案：×

192. 与地方森林公安联动，建立火情联动和适时监测机制，有利于提高对火灾的早期预警发现能力。（　　）　　　答案：√

193. 资产管理方法是指组织资产价值全部协调活动的方法。（　　）　　　答案：√

194. 在企业中，资产管理方法是对企业生产经营活动所需各种资产的取得、保管、运用等一系列计划、组织、控制等管理工作的总称。（　　）　　　答案：√

195. 资产全寿命周期管理技术方法是指资产全寿命周期各环节中应用的技术性操作方法，技术方法包括通用技术方法和非通用技术方法。（　　）　　　答案：×

196. 通用技术方法是指资产全寿命周期各个环节通用的技术操作方法，包括资产全寿命周期成本模型、资产状态评价模型、风险评估模型。（　　）　　　答案：√

197. 通用技术方法是指在资产全寿命周期各个专业中使用到的专业性技术方法。（　　）
答案：×

198. General Model of Technology 是指通用技术方法。（　　）　　　答案：√

199. 专业技术方法包括规划计划技术方法、工程建设技术方法、物资采购技术方法、运维检修技术方法。（　　）　　　答案：√

200. 国外对固定资产管理方法及应用研究较早。1950 年，日本对设备寿命周期成本进行评价。（　　）　　　答案：×

201. 1970 年以来，固定资产管理进入了现代管理的新阶段。这个时期，固定资产全寿命周期理念和方法得到了各界的广泛认同和应用。（　　）　　　答案：√

202. 英国 NG 公司将其资产的管理分为网络规划设计、电网建设、资产策略制定三个主要阶段。（　　）　　　答案：×

203. 在美国，也有很多企业，尤其是电力企业采用固定资产全寿命周期管理方法。（　　）
答案：√

204. 瑞典的 Vattedfall 公司在 1980 年就开始进行 SEC 方面的研究和实践工作。（　　）
答案：×

205. 1980 年以来，全寿命周期成本的理念和方法开始在我国军队和地方某些单位得到应用，成绩突出。（　　）　　　答案：√

206. 1987 年，中国设备管理协会成立了设备寿命周期费用委员会，将国外设备全寿命周期成本管理的理念和先进经验引入到我国，对我国设备管理产生了重要影响，并带来巨大效益。（　　）　　　答案：√

207. 浙江省电力公司从 2003 年开始对国内外资产全寿命周期管理的理念和方法进行跟踪研究，启动了 LCC 系列课题。（　　）　　　答案：×

208. 2005 年，上海市电力公司启动了资产管理项目，该项项目通过国际对标，在全寿命周期成本、资产清理、设备监造抽检等工作上取得了一定的成就。（　　）　　　答案：√

209. Life Cycle Cost，简称 LCC，是指全寿命设备成本管理。（　　）　　　答案：×

210. 全寿命周期成本管理的基本含义就是在满足可靠性要求的基础上，使设备和系统在全寿命周期内拥有成本为最高的管理。（　　）　　　答案：×

211. 全寿命周期成本理论，按照寿命周期成本最大化以及效能最小化的原则，选择最佳的投资方案，从而实现更为科学的建设设计，更加合理的选择配套设备，以便在确保设计质量的前提下，实现工程项目寿命周期成本相对最小化的目标。（　　）答案：×

212. 进入 80 年代初，以英国成本管理界的学者与实际工作者为主的一批人，在全寿命周期成本管理方面做了大量的研究并取得了突破。（　　）答案：√

213. 20 世纪 70 年代末和 80 年代初，由英美的一些工程界的学者和实际工作者提出了全寿命周期管理。（　　）答案：√

214. 全寿命周期成本的三个计算方法有参数估算法、工程估算法、傅立叶计算法。（　　）答案：×

215. 资产全寿命成本的通用模型 $L_{CC}=C_I+C_O+C_M+C_F+C_D$ 中 C_I 为资本性投入成本。（　　）答案：√

216. 资产全寿命成本的通用模型 $L_{CC}=C_I+C_O+C_M+C_F+C_D$ 中 C_O 为资产运维成本。（　　）答案：√

217. 资产全寿命成本的通用模型 $L_{CC}=C_I+C_O+C_M+C_F+C_D$ 中 C_M 为资产退役处置成本。（　　）答案：×

218. 资产全寿命成本的通用模型 $L_{CC}=C_I+C_O+C_M+C_F+C_D$ 中 C_F 为资产退役处置成本。（　　）答案：×

219. 资产全寿命成本的通用模型 $L_{CC}=C_I+C_O+C_M+C_F+C_D$ 中 C_D 为资产退役处置成本。（　　）答案：√

220. 全寿命周期划分为以下四个阶段：第一阶段为项目前期准备阶段；第二阶段为项目建造阶段；第三阶段为项目运营管理阶段；第四阶段为废弃处置阶段。（　　）答案：√

221. 电力设备全寿命周期成本管理从狭义上指的是在设备经济寿命周期内所支付的部分费用，涉及的阶段主要包括可研论证、采购、安装、运行、维护、报废回收等过程。（　　）答案：×

222. 全寿命周期成本理论可以应用于电网全过程各阶段，包括规划计划、采购建设、运行维护和退役处置等各环节。（　　）答案：√

223. 对于设备的检修大致分为三个阶段：事故检修、定期检修、状态检修。（　　）答案：√

224. 设备状态评估是指综合考虑设备安全性、经济性和社会影响等方面的风险，确定设备风险程度。（　　）答案：√

225. 随着现代社会和经济的发展，对能源的巨大需求促进了电力工业的飞速发展，使得电力系统向小容量、底高压和单区域方向发展。（　　）答案：×

226. 随着在线监测技术和通信技术的发展，使得对庞大的配电网络进行状态评估成为可能。（　　）答案：√

227. 风险评估分为风险识别、风险分析、风险评价三个阶段。（　　）答案：√

228. 风险的识别过程包括两个环节：避免风险环节和分析风险环节。（　　）答案：×

229. 风险分析中的定性方法包括危险分析与关键控制点法、历史数据统计的方式；定量方法包括德尔菲法、事件树分析方法等。（　　）答案：×

230. 资产墙分析模型用于开展资产运维、技改规模预测，并对资产策略制定提供依据。（　　）答案：√

231. 资产墙广泛应用于电力企业资产管理中，分析资产的规模、价值等内容，但对资产技改预测、运维预测不能提供重要指导。（   ）　　　　　　　　答案：×

232. 资产管理规划计划方面的专业技术方法有项目优先级排序法，项目评价法，项目后评估法。（   ）　　　　　　　　　　　　　　　　　　　　答案：√

233. "三全"工作法是指"全员参与、全过程控制、全方位管理"。（   ）　　答案：×

234. 按照国网公司、省公司有关工程结算的管理规定，结算管理工作有四个方面的要求：一是全面性，二是及时性，三是准确性，四是合理性。（   ）　　　　　答案：√

235. 订货管理方法有定量订货法，定期订货法，滚动订货法。（   ）　　答案：√

236. 供应链内的流转包含物资传输的及时度、准确度，配送流畅程度等。（   ）答案：√

237. 带电检测工作是优化公司库存资源管理，实现资源的科学调配和高效利用的一项有力措施。（   ）　　　　　　　　　　　　　　　　　　　　　　答案：×

238. 运维检修方面的专业技术方法有维修管理策略，以带电检测为主的状态检修法，抢修体系标准化管控法，电能质量在线检测法。（   ）　　　　　　　　　答案：√

239. 带电检测技术是能够在短时间停电的情况下反映电力设备某一方面的性能和状况，发现某一方面的缺陷。（   ）　　　　　　　　　　　　　　　　　　答案：×

240. 随着电网规模的不断扩大和公司对于电网设备资产全寿命周期的精益化管理要求不断提升，实施以带电检测为主的状态检修管理，是现阶段实现国网浙江省电力有限公司检修模式转型升级的必然选择。（   ）　　　　　　　　　　　　　　　　答案：√

241. 推行"带电检测"为主的状态检修管理，是提升电网各项重要指标的必要手段。（   ）　　　　　　　　　　　　　　　　　　　　　　　　　答案：√

242. 退役设备再利用方面的专业技术方法有退役处置过程管控方法，退役变压器修复再利用法。（   ）　　　　　　　　　　　　　　　　　　　　　　答案：√

243. 公司安全技术能力评价方法业务全面覆盖变电、输配电、调度、通讯自动化、营销和基建安装等共20个专业，按照"统一管理、分级负责"的工作原则在公司系统实施培训、鉴定工作。（   ）　　　　　　　　　　　　　　　　　　　　　答案：×

244. 国网浙江省电力有限公司结合近年来计量自动化技术的快速发展、智能化仓储和现代化物流的广泛应用，以"智能化、自动化、信息化"为手段，建设全国集中、独立运作、整体授权的"国内领先、高度智能化"的国家级计量中心。（   ）　　　答案：×

245. 通过计量异常处理"零容忍"管控体系建设应用，确保计量异常处理率高于99%，避免电量流失，减少用户纠纷，提高线损管理，强化营销精益化管理，提升优质服务水平。（   ）
　　　　　　　　　　　　　　　　　　　　　　　　　　　　答案：×

246. 层次分析法的基本原理是组合的原理，及最终将各种方法排除优劣次序，作为决策的依据。（   ）　　　　　　　　　　　　　　　　　　　　　　　答案：×

247. 层次分析法将人们的思维过程和主观判断物理化，不仅简化了系统分析与计量工作，而且有助于决策者保持其思维过程和决策原则的一致性。（   ）　　　答案：×

248. 下图为层次分析法的结构模型。（   ）　　　　　　　　　答案：√

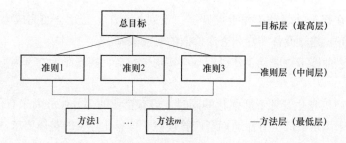

249. 逐级承接分解法的三个特点为充分沟通，确保共识；分解落实，共同承诺；沟通辅导，审慎应变。（   ）   答案：√

250. 逐级承接分解法主要运用于企业目标或任务的细化分解领域，凝聚企业上下层力量，确保工作方向一致。（   ）   答案：√

251. 标准工作程序模型是以 LCC 管理模型为基础，全新定义方向、目标、策略、评价、计划、实施、监控、改进八个步骤的新型工作模型，主要应用在具体管理体系建设和业务管理中。（   ）
答案：×

252. 标准工作程序模型（SWP）基于开环改进的思想，可以综合运用于电力企业管理的如资产管理、业务管理等各项业务中。（   ）   答案：×

253. SEC 是年度安全效能成本指标的英文简称，表示在安全、效能水平相当情况下，单位（容量）资产每单位有效利用时间对应的总成本，单位是元/kVA。（   ）   答案：√

254. SEC 的实质就是在公司资产全寿命管理的基础上，通过对资产的安全、效益、周期成本进行综合评价和分析，促进公司资产管理的安全、效益、周期成本三者的综合平衡和有机统一，提高公司资产管理水平。（   ）   答案：√

255. SEC 的实质就是在公司资产全寿命管理的基础上，通过对资产的文件、设备、周期成本进行综合评价和分析，促进三者的综合平衡和有机统一，提高公司资产管理水平。（   ）
答案：×

256. 年度安全效能成本指标（SEC）是一种过程性指标，即计算周期内全部或某一部分资产范围内，单位售电收入所需花费总成本。（   ）   答案：×

257. 年度安全效能成本指标评价体系分为结果性指标和过程性指标两类。（   ） 答案：√

258. 为实现资产的电价管理和设备管理的有机联系、相互统一，电力企业积极开展了资产全寿命周期管理的相关工作。（   ）   答案：×

259. 现有资产管理各相关业务部门的计划，尚未完全覆盖资产管理计划范围，具体包括了资产退役计划、资产报废计划、资产管理体系改进计划等。（   ）   答案：√

260. 通过前评估，可以弥补电网建设项目前评估工作中存在的一些缺陷，如一般只注重对项目的技术经济分析。（   ）   答案：×

261. 电网工程建设过程中主要包括的阶段有决策阶段、设计准备阶段、设计阶段、施工阶段、动用前准备阶段、保修阶段。（   ）   答案：√

262. 电网运行维护的关键环节一般包括状态评价和停电管理。（   ）   答案：√

263. 停电管理在一定程度上减少了不必要的例行试验工作，而状态评价通过对停电计划的安排进行统筹协调，对临时停电、故障停电进行有效管理，捆绑安排计划工作，实现缩短设备停电时间、提高设备可靠性的目标。（   ）   答案：×

264. 电力企业在账卡物联动工作上展开了一系列的工作，已经全面完成电网资产、信息通信资产清查工作任务，建立设备实物和资产价值的对应关系。（　　）　　　　答案：√

265. 目前电力企业账卡物联动工作已经基本实现全覆盖，实现账卡物基本一致。（　　）

答案：×

266. 在电力资产信息化管理不断强化的同时，仍有企业的部分业务尚未有信息化系统支撑，信息系统集成状况未满足资产全寿命周期资产管理对于信息化体系的整体要求。（　　）

答案：√

267. 国网浙江省电力有限公司资产管理部定位是资产管理标准的推动者、资产管理体系的制定者、资产管理绩效的协调者、资产管理活动的设计者。（　　）　　　答案：×

268. 在资产管理中的实物资产管理方面，需要开展实物资产现状评价工作，加强资产清查，编制实物资产现状评价报告，并根据现阶段的资产现状，提出新的优化举措。（　　）答案：√

269. 在实物资产管理中，目标分为"资产管理初级目标"、"资产管理中级目标"和"资产管理高级目标"。（　　）　　　　答案：×

270. 资产全寿命周期管理活动须全面承接、逐级分解资产管理目标，确保资产管理目标落实到资产管理活动中，实现资产全寿命周期管理活动目标的相似性。（　　）　　　答案：×

271. 为更好地完善实物资产管理，确保管理中的问题及时整改，需不断对工作进行评价和改进。（　　）　　　　答案：√

272. 实物资产管理改进包括改进资产和资产集、资产管理体系以及新方法和新技术。（　　）

答案：√

273. 项目全过程可视化管控法主要从工程设计可视化、施工方案编制与交底可视化和施工现场可视化三个方面入手，实行分级管控。（　　）　　　答案：×

274. 工程结算"四全"工作法中的"四全"是指"全员参与、全过程控制、全方位管理、全口径核算"。（　　）　　　　答案：√

275. 强化带电检测为主的状态检修法，能很好地解决带电检测流程不闭环、运维检修衔接不到位和工作不严密的问题。（　　）　　　答案：√

276. 带电检测状态检修法缩短了设备停、复役时间，提高了检修工作效率和设备利用率，使设备维护管理能力和设备健康运行水平不断提升，实现了资产全寿命周期成本的最大化。（　　）

答案：×

277. SEC 三个字母的中文含义分别为安全性、效能、全寿命周期成本。（　　）　答案：√

278. SEC 体现了公司资产全寿命周期管理综合平衡，整体最优的管理导向，SEC 的值越大越好。（　　）　　　　答案：×

279. 风险点管控法能够及时地发现采购业务的薄弱环节，优化采购流程。对采购物资的各个环节进行控制，减少了风险事件发生的可能性和风险事件发生时造成的损失。（　　）

答案：√

280. 抢修标准化管控法的实施措施包括以下：①成立机构明确职责；②完善配网标准化抢修流程；③建立保障体系。（　　）　　　答案：√

281. 华北电网在公司内部提出了"四元"的管理理论，成为指导公司管理变革和创新的重要理论基础，"四元"的内容包括精细的管控模式、精准的流程再造、精益的成本管理、精确的工作标准。（　　）　　　答案：√

五、
简答题

1. 为实现资产管理体系与实际业务的深度融合，国网浙江省电力有限公司在2014年三项工作机制建设成果上，在省地县三级开展深化设计及应用工作。请简述深化设计及应用工作的三项主要内容。

答案：一是将原有强调在各部门及各层级目标一致以及业务执行步调一致的协同工作机制拓展至资产管理所有业务，全面梳理决策、过程管控、评价改进、管理支撑等方面的协同工作内容。二是将原有重视资产形成和退出的闭环管理机制拓展至实物资产全寿命周期各个环节，形成价值流及实物流的闭环管理。三是拓展风险管控机制所涉及的风险范围，以实物资产风险、资产管理风险以及环境风险为切入点，全面梳理公司所面临的各方面风险。

2. 请简述浙江省电力公司三项机制建设及应用历程。

答案：浙江省电力公司三项机制建设及应用历程主要分为工作方案制定、工作机制设计、机制试点应用、应用案例总结、基层推广建设五个阶段。

（1）工作方案制定：组织地市公司制定《工作机制深化建设实施方案》并进行审核，基于方案的完整性、可操作性确定承担单位。完成机制建设总体方案设计，厘清了各项机制覆盖的业务范围、业务内容，明确了机制建设原则、思路、主要开展方法及时间节点。

（2）工作机制设计：由湖州、嘉兴、绍兴公司牵头，金华、宁波、丽水配合，分别完成"协同、闭环、风险"机制的建设工作。基于资产管理69项一级业务及实际资产管理工作，设计三项工作机制框架，在完成框架制定基础上应用五位一体协同机制建设成果，全面梳理工作流程、责任分工、规章制度、评价考核、监督控制、基础保障六项内容，实现了与五位一体的深度融合。

（3）机制试点应用：省公司各部门根据自身资产、业务特色，以问题导向分析薄弱环节，选取1~2个关键业务为切入点，应用机制设计成果开展资产全寿命周期管理工作。将"闭环、协同、风险"三项机制工作要求和体系文件要求融入具体业务，实现了三项工作机制成果的落地。

（4）应用案例总结：基于三项工作机制实际运用成果，结合国网浙江省电力有限公司或本单位政策、环境、资产、业务管理特色，提炼总结出三项工作机制领先实践案例，形成具有浙江特色、本单位特色的机制应用案例，并进一步提出工作机制优化完善建议和推广应用建议。

（5）基层推广建设：按照梳理成果，在19家基层单位同步推进"三项机制"深化建设。各地市公司及直属单位结合自身管理特点，开展工作机制的优化完善，在原有统一标准下形成了源自各基层单位资产管理业务实际的机制建设成果。使工作机制更具可操作性。

3. 简述"一标三制"的基本内涵。

答案："一标"指的是一套资产管理体系标准，即在国网公司资产管理体系规范下，基于"职责、流程、制度、标准、考核"的工作要求，对资产管理要求和管理内涵进行细化和补充，形成包括目标策略、制度标准、工作标准、管理流程、通用方法集、评价标准六方面核心内容的资产管理体系标准。它是公司在吸纳试点单位体系建设经验基础上深化体系建设实施、深入实践探索创新的重要工作成果，解决资产管理体系要求的落地实施、量化评价与推广应用问题。"三制"指的是三项资产管理的核心工作机制，通过总结资产管理体系核心要求与本质特征，结合目前管理实际问题，提出确保体系有效运转的工作机制，即强调统一的协同工作机制、重视两头的闭环管理机制和防控联动的风险管控机制。

4. 请简述如何建设一套资产管理体系标准。

答案：

（1）建立一套目标策略。明确目标，引导各项工作"有的放矢"。通过分析业务关键因素，明确目标与资产策略、资产策略与各类专业计划的关联关系，并将公司资产管理总体目标逐层分解，建立资产管理策略、执行目标和执行计划具体支撑体系；建立资产管理目标、策略、计划动态监测机制，全面监测资产管理指标，从而保障资产管理总体目标、绩效目标到策略的一脉相承和跟踪管控，实现跨部门、上下级单位目标设定横向协同、考核权责清晰。

（2）制定一套制度标准。建章立制，保证各项工作"有章可循"。建立一套以公司资产管理手册、程序文件、支撑文件为主要内容的制度标准体系，明确资产管理规范12个要素、25项子要求在公司各单位和部门实际业务中的具体定义和工作要求，将国网公司资产全寿命周期管理理念和要求转化为国网浙江省电力有限公司资产管理具体流程、具体岗位、具体工作相配套的、协调统一的规章制度，确保公司资产管理工作依据充分清晰。

（3）制定一套工作标准。明确要求，确保工作任务"有责可落"。围绕资产管理核心业务，依据公司建立的资产管理制度标准，进一步梳理资产管理关键环节，细化相关岗位资产管理工作要求，形成一本资产管理工作手册，实现资产管理要求与具体岗位的衔接，确保公司资产管理要求责任到岗、工作到人。

（4）编制一套管理流程。理清流程，确保工作过程"有迹可循"。通过梳理流程，明确公司资产管理活动开展的主要过程、业务流向、工作顺序、协同需求以及信息和价值的生成和传递要求，以核心流程纵向贯通、横向协同、区域联动为关键要求，形成《国网浙江电力资产全寿命周期管理流程手册》，从而消除流程断点、改进管理薄弱环节，提高公司整体运作效率。

（5）总结一套通用方法集。总结提炼，确保工作方法"有例可援"。全面总结公司各部门、各单位在开展资产全寿命周期管理研究与实践中的成果和应用案例，形成公司业务在决策、执行、评价、改进、管理支撑等方面的资产管理通用方法集，为全公司长期开展资产管理体系建设提供典型经验和成功范式，促进资产管理工作方法在全公司范围内得到推广和优化。

（6）制定一套评价标准。制定标准，实现工作成效"有尺可度"。日常业务活动中，公司系统各部门、各单位以评价标准为标尺，随时检查本部门、本单位工作是否有效落实资产管理工作要求，开展自我纠偏；公司依据统一的评价标准，定期组织开展资产管理体系运转情况专家评价，及时发现资产管理体系运转中存在的问题，制定措施实施改进，实现资产管理体系的长效改进。

5. 请简述什么是防控联动的风险管控机制。

答案：以风险预防与控制工作为主线，从风险信息联动、风险控制联动、风险应急联动三个方面构建防控联动的风险管控机制。"防控联动"，就是要实现风险信息共享，多部门风险信息联动，共同防范；要实现风险控制措施的及时发布，实施纵向、横向共同控制；要实现风险与应急预案的关联，提高对紧急事件快速反应的针对性和抗风险能力。"防控联动"是风险管理机制的核心，能够有效解决风险信息应用不到位、风险管理不闭环、风险预控意识不强等问题。

6. 重视两头的闭环管理机制的内容及其重要性。

答案：围绕资产管理及资产管理活动实施闭环管理，资产方面强化资产的形成和退出闭环；资产管理活动方面，重视计划制定、评价改进两个环节，强调管理活动开始前的现状评价和计划制定，以及资产管理活动结束后的评价改进，解决业务管理"一头一尾"薄弱的问题。"重视两头"的闭环管理机制是解决日常业务中计划制定前的现状评价工作不到位、现状诊断深度不够、现状评价结果未应用于目标计划制定、监督评价后的改进措施无法有效落实等问题的重要保障。

7. 请简述三项工作机制与五位一体的关系。

答案：国网公司366号文《国家电网公司关于推进资产全寿命周期管理体系深化应用的通

知》明确要求：突出体系文件对资产管理中跨专业、跨部门协同点的管控要求，并充分应用"五位一体"协同机制建设成果，将体系建设中涉及的流程、职责、标准、制度、考核等方面研究与建设成果通过"五位一体"协同机制加以固化，提高体系文件的可执行、可操作性。三项工作机制严格遵循上述要求，基于资产管理核心要素搭建业务框架，并以五位一体协同工作机制为载体，全面梳理五位一体流程，将关键流程节点映射至业务框架内，明确了具体流程步骤。其次基于资产管理体系文件及五位一体工作成果，全面梳理工作步骤对应的责任分工、规章制度、评价考核、监督控制、基础保障。其中责任分工与五位一体中的职责对应，规章制度与标准、制度对应，评价考核与考核对应，实现了资产全寿命周期管理业务与五位一体的深度融合。

8. 请简述三项工作机制与体系深化应用的关系。

答案：在全面梳理"五位一体"协同机制的基础上，以资产管理体系标准为另一重要输入来源，将目标策略、制度标准、工作手册、管理流程、评价标准、通用方法集等体系文件进行碎片化处理，将体系文件的相关条款及内容放入三项工作机制业务框架中，其中业务流程对应流程手册，责任分工对应工作标准，规章制度对应程序文件、资产管理手册等制度标准，监督控制对应资产管理目标，评价考核对应资产管理评价标准，基础保障对应通用方法集。三项工作机制的全面梳理，是对资产管理体系的全面深化应用，实现了体系与实际业务工作的深度融合，提高了体系文件的可执行、可操作性。

9. 强化风险应急联动，确保风险处置及时妥当，可以有哪些措施？

答案：实施各类风险源动态监测，根据风险事件的类型和影响程度，启动针对性应对措施避免重大损失。建立风险信息与应急预案的联动关系。深化风险源分析，针对电网和设备风险、管理风险、环境风险，做好风险源和应急预案、现场处置方案和"一事一卡一流程"的关联，有效提高应急预案针对性。动态监测风险源，完善应急预案体系。结合隐患排查、事故通报及专项检查，动态监测丰富风险源，同步及时修编应急预案，完善公司应急预案体系，确保风险应对及时有效，将事件影响程度降到最低。加强演练和评估，持续改进应急预案。重视应急预案效果评估，开展应急演练及现场应急处置能力评估，及时整改发现的薄弱环节，持续改进完善应急预案，提高应急预案针对性。开展应急物资保障演练，模拟应急救灾场景，开展无脚本演练，锻炼队伍、提高应急响应能力。

10. 请简述资产管理目标制定的三个核心原则。

答案：为了保证企业资产管理经营活动取得预期的目标，确定资产管理目标时应该符合几项原则。第一，公司目标的制定遵循"一致性"原则。目标的制定必须承接公司发展战略，通过明确资产管理总体目标为中长期资产管理工作开展的指明总体方向和原则性要求。第二，公司目标的制定遵循"现状评价"原则。总体目标的制定必须开展现状评价，在综合考虑公司总体战略目标、发展阶段、利益相关方的要求以及资产管理面临的内外部环境变化等因素后做出。第三，公司目标的制定遵循"逐级分解"原则。在资产管理总体目标的基础上设定公司资产管理的绩效目标，包括中长期目标以及年度绩效指标的选择和目标值设定，并将其按照关键影响因素逐级分解到各部门、各单位、各岗位，形成执行绩效目标。

11. 请简述什么是"关键成功因素分解法"。

答案：资产管理目标分解采用"关键成功因素分解法"，分析影响资产管理目标实现的各种核心因素以及影响这些因素的子因素，从中选择对资产管理绩效水平起决定性作用的关键因素，掌握支撑资产管理总体目标实现的关键能力，对各子项目标进行有效管控，从而有效提升资产管理绩效水平，确保实现资产管理目标。将资产管理一级绩效指标分解，形成二级绩效指标，并对指标的定义、业务描述、分解维度、分解频度、责任部门等进行详细的描述。

12. 请简述资产管理策略的原则。

答案：在资产管理策略制定过程中，应遵循的具体原则如下：资产管理策略应源于公司发展规划及资产管理总体目标、绩效目标和执行目标，并与其保持一致；资产管理策略应与公司其他方针和策略保持一致；资产管理策略的制定应全面考虑资产的相关风险。

13. 简述可靠性管理策略的内容及作用。

答案：可靠性管理策略通过对电网运行数据的统计和分析开展可靠性水平指标评价预测工作，结合可靠性管理需求和目标，采用因素分析法，从设备质量、运行环境、生产计划安排等方面发现影响资产可靠性的主要问题和原因，围绕公司资源、人员能力、业务流程、技术水平提出可靠性具体管理策略，为公司资产规划设计、工程建设、物资采购、运维检修、退役处置等各阶段活动提供指导。

14. 请简述资产管理制度标准的基本内容。

答案：在供电公司的资产管理标准制度体系中，"一套制度标准"具体体现为"一本管理手册、26 份程序文件、一张制度标准清单、一张记录清单"。其中，"一本管理手册"是全公司资产管理纲领性文件，阐述了 12 个要素在公司的落实情况；"26 份程序文件"明确了各个要素的具体工作要求、职责分工、管理内容、检查与方法、报告与记录。"一张制度标准清单"由国网通用制度、通用制度差异条款、国网非通用制度实施细则、国网浙江省电力有限公司规章制度、管理标准、技术标准六部分构成，共涉及 16 个部门，明确了 3011 条要求，其中含 207 条国网通用制度、1 条国网非通用制度实施细则、133 条规章制度、62 条管理标准与 2608 项技术标准；"一张记录清单"涵盖了公司 16 个部门在资产全寿命周期管理过程中产生的相关记录。

15. 请简述管理流程的重要性。

答案：在公司的"五位一体"体系中，流程处于中心地位。制度、标准和流程直接关联，职责、考核都要通过流程中的具体活动要求来落实。因此，为了解决"怎么做"的问题，公司建立了一套资产管理流程，来明确资产管理活动开展的主要过程、业务流向，工作顺序、协同需求，以及信息和价值的生成和传递要求，以消除流程断点、改进管理薄弱环节，提高公司整体运作效率。

16. 请简述专业技术方法和通用技术方法的区别。

答案：专业技术方法，是指在资产全寿命周期管理各个专业环节应用的专业技术的工作方法。包括规划计划技术方法、工程建设技术方法、物资采购技术方法、运维检修技术方法。通用技术方法是开展资产管理活动量化的决策方法，是一种适用于规划、计划、采购、建设、运行、维护、检修、改造、退役处置等各阶段工作的通用量化技术模型。

17. 请对资产全寿命成本计算公式及公式含义进行简要解释。

答案：资产全寿命成本计算公式是 $L_{CC}=C_1+C_2+C_3+C_4+C_5$。$C_1$ 为资本性投入成本，资本性投入成本主要包括设备的购置费、安装调试费和其他费用；C_2 为资产运维成本，C_{21} 为设备运维人工、材料成本，C_{22} 为设备损耗。设备日常运维费用包括日常巡视检查需要的巡视设备和材料费用以及巡视人工费用；C_3 为资产检修成本，主要包括周期性解体检修费用、周期性检修维护费用。每项检修和维护项目的费用包括了针对该项活动需要供货方提供的设备材料费用以及服务费；还包括业主方在该项活动中业主方设备、材料费用以及人工费用（含另请的第三方人工、材料费）；C_4 为资产故障处置成本，C_{41} 为设备故障抢修人工、材料、台班成本，C_{42} 为设备故障损失电量。故障检修费用包括故障现场检修费用和如果故障需返厂修理引起的其他费用。故障损失费用包括停电损失费用、设备性能及寿命损失费用以及间接损失费（可能会发生的赔偿费用，造成的不良社会影响以及公司信誉受损等）。对于潜在发生的故障成本（风险成本）在风险模型中进行详述；C_5 为资产报废处置成本，C_{51} 为资产提前退役成本，C_{52} 为资产报废处置过程成本，C_{53} 为报废资产处置收入。

18. 什么是等额年度成本当量法 EUAC（equivalent uniform annual cost）？请进行简要介绍。

答案：EUAC 值为年均资本投入成本（年均折旧费）与年均维持费用之和。随着使用年限的增加，折合到使用阶段每一年所分摊的购置费将逐年减少，而资产的运维检修费却因其性能的逐步恶化，每年所需的费用将逐年增加。两者之和所构成的资产年均总费用（EUAC 值）就会出现在开始一些年份逐年减少，至某一年份达到最小值，之后随着使用年份的增加又逐渐增大的现象。对应于年均总费用最小的年份，便是从经济角度看"有效使用"的期限，称为经济使用寿命。

19. 简述设备故障浴盆曲线的含义。

答案：设备故障浴盆曲线是指产品从投入到报废为止的整个寿命周期内，其可靠性的变化呈现一定的规律。失效率（故障率）随时间的变化分为 3 个阶段：早期失效期、偶然失效期和耗损失效期。

20. 简述如何降低早期失效期的失效率。

答案：这一阶段失效的原因大多是由于设计、原材料和制造过程中的缺陷造成的。为了缩短这一阶段的时间，产品应在投入运行前进行试运转，以便及早发现、修正和排除故障；或通过试验进行筛选，剔除不合格品。早期失效期对应的资产全寿命周期管理阶段为规划设计阶段和基建建设阶段。经过电力设备的故障原因统计分析，造成早期失效的原因有：设计、制造、材料、运输、保管、安装、调试和试运行等，而通常业主单位对设备的管理是从试运行结束后才正式开始，前期统一管理的缺失是造成早期失效的主要原因。因而，资产全寿命周期管理的重心要前移到设备还没有制造前，要从制造商评估、招投标的 LCC 计算、设计制造阶段的 LCC 验证、运输保管和安装、调试和特性验收试验等全过程管理，各个环节步步把关，把早期失效降到最低。

21. 请简述资产管理评价标准的两个核心原则。

答案：（1）多方法综合评价原则。评价工作采用自评价和专家组评价相结合的方式进行。自评价由各部门、各单位自行组织开展，专家组评价由公司资产管理体系评价专家以现场评价方式开展。综合应用各类检查方法，严格按照《评级标准》逐项进行评价，包括员工访谈、资料查阅和分析，业务部门现场问答，员工访谈，现场验证、信息系统验证等。

（2）评价闭环管理原则。资产管理体系评价工作实行闭环动态管理，公司每年开展体系评价工作，按照"评价、分析、整改"的过程循环推进，即按照《评价标准》开展自评价及专家组现场评价，对评价过程中发现的问题进行原因分析，按照评价结果对存在的问题制定并落实纠正与预防措施，在此基础上进行持续改进。

22. 简述资产管理体系评价标准中的专家组评价程序。

答案：制定评价计划。召开首次会议，由专家组组长主持，受评方汇报自评价工作开展情况，专家组明确评价工作安排。开展现场评价。以分组、多现场审查方式进行，通过现场查看资料、询问、访谈，总结查评工作情况。召开专家组内会议并讨论整改意见，专家组与受评方领导沟通审核情况。召开末次会议，专家组组长宣读评价情况。

23. 请简述"强调统一"的协同工作机制的意义。

答案："强调统一"的协同工作机制，彻底解决了资产管理目标不一致、流程不协同、行动不统一等问题，围绕纵向贯通、横向协同两条主线，通过推行基于资产管理中现状评价、目标、策略、计划、过程管控、协同、沟通等核心要素，将资产全生命周期中的各个环节进行统筹协调与优化，实现各个环节目标、策略、资源、制度、标准、方法的协同高效，有效控制公司运营成本，实现企业管理综合最优的管理目标。

24. 请简述目标协同的核心因素。

答案：目标协同的核心因素是统一目标来源，保证指标一致性。在公司总体战略目标指引下，统一资产管理目标来源，将目标进行统一管理，在此基础上对目标逐级分解，且统筹优化，从而确保资产管理各业务目标导向一致，达成资产管理目标协同的统一。

25. 请简述策略协同的核心因素。

答案：策略协同的核心因素是注重与目标的承接和对计划的指导。通过分析内外部环境变化对目标的影响，有针对性地制定资产管理策略，并以全局视角对策略内容进行协同，注重不同策略间的相互影响。同时，建立策略与计划的关联关系，确保策略的有效落实，实现策略与计划的协同。

26. 请简述计划协同的核心因素。

答案：计划协同的核心因素是注重策略与各业务部门计划关联关系，以计划导向促进业务协同，以计划流程管理促进后续流程改进。注重综合计划的平衡，统筹公司人财物资源信息、综合投资能力与储备项目，平衡各类型项目的资金、物资、人员、进度，确保各类项目科学有序开展；注重各类实施计划的统筹，生产、建设、营销、物资到货等实施计划，确保各类项目高效开展；综合考虑市政、班组承载力、实施风险、天气条件等因素，统筹制定各类业务工作的实施计划，确保工作的有序执行。

27. 请简述执行协同的核心因素。

答案：执行协同的核心因素是自上而下按企业、部门、岗位层层分解落实资产管理要求，明确资产管理核心业务流程协同点工作要求。强化跨部门流程的衔接与信息共享，明确跨部门流程执行的前后端责任主体、协同工作内容、对应的协同记录、支撑制度标准，确保资产管理前后服务后道，后道环节反馈优化前道环节，消除流程断点，实现核心流程横向协同和顺畅运转。同时强调协同工作监督成效的监督评价，开展项目执行过程或业务开展过程的协同情况评价，及时发现问题，并落实改进。

28. 请简述体系保障协同的核心因素。

答案：体系保障协同的核心是人力资源、持续改进、评价管理。强调人力资源的协同，确保体系建设过程中人力资源支持以及员工能力开发，强调评价管理、持续改进管理以及管理支撑的协同，注重形成协同长效闭环的工作机制，评价管理与持续改进管理提供体系建设内部滚动提升动力，管理支撑提供公司外部客观滚动提升机遇。

29. 请简述什么是闭环管理。

答案：闭环管理是综合闭环系统、管理的封闭原理、管理控制、信息系统等原理形成的一种管理方法。它把全公司的供—产—销管理过程作为一个闭环系统，并把该系统中的各项专业管理如：物资供应、成本、销售、质量、人事、安全等作为闭环子系统，使系统和子系统内的管理构成连续封闭和回路且使系统活动维持在一个平衡点上；另外，面对变化的客观实际，进行灵敏、正确有力的信息反馈并作出相应变革，使矛盾和问题得到及时解决，决策、控制、反馈、再决策、再控制、再反馈……从而在循环积累中不断提高，促进企业超越自我不断发展。

30. 请简述价值流闭环的核心因素和具体含义。

答案：价值流闭环的核心因素是通过记录分析资产全寿命周期各个阶段发生、流转及销毁价值信息的节点，实现全寿命周期精细化管控。价值流闭环的具体含义是关注发生、流转及销毁价值信息的流程节点，实现价值信息至业务执行的转换，为后续价值信息的精细化管控及价值流的闭环管理提供支撑。